USAGES du MONDE

Règles du Savoir-Vivre

dans la

Société Moderne

par

la Baronne STAFFE

PARIS

VICTOR-HAVARD, ÉDITEUR

1891

USAGES DU MONDE

USAGES du MONDE

Règles du Savoir-Vivre

DANS LA

Société Moderne

PAR

La Baronne STAFFE

VINGT-QUATRIÈME ÉDITION

PARIS

VICTOR-HAVARD, ÉDITEUR

168, BOULEVARD SAINT-GERMAIN, 168

—

1891

AVANT-PROPOS

LA VÉRITABLE ÉLÉGANCE

Tout change avec le temps, mais bien plus en apparence qu'en réalité, par les formes plus que par le fond. Les choses partant d'un principe sont les mêmes, dans tous les siècles et en tous lieux; il n'y a que des différences de surface.

C'est ainsi que le savoir-vivre a varié dans son *expression*. Mais si l'on veut bien réfléchir, on se dira qu'aujourd'hui, comme à l'origine, le but de la politesse est de « rendre ceux avec lesquels nous vivons contents d'eux-mêmes et de nous ». Voilà pourquoi — à ne parler que des temps modernes — on retrouverait sous les traits de l'homme chic de notre fin de siècle celui qui s'est successivement appelé chevalier, honnête

homme, homme de cour, grand seigneur ; voilà
pourquoi, sous le nom de mondaine, revit la
« châtelaine », la femme de qualité, la grande
dame.

Contemporains de la vapeur et de l'électricité,
nous ne pouvons avoir les lentes et majestueuses
façons du siècle des perruques ; la galanterie
filandreuse, les compliments longuets du siècle
de la poudre ne sont pas davantage à notre
portée. Toujours en déplacements de sport ou
d'affaires, il nous a fallu, aussi, prendre d'autres
manières que celles qui faisaient florès en 1830,
où l'on disait d'un gentilhomme, modèle du
savoir-vivre d'alors, qu'il aurait fait le tour de
l'Europe sans toucher du dos le fond de sa
calèche de voyage. Mais si le temps manque aux
femmes pour se fondre en de profondes révérences, si les hommes ne peuvent plus faire,
à la journée, des madrigaux « en bouquets
montés et en guirlandes » ; si une sévère et
très astreignante étiquette est difficile à observer, lorsqu'on se parle, au moyen du télé-
phone, de Paris à Marseille, est-ce à dire que

nous ne sommes plus polis, autrement que nous
ne sommes plus Français, ainsi que quelques
esprits chagrins le voudraient faire entendre?
Qu'on nous permette de protester, de nous défendre.

On nous accuse d'avoir jeté bas l'arbre des
bienséances. Cet arbre — pour continuer à nous
servir d'une comparaison excellente, car elle est
quasi tangible — cet arbre n'a même pas été
écimé. Il a gardé ses maîtresses branches; à peine
l'avons-nous élagué, nous bornant à retrancher
les rameaux encombrants. Est-ce donc un crime
d'avoir supprimé l'ennuyeuse et inutile cérémonie, les formules hyperboliques, les usages
devenus sans objet? Tout cela, il faut avoir
l'équité d'en convenir, était aussi gênant, à notre
époque affairée, qu'une robe longue pour trotter
à pied. Mais de même qu'une jupe courte peut
n'être pas sans grâce, de même la politesse de
notre temps, allégée d'abus, peut avoir ses petits
mérites. Elle est toujours fille de la divine bienveillance et, pour s'être débarrassée, dans le chemin parcouru, de l'attirail des autres siècles, elle

n'en est pas moins restée la généreuse courtoisie française, l'élégante urbanité, qu'on cherchera toujours à imiter hors frontières.

Oui, il donne encore ses lois au monde, en fait de politesse et de goût, celui qui, n'ayant ni la morgue et la froideur de l'homme du nord, ni l'exubérance et la faconde de l'homme du midi, sait être digne sans hauteur, réservé sans taciturnité, affable sans banalité, assez en dehors pour plaire, jamais trop pour devenir vulgaire ; celui qui, n'étant ni silencieux comme les races septentrionales, ni bavard comme les races méridionales, cause avec charme, *écoute avec esprit;* celui qui, dénué du sang-froid irritant ou de l'exagération déplaisante, possède cette pointe de fougue, de brillant et de poésie, qui le transfigure dans les grands événements.

Oui, toutes les femmes de l'univers copient encore son esprit, son allure, ses façons, à cette Française qui se moque de la sensiblerie, mais que vous trouvez pleine de pitié vraie; qui est bonne avec grâce, intelligente sans pédanterie spirituelle avec ménagements ; qui — selon

les circonstances — est, pour le mari, le camarade le plus charmant ou la *compagne* la plus
dévouée; pour les autres, la femme la plus
accueillante, la plus indulgente, la plus aimable,
sachant tout écouter sans bravade de cynisme,
comme sans effarouchement de pruderie ridicule.

A ces traits rapidement esquissés du couple
français, qui ne reconnaîtrait le type gaulois,
type qui a traversé les âges. Ce composé de
qualités où la raison tempère l'exaltation, où
le bon sens empêche l'enthousiasme de tourner
au grotesque, on l'appelle le *chic*, en ce temps-ci,
on l'appelait le *bel-air* au siècle dernier.

Le chic ou le bel-air est un don de terroir;
il est, en notre France, comme une conséquence
des effluves telluriques, de la situation géogra-
phique. Et la preuve, c'est que, chez nous, on le
trouve incomplet peut-être, mais au moins sous
l'une ou l'autre de ses faces, dans toutes les
classes, à tous les degrés de la vie sociale.

Voilà pourquoi Paris est, moralement, le
pôle magnétique du monde, voilà pourquoi les

peuples subissent l'attraction de notre nature, faite de bienveillance et d'élégance.

Eh! oui, *élégance*. L'élégance existe, certes, dans l'ordre des idées et des sentiments. L'élégance morale, comme l'autre, est le contraire du laid, du grossier, du vulgaire, c'est-à-dire du mercantilisme, de l'égoïsme, du mépris du droit. Une nation élégante ne tombe jamais dans certaines fautes basses. Elle peut commettre des folies, non des indignités. En ses plus mauvais jours, son *chic* subsiste.

Donc la France est toujours le pays des gens du *bel-air*. Son élite, c'est-à-dire ses diverses aristocraties, forme la société la plus polie et, par suite, la plus agréable du monde. Et il ne faut, chez nous, qu'un peu d'effort au commun des mortels, pour obtenir le titre envié d'homme parfaitement chic ou de femme du monde, tant la race est bien douée.

Toutes les classes feraient donc bien d'ajouter aux autres cette étude facile, car nous sommes à l'époque heureuse des fortunes rapides et des promptes élévations. Il est utile d'acquérir les *belles manières* au temps de la jeunesse, pour être complètement à la hauteur des positions prochaines.

Et si l'on restait dans la sphère où le hasard nous aurait fait naître, cette étude aurait encore eu son bon côté : tenez pour certain que la soumission aux usages établis est un frein, qu'elle empêche plus d'une action mauvaise ou vilaine ; que la politesse améliore, élève parce que son essence est l'amour et le respect du prochain.

Aussi avons-nous cru pouvoir écrire un nouveau manuel contenant les lois du savoir-vivre, les règles de l'élégance, les nuances du tact, appliquées à tous les événements, à toutes les circonstances de la vie.

Nous serions bien glorieuse, si quelqu'un se louait d'avoir feuilleté les chapitres qui vont suivre, et où nous avons essayé de guider ceux qui pourraient ignorer tout ou partie des usages *rajeunis*, des coutumes modernes, des formules nouvelles.

Est-ce trop d'ambition ? Nous ne pouvons oublier qu'au dix-huitième siècle, la lecture de la *Civilité puérile et honnête* terminait toujours l'éducation des jeunes filles et des jeunes hommes de haut lignage.

Ce vieux code de la politesse, édition déjà ancienne de Poitiers, qui prévoyait le cas où l'on pouvait cracher dans la poche de son voisin, qui défendait à ses lecteurs de se moucher à table avec leur serviette et de peigner leurs cheveux à l'église ! !

Toutes les filles nobles, avons-nous dit, étaient astreintes à cette étude au sortir du couvent, et il en est une, la spirituelle et très grande dame marquise de Créquy, qui s'en félicite.

« Il y a telle formule d'usage et tel protocole, dit-elle, qui ont fait honneur à ma parfaite éducation et ne se sont bien imprimés dans mon esprit, que moyennant la lecture de la *Civilité puérile et honnête.* »

Comme nous serions fière qu'on en dît autant des *Usages du monde.*

Baronne Staffe.

Morsang-sur-Orge, 20 juillet 1889.

USAGES DU MONDE
RÈGLES DU SAVOIR-VIVRE

NAISSANCE

Formalités légales (cas ordinaires).

La naissance d'un enfant doit être déclarée à la mairie du lieu où la mère est accouchée. Cette déclaration ne peut, sous aucun prétexte, être effectuée dans une autre commune. La déclaration doit être faite dans les trois jours de l'accouchement. Ce délai est absolument rigoureux. Après, il serait trop tard, et l'on n'obtiendrait l'inscription de l'acte de naissance qu'au prix de mille ennuis, de dépenses et de peines édictées par le code. Cette obligation appartient au père. S'il ne peut se présenter et qu'il n'ait pas donné de procuration, s'il est malade, absent ou mort, la déclaration sera faite par le médecin ou la sage-femme qui a accouché la mère, ou par toute autre personne ayant assisté à l'accouchement.

Si l'enfant est né mort, il faut quand même décla-

rer sa naissance, et un médecin doit attester que sa
mort a précédé sa naissance. Quand il y a des
enfants jumeaux, on doit faire connaître l'ordre
dans lequel ils sont nés, afin qu'on puisse établir
quel est l'aîné.

S'il arrivait à quelqu'un de trouver un enfant
nouveau-né, il devrait en faire la déclaration immédiatement.

Lors de la déclaration, on présente l'enfant à la
mairie, afin que l'officier de l'état civil puisse constater le sexe. Pour passer l'acte, le concours de deux
témoins, — dans les conditions requises : nationalité française, capacité de signer, domicile dans
l'arrondissement communal du lieu où l'acte s'é-
tablit, sexe masculin... jusqu'à nouvel ordre —
le concours de deux témoins est indispensable. Le
père, ou celui qui agit en son lieu et place, les
amène.

Les nom et prénoms de l'enfant sont donnés, le
premier avec la véritable orthographe, pour s'épargner tout embarras, toute confusion dans l'avenir,
les derniers dans l'ordre où l'on entend qu'ils
restent. Les prénoms ne doivent pas être choisis eu
dehors de ceux que la loi permet d'employer.

Obligations mondaines.

Les parents d'un enfant nouveau-né adressent, à *toutes* les personnes qu'elles connaissent et quel que. soit le *genre* des relations, un billet de faire part de cette naissance. Nous donnerons des modèles de ce billet — où la fantaisie s'admet fort bien — au chapitre « Lettres de faire part ». Le billet s'envoie quinze jours après la naissance.

A moins que la santé de l'enfant ne donne des inquiétudes, on attend le rétablissement complet de la mère pour la cérémonie du baptême.

Parlerons-nous des relevailles qui se font la veille du baptême. Cette cérémonie relève plutôt de la piété que du savoir-vivre. C'est un acte tout religieux et je ne sache que les relevailles d'une reine d'Espagne qui prennent un air d'événement et soient célébrées avec pompe, avec éclat.

Tout ce qu'on peut en dire, c'est que la mère qui se présente à l'église avec son enfant, en cette circonstance, doit être très simplement (j'allais dire humblement) vêtue. L'enfant est porté par la garde ou la nourrice.

Les femmes de la famille — parmi celles qui sont mariées — assistent seules aux relevailles.

LE BAPTÊME

Choix d'un parrain

On donne à son premier né, pour parrain, son grand-père paternel, pour marraine sa grand'mère maternelle. Le second enfant aura, pour parrain, son grand-père maternel, pour marraine, sa grand'-mère paternelle. Et ainsi de suite, dans les deux familles, par rang d'âge et alternance de sexes, s'il est possible.

Cependant, on peut désirer d'assurer à ses enfants des appuis en dehors de la famille, où aide et protection leur sont *naturellement* accordées. Mais, alors, c'est aux grands-parents à vous tenir quitte du choix déférent que vous aviez fait d'eux, pour tenir votre enfant sur les fonts baptismaux.

Dans ce cas, on doit encore pressentir les dispositions des personnes amies ou des protecteurs et supérieurs qui peuvent être utiles à l'enfant, en s'intéressant à lui à titre de filleul. Mais comme il y a beaucoup de gens qui ont de la répugnance à assumer les charges matérielles et morales qui incombent à ceux qui ont répondu pour l'enfant, on sondera les esprits à ce sujet, avec beaucoup de diplomatie et de tact.

Il ne faut pas s'exposer à recevoir un refus mortifiant ; il faut encore moins risquer d'embarrasser des personnes trop polies et trop délicates pour décliner le choix qu'on a fait d'elles, mais trop indolentes ou trop pauvres pour supporter, sans en être ennuyées, les frais ou les devoirs imposés par le titre de parrain. On voit qu'il est bon de réfléchir en cette circonstance et de ne pas demander ce genre de service à la légère.

D'autre part, un homme qui croirait pouvoir être utile à un enfant, en devenant son parrain, cet homme devrait faciliter au père des démarches qui sont toujours pénibles à faire dans la crainte d'un insuccès.

Les choses réglées et acceptées, du côté de la marraine comme du côté du parrain, on met en rapport le compère et la commère, s'ils ne se connaissent pas encore. C'est le père de l'enfant qui présente le parrain à la marraine huit jours avant la cérémonie. Est-il besoin de dire que, s'il faut des époux assortis, il est bon également que le parrain et la marraine *aillent ensemble,* c'est-à-dire qu'ils aient mêmes manières, même éducation ?

Le baptême.

Le père de l'enfant s'entend avec le curé de sa paroisse au sujet de l'heure à laquelle sera donné le baptême. Il fixe le jour. Il indique d'avance les nom et prénoms de l'enfant.

Le baptême est administré à l'église de la paroisse où est né l'enfant, ou à celle du domicile de ses parents. L'église demande qu'il soit donné trois jours, au plus tard, après la naissance, à moins de motif grave. — Si les parents choisissent pour leur enfant des noms qui ne sont pas inscrits au calendrier, le prêtre est autorisé à y ajouter un nom de saint (Décision du Conseil d'Etat, 1803). On fait bien de donner les mêmes noms à l'église et à la mairie, de les ranger dans le même ordre, afin qu'il ne surgisse pas de difficulté, dans les circonstances où l'acte de baptême et l'extrait de naissance doivent être produits en même temps.

Tout le monde sait qu'une personne quelconque peut administrer le baptême à un enfant en danger de mort. Un païen peut donner un baptême valable. On prend de l'eau naturelle, on la verse sur la tête de l'enfant, ayant soin de toucher la peau et en disant : « Je te baptise au nom du Père, du Fils et du Saint-Esprit. »

Avec une dispense de l'évêque, on peut retarder

le baptême de l'enfant et simplement l'ondoyer, en attendant le véritable sacrement.

Ne peuvent être parrain ni marraine, le père ni la mère. Les personnes chargées de présenter un enfant sur les fonts baptismaux doivent être âgées d'au moins douze ans, pour satisfaire aux désirs de l'Eglise. Cependant, elle admet de plus jeunes parrains et marraines.

Pendant la cérémonie, le parrain et la marraine se tiennent, le premier à droite, la seconde à gauche de la femme qui porte l'enfant; ils répondent ensemble aux diverses questions qui leur sont adressées par le prêtre et récitent le *Credo* et le *Pater noster* (en français), lorsqu'ils sont invités à le faire. Pendant les exorcismes, ils étendent, en même temps que le prêtre, leur main droite nue sur la tête de l'enfant. Ils portent encore cette main sur l'enfant quand l'eau est versée, et ne la retirent qu'après que les paroles sacramentelles ont été prononcées. Enfin ils reçoivent de la main droite, toujours, un cierge allumé qu'ils rendent après que le prêtre a béni l'enfant.

Les parrain et marraine peuvent se faire représenter au baptême.

Au temple protestant, le rôle du parrain et celui de la marraine sont encore plus simples. Ils répondent, une seule fois, au lieu et place de l'enfant, auquel le pasteur demande : s'il s'engage à demeurer fidèle à la foi chrétienne.

« Je m'y engage, » disent à haute voix les représentants du nouveau-né.

Quant aux prières liturgiques, c'est le prêtre qui les prononce. Le parrain et la marraine répètent à demi-voix.

Chez les Israélites, le parrain et la marraine se bornent à assister à la circoncision et à prier avec les autres personnes présentes et le rabbin.

Obligations mondaines du parrain et de la marraine.

Dès qu'un homme est avisé du choix que des parents ont fait de lui pour tenir leur enfant sur les fonts baptismaux, il leur adresse ses remerciements « de l'honneur qu'ils lui accordent ».

Le parrain fait une visite à sa commère, quelques jours avant la cérémonie, en compagnie du père de l'enfant.

Il laisse toujours le choix des noms à donner aux père et mère et à la marraine.

Dans la matinée du jour du baptême (ou la veille), il envoie à sa commère des boîtes et des sacs de dragées, un bouquet, un bibelot, ou il remplace ce dernier par des gants insérés dans un coffret ou dans un sachet.

Il adresse, en même temps, à la mère de son

filleul, des boîtes de dragées, qu'elle distribuera à celles de ses amies qui n'ont rien à attendre du parrain ni de la marraine.

Le parrain doit encore un cadeau à son filleul. Ordinairement, il lui offre *la batterie de cuisine* à son usage : poêlon, assiette et cuiller à ses initiales, en argent ou en vermeil, ou un seul de ces objets, ou un hochet, ou toute autre chose.

C'est encore le parrain qui fait largesse au prêtre, aux enfants de chœur, au carillonneur, aux domestiques du père, à la nourrice de l'enfant. On voit qu'il ne faut pas *imposer* ce titre de parrain. Pour les mêmes raisons, un homme dont la position est médiocre *ne s'offrira pas* à tenir un enfant sur les fonts de baptême. Les parents n'oseraient peut-être pas refuser, tout en craignant de voir les obligations du parrainage trop peu grandement remplies à leur gré.

Le parrain va prendre sa commère chez elle, dans sa voiture, dans une voiture louée ou à pied, selon les circonstances. Il l'amène chez les parents de l'enfant.

C'est dans la voiture du parrain — à moins que le trajet ne se fasse simplement à pied — que prennent place la marraine, la mère, la femme qui porte l'enfant et, naturellement, le parrain, pour se rendre à l'église. Les voitures du père transportent les autres invités.

C'est dans une boîte de dragées que le parrain

1.

insère la pièce d'argent ou d'or ou le billet de banque qu'il veut offrir au prêtre officiant. Mais dans le cas où ce serait un prélat qui donnerait à l'enfant le premier sacrement, il faudrait bien se garder d'introduire une somme quelconque dans la boîte de dragées. On prierait l'évêque ou le cardinal d'accepter un présent de burettes en vermeil, ou un calice, ou tout autre objet servant au culte.

Après avoir signé sur le registre des actes de baptême, le parrain dépose sur la table la somme d'argent destinée au sonneur et aux enfants de chœur. Cette somme est enveloppée dans un papier blanc.

Au retour de l'église, le parrain distribue des gratifications plus ou moins importantes aux serviteurs de la maison, à la sage-femme, à la nourrice, etc. Ces sommes sont contenues dans des *sacs* de dragées.

Les boîtes et les sacs sont bleus pour un garçon, roses pour une fille. Elles portent le prénom de l'enfant et la date de son baptême. Il y en a aussi en forme de missel. D'autres ont des décorations moyen âge et une inscription gothique relate en outre des noms de l'enfant, ceux des parrain et marraine, avec la qualification *Dame* et *Messire*; la date, la désignation de l'église où le baptême a été reçu, etc., y figurent également. Enfin la fantaisie et l'imagination peuvent se donner libre carrière sur ce point.

Un parrain doit des dragées à toutes les femmes qui font partie de ses relations.

La marraine choisie remercie avec empressement ceux qui lui donnent *un fils spirituel;* elle accueille gracieusement le compère qu'on lui a donné. Si elle est jeune fille ou très jeune femme, il faut un tiers pendant la visite que lui fait le parrain et lorsqu'il vient la chercher, dans le trajet qui sépare sa maison de celle des parents de l'enfant. Elle offre à son filleul, quelques jours avant la cérémonie, la robe et le bonnet qu'il portera le jour du baptême. Elle y ajoute, si elle veut, un couvre-pieds, le tout fait de ses mains, si elle est adroite.

Elle se récuse gentiment si on lui laisse le choix des noms ; elle ne donne le sien que si on l'en prie. Elle distribue aux femmes de ses amies les boîtes de dragées que lui a données le parrain.

Si la marraine est une jeune fille, elle fait savoir au parrain qu'elle n'acceptera de lui qu'un bouquet et des dragées.

De ce jour naissent et sont continuées des relations courtoises entre le parrain et la marraine.

Si celle-ci est mariée, son mari invite le parrain à dîner — avec les parents du filleul — quinze jours ou un mois après la cérémonie.

La fête du baptême.

Un baptême est toujours l'occasion d'une fête, à

moins de circonstances exceptionnelles et douloureuses.

Superbe ou modeste, cette fête est toujours à la charge du père de l'enfant.

Les domestiques mâles doivent revêtir la livrée de gala.

Tous les assistants sont en grande parure.

C'est un dîner qui, — le plus souvent, — réunit les invités. Le parrain et la marraine y sont traités en héros du jour. On les place l'un près de l'autre, au centre de la table, ou l'un vis-à-vis de l'autre, à la place des maîtres de la maison.

En guise de surtout, on trace, ce jour-là, sur la nappe, l'initiale de l'enfant baptisé, en fleurs roses ou bleues.

C'est un *grand dîner...* relativement aux ressources. Des dragées y figurent toujours au dessert.

Si l'on est riche, on n'oublie pas les pauvres et les déshérités, en ce jour de bonheur. On envoie aux enfants assistés des dragées et la desserte de la table.

Devoirs respectifs des parrain et marraine et du filleul.

Les parrain et marraine sont tenus de s'intéresser à l'enfant qu'ils ont présenté au baptême. Au nouvel an, à sa première communion, à son mariage, à

son premier succès : baccalauréat, thèse, épaulette,
ils lui doivent un cadeau, selon leur fortune. A
moins d'impossibilité, ils voient souvent leur *fils
spirituel*, le conseillent, le dirigent, le réprimandent
au besoin.

Le filleul écrit ou rend en personne ses devoirs à
ses parrain et marraine, au jour de l'an... « à tout
le moins ». En dehors de la famille étroite, c'est
à eux, les premiers, qu'il annonce sa première
communion, son mariage, en leur demandant d'y
assister. Il leur apprend ses succès et les tient au
courant de tous les événements importants de sa
vie. — Si ces parrain et marraine ne sont pas des
amis intimes de sa famille, s'ils occupent une position au-dessus de la sienne, le filleul fait preuve de
bon goût et de dignité en s'abstenant de toute familiarité qui pourrait déplaire. Il remplit ses devoirs,
mais se tient à l'écart, se laisse appeler. En leur
écrivant, il les traite de « Monsieur et cher parrain, Madame et chère marraine ».

LA PREMIÈRE COMMUNION

La préparation.

Comme tous les événements de la vie, l'acte religieux de la première communion a d'étroits liens avec le savoir-vivre. C'est-à-dire que les parents les plus incrédules sont tenus de faire observer à leurs enfants et d'observer, eux-mêmes, certaines bienséances en cette circonstance.

En premier lieu, on ne ridiculisera jamais en présence d'un enfant cette religion dans laquelle on le fait instruire, qu'on lui fait pratiquer.

On doit lui faire suivre exactement le catéchisme, lui faire accomplir toutes les prescriptions de l'Eglise, veiller à l'exécution des devoirs que lui donne le prêtre qui lui enseigne sa religion. Si c'est possible, on accompagne son enfant aux instructions ou on l'y fait accompagner et on exige qu'il y ait une bonne tenue.

Le bon goût tout seul, ou d'accord avec la piété, exige que les enfants ne sortent plus pendant les

huit jours qui précèdent la première communion,
si ce n'est, bien entendu, pour les exercices religieux.

Quand on le peut, on les conduit en voiture à ces
dernières instructions.

Le rôie des parents.

Dans les familles où les principes austères se
sont conservés, dans celles où le bon sens règle
toutes les actions, la jeune fille admise à la première communion est vêtue avec une extrême simplicité, en ce jour solennel. Une toilette élégante,
des garnitures, des bijoux témoigneraient contre
les parents de cette enfant : quand on serait sans
foi, on devrait penser que cet acte de religion
n'est pas fait pour servir de prétexte à la coquetterie innee des jeunes filles. On les habillera donc
très modestement, mais si on peut convertir en
aumône la somme ainsi épargnée, on achètera la
robe blanche d'une fillette pauvre.

La fête de la première communion se passe dans
la plus stricte intimité. Les parents proches sont
seuls invités au repas qu'on est dans l'habitude de
donner soit après la messe, soit à l'heure ordinaire
du dîner. Répétons-le : quelles que soient les opinions religieuses des parents, ils doivent craindre
de troubler, de distraire, en ce jour, l'enfant qui a

peut-être senti s'éveiller en lui quelques graves, quelques hautes pensées. Il est inutile d'ajouter qu'il est encore moins permis de promener les communiants à travers les rues.

Souvenirs et cadeaux.

A l'occasion de leur première communion, les enfants distribuent des « souvenirs » à leurs jeunes amis et aux amis de leur famille. Ce sont soit de petits livres de piété, élégamment reliés et portant la date de cette première communion qu'ils sont destinés à remémorer dans l'esprit de ceux à qui ils sont offerts, soit des images symboliques, au dos desquelles sont imprimées, en lettres d'or, la date, le nom de l'enfant, une prière ou une belle pensée.

L'usage s'en répand de plus en plus. C'est une sorte de lettre de faire part et celui qui la reçoit doit, en retour, une carte de visite aux parents, avec un mot de remerciement et un souhait pour l'enfant : entre petits amis, il n'est pas question de carte; l'enfant auquel un « souvenir » de ce genre a été adressé remercie par lettre son jeune camarade.

Le lendemain de la première communion, les parents font une visite au prêtre qui a donné l'instruction religieuse à leur enfant. Si les communiants ne se sont pas cotisés entre eux pour faire un présent, — et même dans ce cas lorsqu'on est riche, — on apporte un cadeau que l'on offre avec tout le tact requis. Pour un jeune prêtre, ce sera un bel ouvrage de théologie ; pour un prêtre âgé, dont on suppose que la bibliothèque est formée, un objet d'art représentant quelque sujet pieux. Si on avait affaire à un pauvre desservant de campagne, on pourrait, peut-être, choisir une chose utile : un bon fauteuil ou toute autre pièce manquant au mobilier sommaire.

L'enfant accompagne ses parents dans la visite de remerciement.

RAPPORTS AVEC LES PROFESSEURS

Devoirs des enfants.

Les enfants, auxquels on fait donner des leçons à la maison, seront toujours soigneusement habillés pour recevoir leur professeur. Il y aurait de la grossièreté à les laisser paraître, en sa présence, avec des cheveux ébouriffés et des vêtements souillés ou négligés — vêtements qu'ils ne doivent, au reste, porter en aucune circonstance.

On exigera qu'ils parlent très poliment, respectueusement même, à ceux qui prennent la peine de les instruire. On réprimera toute velléité de révolte contre l'autorité du professeur; à moins de circonstances exceptionnelles, on ne prendra jamais parti pour eux contre lui.

Les enfants reconduisent leur professeur, qui est leur *supérieur*, par l'âge, d'abord, et par le savoir.

Devoirs des parents.

Lorsqu'une fille a des maîtres masculins, la mère, la gouvernante ou une femme de chambre d'un certain âge assiste *toujours* à la leçon.

Le prix des leçons étant convenu d'avance, à l'époque fixée pour les payer, on dépose la somme due (enveloppée, avec adresse manuscrite) sur la table à écrire, à la place du professeur. Il serait impoli de mettre cet argent dans la main de celui auquel il est destiné.

Les parents parlent toujours aux professeurs de leurs fils ou filles avec la plus parfaite politesse, donnant ainsi l'exemple à leurs enfants et témoignant, par ce moyen, de leur reconnaissance à ceux qui enseignent un art ou une science aux êtres qui leur sont le plus chers. Le payement tout sec n'est pas suffisant, il faut y ajouter une gratitude sincère.

On invite quelquefois le professeur à dîner... dans quelque position qu'on se trouve ; il n'y a à cela nul inconvénient, car nous supposons qu'on a choisi des gens recommandables pour leur confier l'âme ou l'esprit de ses enfants. On peut également faire quelques présents au professeur. Le plus fier les acceptera s'ils sont choisis et surtout offerts avec tact. Il comprendra très bien qu'on veut lui prou-

ver qu'indépendamment du prix payé, on lui est
encore redevable.

Ces indications serviront également dans les relations avec le proviseur d'un lycée, le principal
d'un collège, une institutrice, la directrice d'un
pensionnat, la supérieure d'un couvent (avec celles-
ci on introduira une nuance marquée de respect), etc., etc.

Devoirs des professeurs.

Le professeur, lui, est tenu de se présenter convenablement vêtu : des habits tachés, du linge
négligé, une barbe longue feraient la plus mauvaise
impression sur l'esprit de l'élève. Il lui parlera avec
bienveillance, mais d'un ton où l'on sente l'autorité.
Enfin la plus élémentaire loyauté lui commandera
de ne jamais laisser échapper, en sa présence, un
mot qui offense une croyance, la délicatesse, la
morale.

Dans ses rapports avec les parents, son attitude
aura toute la dignité voulue, si elle est aussi éloignée
de la hauteur que de la platitude.

LE MARIAGE

Préliminaires.

Un jeune homme a distingué une jeune fille, il souhaite de l'obtenir pour femme, mais il ne va pas, de but en blanc, la demander en mariage.

Il s'ouvre de ses intentions à ses parents ou, à leur défaut, à un ami âgé, à son protecteur, à un supérieur, si les relations établies entre lui et ce dernier lui permettent cette démarche.

La personne qui a reçu la confidence du jeune homme se met en rapport avec un ami intime de la famille de la jeune fille, afin d'arranger une rencontre décisive entre les deux jeunes gens, entrevue qui permettra de savoir si les projets peuvent être poursuivis.

Avant d'entamer une *affaire matrimoniale*, les intermédiaires sont tenus de prendre des renseignements précis et venus de bonne source, sur la fortune, la position sociale, voire la généalogie des deux familles en cause. Ce n'est qu'après s'être assuré que la convenance existe sur tous les points qu'on doit risquer l'entrevue définitive. Il ne faut pas qu'après s'être rencontrés, s'être plu, les deux jeunes gens voient souffler sur leurs rêves par une difficulté imprévue, née de la situation de l'un ou de l'autre. Les *marieurs* appelleront donc à leur aide toutes les ressources du tact, ils réfléchiront bien avant d'engager des pourparlers, où le juste amour-propre de chacun est à ménager.

C'est au bal, le plus souvent, quelquefois au théâtre (dans ce cas, l'*aspirant* va faire une visite à la mère de la jeune fille dans sa loge, sous le prétexte d'accompagner une personne de leurs connaissances communes, qui le présente) que la rencontre cherchée a lieu. Quand le jeune homme s'est retiré, la mère de la jeune personne attire sur lui l'attention de cette dernière, par quelques mots sur ses manières, son aspect physique, etc., et voit quelle impression il a produite sur sa fille.

Il est encore préférable que des amis communs les réunissent à un dîner intime, organisé pour la circonstance et auquel assistent, cela va sans dire, les parents de la jeune personne.

Ceux-ci ont la prudence de ne pas instruire leur fille du but de cette réunion. Cette réserve a des avantages. Si on la prévenait de l'espèce d'examen qu'elle va subir, l'émotion, l'appréhension qu'elle éprouverait lui feraient perdre de sa grâce et de son naturel, et elle n'aurait pas non plus assez de sang-

froid pour juger celui qui se présente avec l'idée de
devenir le compagnon de sa vie. D'autre part, si
elle ne plaît pas, il est fâcheux de le lui apprendre.
Elle est humiliée, elle perd confiance en elle. Or,
s'il est bon qu'une jeune fille n'ait pas trop haute
opinion d'elle-même, il ne faut pas davantage qu'elle
se croie au-dessous de ce qu'elle est.

Mais, dira-t-on, elle devine bientôt de quoi il
s'agit, dans cette réunion intime où elle est seule de
fille à marier et où elle rencontre un « Monsieur »,
qu'elle connaît à peine ou même pas du tout.
N'importe, mieux vaut la laisser dans un doute
salutaire, à moins qu'elle ne soit « très forte », ce
que je ne souhaite pas au prétendant.

Ces mêmes amis communs sont chargés de faire
connaître l'effet respectivement produit. Si la jeune
fille ne plaît pas, on ne lui parle de rien. Si c'est
le prétendant qui ne convient pas, il supporte son
sort dignement, stoïquement, sans rancune surtout.
Quel que soit le résultat obtenu, ceux qui se sont
entremis dans la négociation ont droit à des remerciements des deux parts. S'ils ont à porter une
réponse désobligeante, ils sont vraiment à plaindre,
bien que nous leur supposions un grand talent pour
les précautions oratoires et les circonlocutions délicates. Le secret est toujours inviolablement gardé
par tout le monde, en cas d'échec de part ou d'autre.

Quelquefois — et il en devrait toujours être
ainsi — la jeune fille favorablement disposée de-

mande pourtant à connaître un peu plus, avant
d'échanger les paroles, celui qui veut se charger du
soin de son bonheur. On s'arrange pour qu'elle le
rencontre le plus souvent possible, on l'attire dans
la maison, non sur un pied d'intimité, mais toutes
les fois que l'occasion s'en présente et que les circonstances le permettent. Le bon goût exige que le
prétendant se garde d'assiduités trop ostensibles,
pendant l'épreuve à laquelle il est soumis. Il ne
doit pas faire soupçonner ce qui se passe.

Là demande en mariage.

Lorsque le prétendant a plu d'emblée à la jeune
fille, ou quand l'épreuve s'est terminée à son avantage, il témoigne d'un grand empressement et fait
immédiatement porter la demande en mariage
officielle par son père, un vieil ami ou un supérieur.

L'*ambassadeur du prétendant* est tenu de se présenter en toilette très soignée, même lorsqu'il est
envoyé dans une famille dont la situation est au-
dessous de la sienne. — Si le père de la jeune fille
ne lui donne pas une réponse immédiate, du moins
la lui fait-il connaître ultérieurement *le plus tôt
possible*.

Dans cette entrevue, les questions de fortune, d'intérêts respectifs sont posées, telles qu'elles seront
réglées au contrat. Une grande loyauté est requise

des deux parts. Le père indiquera tout de suite le chiffre de la dot de sa fille pour épargner à l'autre partie l'embarras de le demander.

Ainsi officiellement agréé, le prétendant revêt ses habits de cérémonie et fait immédiatement, aux parents de la jeune fille, une visite au cours de laquelle on appelle celle-ci. Cette entrevue réclame beaucoup de tact de la part du *futur* (il est déjà plus que prétendant). Il remercie avec une certaine chaleur, mais sans exagération. La froideur serait malséante, mais l'expression du bonheur doit être contenue.

Il est clair que, si une jeune fille n'avait plus ses parents, ce serait à son tuteur ou à ceux avec lesquels elle demeure qu'on s'adresserait pour l'obtenir en mariage. Les choses se passeraient exactement comme nous l'avons indiqué pour une jeune personne qui vit avec ses parents.

A compter du jour de la demande en mariage, le futur est admis à voir souvent celle qu'on pourrait nommer l'*accordée*. Il y a aussi échange de visites et de politesses, entre les familles des deux jeunes gens.

Les fiançailles.

Pendant la visite que fait le prétendant agréé, on fixe le jour des fiançailles à une date très rapprochée. On convient encore ensemble des invitations

2

à adresser pour cette fête, c'est-à-dire que les parents de l'*accordée* demandent au futur quelles sont les personnes lui appartenant — par les liens de l'amitié ou de la parenté — qu'il désire y convier.

La fête des fiançailles se passe en famille et dans une intimité rigoureuse. Les amis de la veille et ce qu'on appelle « les connaissances » n'y assistent pas. En effet, on n'expose pas le bonheur ingénu de la jeune fille, ses joies rougissantes aux yeux et aux commentaires des indifférents.

C'est seulement dans le cas où le prétendant occuperait une haute position sociale, une position politique, qu'on donnerait un air officiel à l'événement, qu'on déclarerait les fiançailles avec quelque solennité. Et encore vaudrait-il mieux se dispenser de cet éclat et d'une publicité qui n'est requise que pour le mariage.

Le fiancé envoie son *premier* bouquet le jour des fiançailles. Ce bouquet est composé de fleurs blanches, parmi celles que préfère la fiancée dans cette couleur.

Il apporte lui-même la bague. Il a consulté discrètement pour savoir quelle est la pierre favorite de la jeune fille, car il ne doit pas acheter cet anneau au hasard. Il y a des fiancées qui ont peur des perles, parce qu'elles s'imaginent qu'elles présagent des larmes. Beaucoup aiment la turquoise pour sa douce couleur et sa signification : constance, vérité. L'opale est très jolie, pas banale ; on la dit

impressionnable: elle change de couleur, rougissant
ou éteignant ses feux selon les émotions de celle qui
la porte. On ne donne jamais d'émeraudes en cette
circonstance, et pourquoi donc? puisqu'on l'appelle *pierre des vierges.* L'aigue-marine changeante
ne sera pas non plus choisie, malgré sa beauté,
elle est réputée porte-malheur, et ce n'est pas en
pareil jour qu'on peut rompre en visière aux
superstitions de sa fiancée.

Dans l'antiquité, on offrait aux jeunes fiancées
une pierre gravée, dont le sujet était la fable de
l'Amour et de Psyché, l'union mystique des deux
divinités étant considérée comme le symbole des
unions chastes et durables. Charmante coutume
qu'on devrait rétablir.

Quelle qu'elle soit, cette bague doit être bien
accueillie. Elle est glissée au doigt de la jeune fille
(au quatrième de la main gauche) par le fiancé, qui
arrivera avant tous les autres invités. Il est autorisé
à porter à ses lèvres cette main qui vient de recevoir
son anneau, symbole d'engagement qu'on ne peut
déjà plus rompre que pour des motifs très graves.

Le fiancé vient accompagné de son père et de sa
mère; à leur défaut, de son frère aîné, du chef de
sa maison, etc.

Au dîner — qui est indispensable — les fiancés
sont placés à côté l'un de l'autre, au milieu de la
table; ils ont en face d'eux le père et la mère de la
jeune fille; le père du fiancé est auprès de la maî-

tresse de la maison, sa mère auprès du maître de la maison. Les personnes qui ont négocié le mariage sont aux côtés des fiancés. Le menu de ce dîner doit être relativement simple. Il faut qu'on sente bien que c'est un *dîner de famille*, des jours de fêtes et de joie. Les fiançailles sont déclarées solennellement au dessert. — Si la réception est une soirée dansante, la cérémonie de la déclaration a lieu vers minuit. Les invités font leurs souhaits de bonheur aux fiancés.

La jeune fiancée est habillée d'une robe gaie, rose tendre, bleu céleste, blanche avec des rubans aurore. Les femmes présentes assortissent la couleur de leur toilette à la circonstance, c'est-à-dire qu'il ne faut pas de notes sombres. Le fiancé et les autres hommes portent le costume du soir, l'habit.

Dans la soirée qui suit, sans isoler les fiancés, on s'arrangera pour qu'ils puissent causer sans être entendus. On agit de même jusqu'au mariage. On ne les laisse jamais seuls ; mais on n'affecte pas de *monter la garde* autour de cet amour permis.

Il vaut beaucoup mieux qu'une fiancée ne sorte pas en public avec son fiancé ; mais dans le cas où elle irait avec lui dans la rue, au théâtre, etc., elle serait toujours accompagnée d'un parent masculin qui, seul encore, a qualité pour la protéger et la défendre contre l'insulte.

Le lendemain des fiançailles, on écrit aux membres des deux familles qui n'ont pas été invités, mais auxquels on doit pourtant cette marque de déférence de les instruire de l'événement. Selon les rapports établis et que nous ne pouvons déterminer, c'est la fiancée ou ses parents qui font part des fiançailles à la parenté, en ce qui concerne leur côté, du moins. Le fiancé ou ses parents ont le même devoir envers leur propre famille.

Afin d'éviter les commentaires des gens qui ne sont pas dans le secret et que les assiduités du fiancé feraient causer, on s'arrange, si c'est possible, pour que l'époque du mariage ne soit pas trop distante de celle des fiançailles.

Le bouquet quotidien est de rigueur. Il est exclusivement composé de fleurs blanches. Pour conjurer la satiété, on fait prendre au fragile présent des formes différentes. Un jour, ces fleurs représenteront un éventail ; une autre fois, on les fera disposer en encadrement pour le miroir de la toilette ; enfin le bouquet du jour du contrat pourra être arrangé en manière de coffret, lequel enfermera un bijou.

Mais il ne faudrait pas risquer cette dernière ingéniosité que nous indiquons, avant le contrat. Les présents *solides,* d'une valeur intrinsèque, ne sont autorisés qu'à partir du jour où l'on fait *les réglementations* d'argent.

Après les fiançailles, les parents de la jeune fille et ceux du jeune homme peuvent annoncer (chaque famille de son côté) le mariage de leur enfant aux

2.

gèns de leur monde. Le savoir-vivre interdit à
ceux-ci toute question qui friserait la curiosité, à
plus forte raison l'indiscrétion. En général, les
parents se bornent à donner des détails succincts,
indispensables.

La jeune fiancée, rencontrée dans le salon de la
mère du futur, par les amies de cette dernière, leur
est présentée en ces termes : « Mlle..., ma future
bru. » Ces mots sont accompagnés d'un sourire
affectueux.

La même cérémonie a lieu dans le salon de la
mère de la fiancée, à l'égard du « futur gendre ».

Mais on ne reçoit guère plus chez les parents de
la jeune fille, après les fiançailles, jusqu'au mariage.

Beaucoup de jeunes gens, qui sortent en compagnie de leur fiancée et de leur future belle-mère,
ne savent à laquelle des deux ils doivent offrir le
bras. Le bon goût, le tact, les convenances, leur
imposent l'obligation d'offrir leur bras à leur belle-
mère « à devenir », comme on dit en certains pays,
en dépit du plaisir plus vif qu'ils auraient à choisir
leur fiancée. A la rue, une future belle-mère acceptera ce bras et sa fille marchera à ses côtés. Dans
un jardin, à la campagne, elle déchargera son futur
gendre de ce devoir de courtoisie et permettra aux
deux jeunes gens de marcher bras dessus bras dessous auprès d'elle.

Pour pénétrer dans un salon, le futur n'offrira
son bras ni à l'une ni à l'autre. En entrant dans

une maison particulière, on ne se donne pas le bras.

En tous lieux et en toutes circonstances où un homme soutient de son bras la marche d'une femme, ce bras est offert à la belle-mère future et non à la fiancée.

La corbeille. — Le contrat.

L'envoi de la corbeille et la signature du contrat précèdent de huit à dix jours environ la cérémonie du mariage.

La corbeille est apportée le matin du jour où l'on signe le contrat. Elle se compose de robes de satin, de velours, etc., en pièce ; de dentelles noires et blanches ; de points héréditaires, si les aïeules du fiancé en ont possédé ; de bijoux modernes, de joyaux de famille ; d'un manteau de loutre ; de bandes de lophophore, originale parure pour les robes et les vêtements, dont la solidité, autant que la surprenante beauté explique la faveur. A ce fond de garde-robe, on ajoute une *aumônière* gonflée d'or (pièces neuves), un ou plusieurs éventails, un livre d'heures copié sur un chef-d'œuvre du moyen âge. (Il va sans dire que la corbeille peut être infiniment plus modeste, tout dépend des ressources du fiancé.)

Ces objets sont contenus dans une grande corbeille en vannerie artistique, doublée de satin blanc et de forme carrée, afin que les étoffes n'y prennent pas de faux plis. Un gros bouquet de roses blanches ou un nœud de satin blanc s'attache sur le couvercle.

Le coffre, l'ancien coffre de mariage, est choisi par quelques fiancés amis de l'archaïsme. On les imite de ceux du xvie siècle. Ils sont décorés, armoriés, sculptés, peints, etc.

On avait eu l'idée de remplacer la corbeille par quelques milliers de francs, insérés dans une enveloppe, mais cette innovation a froissé les délicatesses de sentiment du plus grand nombre des fiancés, et la vieille mode a prévalu, nous en sommes bien aise.

L'habitude d'exposer le trousseau, la corbeille et les présents envoyés à la fiancée par sa parenté et ses amis, cette habitude — d'un goût fort contestable — est complètement tombée en désuétude, chez les gens qui se piquent de véritable délicatesse.

L'étalage de la lingerie intime était pénible à supporter pour le fiancé et révoltait les pudeurs de plus d'une fiancée. Il y avait en outre une ostentation de parvenus à étaler ainsi les richesses d'un trousseau, les splendeurs d'une corbeille.

Quant à l'exhibition des présents, on sentait comme une arrière-pensée dans cette coutume. On semblait vouloir exciter l'*émulation* chez les donateurs. Dans la crainte de passer pour pauvres ou avares, les vaniteux — qui seraient peut-être restés indifférents à l'opinion des fiancés et de leur famille — faisaient des sacrifices, pour paraître magnifiques aux yeux des gens admis à passer les cadeaux en revue.

On est donc revenu à nos anciens et discrets usages, qui ont le mérite de n'offenser jamais la réserve des fiancés et de ne pas faire soupçonner les parents de sot orgueil et d'autres vilains sentiments.

Le contrat se signe souvent chez le notaire.

Quand le notaire se rend chez les parents de la fiancée, toutes les personnes intéressées s'y assemblent. Dans l'un comme dans l'autre cas, les clauses du contrat doivent avoir été bien débattues, par avance, entre les deux familles (hors de la présence des fiancés) pour éviter toute discussion, au moment des dernières stipulations.

Quand le contrat se signe chez les père et mère de la fiancée, il est toujours suivi d'un dîner auquel est convié le notaire.

Parfois le contrat se signe au milieu d'une soirée, qui réunit bon nombre d'invités. Les divertissements ou la conversation s'interrompt, le notaire donne lecture du contrat. Alors le futur se lève, salue sa fiancée, signe l'acte et lui passe la plume. Après avoir apposé son nom, celle-ci offre la plume à la mère de son fiancé, laquelle la remet à la mère de la jeune fille, les deux pères signent après et, ensuite, tous les membres des deux familles, par rang d'âge. On est bien aise aussi'

parfois, de faire figurer un nom illustre sur le contrat. Si la personne dont on désire la signature est
présente, elle signe avec la famille, sinon le notaire
lui envoie le contrat à signer le lendemain.

Pour la fête du contrat, la fiancée ne se pare d'aucun des bijoux qui viennent de lui être donnés. Ils
ne lui servent qu'après le mariage. Elle s'habille
d'une simple et jolie toilette claire, sa dernière robe
neuve de jeune fille, et — une dernière fois aussi
— elle sort de leur écrin ses petits bijoux, qui ne
conviendront plus à la jeune femme qu'elle va
devenir. Mais en revanche, grande élégance autour
d'elle. Aussi bien, la soirée de la signature n'a déjà
plus cet aspect intime de la fête des fiançailles.
Toutefois on n'y invite pas de connaissances
banales.

Au moment de la signature, si le notaire demande
à la fiancée — comme c'est son droit — la permission de lui baiser la main, elle la lui accordera,
après avoir rapidement consulté du regard sa mère
et son fiancé. Tous deux font, des yeux, un signe
d'acquiescement. Quelques personnes vont se révol-
ter contre cette idée de réclamer le consentement
du fiancé ; nous trouvons, au contraire, qu'il y a,
dans cette espèce de reconnaissance anticipée de
ses droits, quelque chose de touchant et qui donne
une vue bien nette des devoirs de la vie conjugale.
Mais, dira-t-on, la fiancée ne dépend encore que de
ses parents. Pas tout à fait ; elle porte au doigt un

anneau qui l'engage déjà et elle a reçu des présents
qui lui créent des obligations.

Le lendemain du jour où l'on a signé le contrat,
on envoie le billet d'invitation à la cérémonie religieuse. Quant à ceux qui doivent assister aux « festin et entières nopces », ils sont prévenus quinze
jours d'avance, pour le moins.

Formalités légales et religieuses du mariage.

En premier lieu, les personnes qui désirent
s'unir par le mariage doivent demander ou faire
demander par leurs parents, à l'officier de l'état
civil, de procéder à la publication de ce mariage. Il
faut onze jours d'affiche avant de célébrer le
mariage. Les publications ont lieu au domicile res-
pectif des futurs époux.

On considère comme leur domicile, pour le
mariage, le lieu où ils ont eu une résidence non
interrompue, depuis six mois au moins. Les publications doivent se faire au lieu où cette résidence
leur a acquis un domicile et au domicile précédent.
Si les futurs sont mineurs, — âgés de moins de
vingt-cinq ans pour les hommes, de vingt et un ans
pour les femmes, — la publication du mariage
doit avoir encore lieu au domicile de leurs père et
mère; à défaut, au domicile de leurs aïeuls et aïeules

paternels et maternels. — Les officiers de l'état
civil instruisent les intéressés de ce qu'ils ont à
faire (pièces à produire, renseignements à donner)
pour obtenir des publications régulières.

La célébration du mariage ne peut avoir lieu,
nous l'avons dit, qu'après les publications, et sur la
production de pièces plus ou moins nombreuses.
Chacune des parties contractantes doit remettre à
l'officier de l'état civil un extrait de son *acte de
naissance*. La seconde pièce à fournir est le *consentement* des ascendants ou de la famille. Si les personnes dont le consentement est requis sont présentes, elles le donnent verbalement. Si le consentement était refusé et les futurs époux en âge de
s'en passer, ils auraient à produire le procès-verbal
de la remise des *actes respectueux*. — Au cas où les
père et mère, les aïeuls et les aïeules seraient décé-
dés, il faudrait apporter leur acte de décès. S'ils
étaient absents, interdits, des jugements d'absence
ou d'interdiction ; si la maladie les retenait chez
eux, des certificats de médecin, relatant l'impossibilité où ils seraient de quitter leur maison et de
donner leur consentement de vive voix.

Un veuf ou une veuve qui se remarie produit
l'acte de décès du premier époux.

L'heure de la célébration du mariage est indiquée par le maire. Au jour et à l'heure fixés, les
futurs se rendent en personne à la mairie. Ils
amènent quatre témoins, qui ne peuvent être

choisis parmi les personnes dont le consentement doit être obtenu.

Tout le monde sait que le mariage civil précède le mariage religieux. On ne se marie pas à l'église depuis le premier dimanche de l'Avent jusqu'au jour de l'Epiphanie, ni depuis le mercredi des Cendres jusqu'après l'octave de Pâques. Mais on peut cependant obtenir des dispenses pour célébrer le mariage dans ces intervalles.

Un usage presque universel veut que le mariage soit célébré dans la paroisse de la mariée et par le curé de cette paroisse, ou par un prêtre muni d'une délégation spéciale. Le mariage doit être précédé de la publication de *bans* à la paroisse des époux, trois dimanches consécutifs, à la grand'messe. Les pièces à produire sont *l'extrait de baptême;* le certificat de publication de bans, s'il en a été fait ailleurs que dans la paroisse où l'on célèbre le mariage; l'acte de dispense, s'il y a eu lieu; le billet de confession ; le certificat de l'officier de l'état civil qui a marié les époux.

Il nous faut dire un mot des bans de mariage avant de poursuivre. Ils sont soumis aux mêmes exigences que les publications légales, c'est-à-dire qu'ils doivent être *criés* à la paroisse des deux parties ou de chacune d'elles, si elles n'ont pas le même domicile, et qu'il faut également six mois de résidence pour acquérir un domicile aux yeux de l'Eglise. Si les futurs conjoints sont mineurs et

n'habitent pas la même résidence que leurs parents
ou tuteurs, toujours comme pour les publications civiles, les bans sont exigés à la paroisse de
ces parents ou tuteurs.

Si le mariage est différé pendant trois mois après
la publication des bans, il faut les réitérer. En
quelques diocèses, pourtant, on accorde six mois.

Les bans se *crient* trois dimanches de suite à la
messe paroissiale. Mais on peut racheter un ou
deux bans, tous les trois même ; toutefois, le rachat
complet n'est admis que dans certains cas fort
graves et très restreints.

Les fiancés, ou mieux leurs parents, vont s'entendre avec le curé des différentes paroisses ou de
la paroisse unique, pour la date des publications.
Le prêtre leur indique tous les renseignements
qu'ils doivent fournir.

Le mariage religieux se célèbre le matin, en
général ; il a plus de pompe en cette partie de la
journée, à cause de la messe. Il faut convenir, au
moins huit jours d'avance, avec le prêtre qui le
bénira, de l'heure, des détails, du prix de la cérémonie, lequel varie selon le plus ou moins de
solennité qu'on donne à cet acte.

La présence de deux témoins est nécessaire, mais,
cette fois, les parents peuvent servir de témoins.

Les époux se placent au bas de l'autel, entourés
de leurs familles. La jeune fille à gauche, le marié
a droite.

Dès l'arrivée, le marié a livré à un sacristain la pièce de mariage et l'acte du mariage civil.

Les anneaux aussi sont remis à ce sacristain, qui les offre sur un plateau, au moment de la cérémonie où ils sont échangés. Autrefois, la femme seule portait la bague d'alliance ; aujourd'hui, une coutume anglaise, d'origine princière, s'est généralisée chez nous : l'époux, aussi bien que l'épouse, porte l'anneau, signe extérieur des obligations conjugales. La date du mariage est gravée à l'intérieur de chaque anneau avec le prénom de la femme dans celui du mari et le prénom du mari dans celui de la femme.

Les mariés écoutent, assis, l'allocution que le prêtre leur adresse. Celui-ci parle debout sur les marches de l'autel, mais il s'approche des époux pour les unir. Le marié et la mariée se lèvent et l'époux prend dans sa main *droite* la main *droite* de l'épouse. Ils répondent ainsi aux questions que l'on sait : « Prenez-vous pour femme...? » auxquelles ils répondent : « Oui, monsieur. » Ils ne désunissent pas leurs mains pour s'agenouiller sous la bénédiction du prêtre et l'aspersion.

Ce n'est qu'en donnant à l'épousée sa médaille de mariage que le prêtre vient de lui rendre que le jeune homme dit ou devrait dire à celle qui va être à lui : « Je vous remets ce signe des conventions faites entre vos parents et les miens, » ou « entre vous et moi », selon le cas. La plupart du temps, l'époux ne dit rien du tout, très ému qu'il est, en cet instant. Puis, quand il a reçu l'anneau des mains du prêtre, il le passe au quatrième doigt de la main gauche de la jeune fille, en disant : « Cet anneau est le signe du mariage que nous contractons. »

Les anneaux bénits ont été présentés au marié par le prêtre. C'est de sa main droite *nue* que l'époux passe l'anneau au doigt de la main que sa femme lui tend *dégantée*. Les mariés ne se regantent que lorsque le prêtre est retourné à l'autel.

Ils se mettent ensuite à genoux pour recevoir la bénédiction nuptiale.

La messe commence. Les époux vont à l'offrande cierge en main, pendant l'Offertoire. Avant l'*Agnus Dei*, on étend sur eux le voile nuptial (quelquefois appelé poêle) soutenu par des personnes de l'assistance, et le prêtre les bénit solennellement pendant qu'ils sont ainsi agenouillés (cérémonie omise au mariage des veuves).

La célébration terminée, on passe à la sacristie pour signer l'acte de mariage et recevoir les félicitations des invités.

Si le mariage est contracté entre un protestant et un membre de l'Eglise catholique, il n'y a aucune sorte de cérémonie. Le prêtre se borne à recevoir le consentement mutuel des époux. Il n'y a pas de publications de bans pour ces mariages mixtes.

Un époux juif n'est pas reçu à l'Eglise catholique, ni un époux chrétien à la synagogue.

Quand il y a mariage mixte, c'est-à-dire entre protestant et catholique, ce dernier a sollicité auparavant une dispense de l'évêque pour son union avec un ou une protestante. Il est convenu, par écrit et sous serment, que les fils seront élevés dans la religion du père et les filles dans celle de la mère.

A notre avis, c'est le culte de la femme qui doit avoir les honneurs. C'est-à-dire qu'on se rend d'abord au temple protestant, si elle appartient à cette communion, ou à l'église de sa paroisse, si elle est catholique. En un mot, le culte de l'époux vient en second lieu.

Le bon goût veut que les invités assistent aux deux cérémonies religieuses. Elles sont les mêmes, à la différence de la messe : il y a échange d'anneaux, offrande, quête, etc.

Les hommes invités à la célébration d'un mariage juif doivent être avisés, ici, qu'ils sont tenus — par les usages religieux israélites — de garder leur chapeau sur la tête à la synagogue.

Ils se rangent d'un côté de la synagogue, les femmes de l'autre. Les cérémonies religieuses sont très particulières, nous allons les indiquer sommairement.

La mariée juive s'avance la première du cortège, se faisant soutenir par ses deux témoins. On lui lève les mains très haut. C'est ainsi qu'elle arrive

au fauteuil qui lui est préparé sur l'estrade à côté
de celui de son époux, sous un dais, devant le
tabernacle voilé. Les parents, les témoins, les
demoiselles et les garçons d'honneur s'asseyent
sous le dais, aux côtés des époux.

Il y a allocution par le prêtre, le consentement
est demandé également, la cérémonie de l'anneau
existe aussi, le marié le passe au quatrième doigt
de la main droite de l'épousée, en lui disant qu'il
la reconnaît pour sa femme légitime devant l'Eter-
nel, selon la loi de Moïse.

Le rite juif portugais place une écharpe (brodée
par la fiancée) sur les épaules de l'époux, pendant
la cérémonie. La mariée offre également à son
fiancé le linceul dans lequel il sera enseveli.

Cela ne rappelle-t-il pas le squelette des fêtes
égyptiennes?

Le rabbin bénit l'union, les époux boivent à la
même coupe le vin consacré, puis le verre de cristal est brisé. L'acte de mariage est lu à haute voix
aux assistants, avant la signature.

Il y a quête vers le milieu de la cérémonie; elle
est exécutée par les demoiselles d'honneur, conduites par les garçons d'honneur.

Les chants religieux du mariage israélite sont de
toute beauté et impressionnent profondément.

Dernier détail : quand la marié juive sort de la
maison paternelle pour se rendre à la synagogue,
on jette des fleurs sur son passage.

Le mariage civil (usages mondains)

Si le mariage civil ne précède pas immédiatement le mariage religieux, mais est célébré deux ou trois jours avant ce dernier, la mariée s'habille, pour la mairie, d'un élégant mais simple costume de ville de son trousseau.

Les dames qui y assistent portent une toilette beaucoup moins riche que celle qu'elles arboreront à la bénédiction nuptiale.

Les hommes portent l'habit.

Le marié va prendre sa future chez elle.

Celle-ci monte en voiture avec son père et sa mère. La place d'honneur — à droite — est réservée à la fiancée, sa mère est à ses côtés, son père en face.

Le fiancé vient, dans une seconde voiture, avec ses parents. Les témoins — au nombre de quatre — et les autres invités ou parents prennent place aussi dans des voitures appartenant au père de la jeune fille ou louées par lui, — car, quoi qu'on dise, dans quelques classes de la société, les dépenses d'une noce incombent au père de la mariée. Il est clair que, si les témoins et les invités possèdent des voitures, ils doivent s'en servir et y offrir des places aux autres conviés.

La jeune fille entre dans la mairie au bras de son

père. Son futur époux la suit avec sa propre mère. La mère de la fiancée vient après, au bras du père du marié.

Les fiancés se placent l'un près de l'autre, la mariée à droite ; le maire est en face d'eux. Les témoins du futur se tiennent à ses côtés, ceux de la jeune fille sont auprès d'elle. Les parents se groupent derrière ces six personnes.

Il est inutile de donner ici la façon dont se célèbre le mariage. La loi est seule en cause. Les mariés n'ont qu'à répondre un *oui* intelligible à la question sacramentelle : « Prenez-vous pour époux... ? »

Un seul détail est du ressort du savoir-vivre, la mariée signe la première l'acte de mariage, tout pays de loi salique qu'est la France. Elle passe la plume au marié, qui la salue et lui dit, d'un air heureux et avec un sourire : « Merci, madame. »

Il est le premier à lui donner ce titre, auquel elle a droit depuis qu'elle a mis son nom au bas de l'acte qui lie leur vie l'une à l'autre.

Néanmoins, personne d'autre ne la saluera de ce qualificatif, jusqu'après la cérémonie religieuse.

Le mariage civil est gratuit, mais, en général, le marié jette une offrande plus ou moins forte dans le tronc des pauvres. Les garçons de bureau reçoivent aussi du marié une gratification plus ou moins considérable.

Les nouveaux époux sortent ensemble de la mairie. La jeune femme appuyée sur le bras de son mari. Cette fois, il prend place dans la voiture où elle monte avec son père et sa mère.

Un dîner — chez les parents de la mariée — réunit tous les invités. Le marié est à la droite de sa belle-mère, la mariée à la droite de son père. Ce sont les personnages *les plus importants* de la journée.

Le marié baise la main de sa femme, en présence de tous les assistants, avant de se retirer avec sa propre famille.

Il va sans dire qu'on s'est arrangé pour ménager un tête-à-tête à ce mari et à cette femme que deux longs jours séparent encore d'une réunion complète.

Le mariage religieux (usages mondains).

Toutes les personnes invitées à composer le cortège de l'épousée — elles en ont été priées de vive voix ou par lettre particulière — se réunissent chez les parents de celle-ci.

Le père et la mère de la mariée reçoivent leurs invités au salon. Le marié a précédé tout le monde, en compagnie de ses parents. Quant à la jeune épousée, elle ne paraît qu'au dernier moment et portant à la main le dernier bouquet blanc que lui a adressé, le matin, celui qui est déjà son mari, de par la loi civile.

La mariée est habillée avec une simplicité rela -

3.

tive. A notre humble avis, les diamants sont de trop et nous exclurions même les riches et lourdes dentelles. La toilette doit être virginale et non fastueuse. Une robe de satin à longs plis, en hiver ; les draperies aériennes de la soyeuse mousseline des Indes, en été ; les guirlandes parfumées des fleurs de l'oranger, mêlées aux roses blanches et aux myrtes, n'est-ce pas la plus adorable des parures sous le nuage du voile ? Au plus ajouterions-nous un fil de perles au cou de notre fille. Nous savons bien que les points d'Alençon et d'Angleterre, que les pierres blanches étincelantes parent souvent les mariées, qu'on brode dans un coin de leur voile leurs armoiries accolées à celles de l'époux, mais, à notre sens, ce n'est pas là de l'élégance correcte.

Le marié porte l'habit ou son grand uniforme, s'il appartient à l'armée.

Depuis que, dans l'île voisine, un *squire* s'est marié en habit rouge, arrivant en ligne droite, à l'église, des bois où il avait couru le renard toute la matinée, depuis cette excentricité bien anglaise, on s'est quelquefois départi du cérémonial français, et plus d'un marié s'est contenté de la redingote. La partie masculine du cortège s'est naturellement accordé pareille licence. Cependant, dernièrement, à un mariage princier, tous les hommes avaient repris l'habit et nos usages vont de nouveau prévaloir, espérons-le.

Quand tout le monde est arrivé, — et c'est le cas

d'être exact — on monte en voiture pour se rendre
à l'église.

La mariée occupe la première voiture et prend la
droite. Elle a son père et sa mère avec elle.

Dans la seconde voiture, le marié et ses parents.

Les témoins prennent place dans les troisième et
quatrième voitures avec des parentes des mariés. Ce
ne sont pas des jeunes filles.

Les autres invités s'arrangent des autres voitures, de façon à ce que le cortège soit déjà formé,
dans l'ordre où il entrera à l'église.

On doit, autant que possible, associer une personne de la famille ou des amis de la mariée à une
personne de la famille ou des amis du marié. Tout
cela se combine d'avance dans le salon de la mère
de la mariée. Il y a une règle à observer : les jeunes
filles ne montent pas — même à deux — dans une
voiture où elles seraient seules avec des hommes
qui n'appartiendraient pas à leur proche parenté.

Depuis quelque temps, on fait une charmante
addition au cortège : toute mariée a ses pages...
comme un marquis de Molière. Ce sont des garçonnets, de l'une ou de l'autre famille, habillés avec une
élégance fantaisiste. Ils sont chargés de porter le
livre, le bouquet de l'épousée ; quelques-uns,
bien avisés, vont jusqu'à écarter, dégager son voile,
quand les circonstances l'exigent ; ils se tiennent,
en conséquence, au plus près de leur *maîtresse*.

Au moment où la mariée arrive sous le porche,

de l'église, une femme de chambre envoyée d'a-
vance, ou une ouvrière, se présente pour réparer le
désordre qui peut, par aventure, être survenu
dans sa toilette. Il faut au moins arranger son voile.

Le cortège se forme :

La mariée au bras de son père ; le marié avec sa
mère ; la mère de la mariée conduite par le père du
marié ; les demoiselles et les garçons d'honneur ; les
témoins et les dames avec lesquelles ils sont venus
en voiture.

La mariée a pris le bras gauche de son père,
toutes les dames doivent prendre le bras gauche
de leur cavalier, alors même que celui-ci aurait
l'épée au côté, en cette circonstance seulement,
pour l'harmonie. Et *vice versa :* si son père est
un militaire, l'épousée s'appuie sur son bras droit
et toutes les autres femmes suivent son exemple,
quand bien même les cavaliers seraient en habit.

A l'entrée de la mariée, tous les invités à la messe
se lèvent. Ceux qui sont venus pour l'époux sont à
droite de la nef, ceux qui sont venus pour la mariée
se sont placés à gauche.

La mariée s'avance sans porter les yeux autour
d'elle.

Bien peu d'épousées restent naturelles sous tous
les regards fixés sur elles. Un peu de trouble ne
leur messied pas. Mais il ne faut pas qu'une mariée
prenne l'air de « la victime couronnée de fleurs
qu'on conduit à l'autel ». Mieux vaudrait s'avancer

délibérément, ce serait moins sot. Qu'elle soit émue, cela se conçoit, heureuse et un peu effrayée, on se la figure ainsi ; mais si elle est bien élevée, si elle possède une dose suffisante de tact, elle évitera aussi bien les airs penchés que les airs assurés, elle ne posera pas plus pour la pruderie outrée que pour l'aplomb excessif.

Certaines mariées ont le don d'agacer ou d'*amuser* les assistants.

Le père de la mariée la conduit à sa place : le prie-Dieu placé à gauche et auprès duquel brûle un cierge.

Le marié vient s'agenouiller auprès d'elle sur l'autre prie-Dieu.

Les pères et mères se tiennent aussi près que possible de leurs enfants.

Dans les grandes églises, les suisses et les bedeaux font office de maîtres des cérémonies et indiquent à chacun ce qu'il a à faire.

Assez souvent les garçons d'honneur (les plus jeunes) tiennent le poêle au-dessus de la tête des mariés. Ces jeunes gens doivent prendre garde d'endommager la coiffure de la jeune femme et de déranger les cheveux du marié.

Quelles que soient les opinions religieuses du marié, il est tenu, de par le plus élémentaire savoir-vivre, de garder une attitude convenable pendant toute la cérémonie. La jeune mariée ne doit pas s'occuper de ce qui se passe autour d'elle parmi les invités. Au moment où elle prononce le *oui* sacramentel, elle se tourne légèrement vers son père et sa mère, comme pour leur demander encore un consentement qui est superflu, du reste, puisque le mariage civil est accompli.

La mariée passe à la sacristie au bras de son beau-père, tandis que le marié offre le bras à sa belle-mère. Les deux nouveaux époux, — après avoir apposé leur nom sur le registre, — se rangent à côté l'un de l'autre. Les parents de la mariée se placent à sa gauche, ceux du marié à la droite de leur fils. Les invités (ceux de la messe également) félicitent non seulement les mariés, mais encore leurs parents, au moins les parents de celui des époux pour lequel ils sont venus. Le marié nomme à sa femme ceux de ses invités de la messe qui la saluent et qu'elle ne connaît pas ; la mère de la mariée en fait autant pour les gens de son monde que son gendre n'a pas encore rencontrés.

Lorsqu'un lunch seulement est donné après la cérémonie, il arrive qu'on y convie, à ce moment, quelques-uns des assistants ; c'est les distinguer ainsi de la foule des connaissances banales, sans toutefois les assimiler au cercle des intimes qui y ont été invités en même temps qu'à la bénédiction.

La mariée sort de l'église au bras de son mari.

Son père offre son bras à la mère du marié.

Les invités de la messe ont regagné leurs places

et sont debout sur le passage du cortège. Le marié et la mariée saluent à droite et à gauche en souriant.

Les mariés remontent seuls en voiture, c'est le plus souvent un coupé.

Pendant que les voitures emportent la noce, glissons vite un détail. Si les parents des mariés ont un grand état de maison, les cochers et tous les domestiques d'ailleurs revêtent, pour la circonstance, la livrée de gala et on se sert des équipages des grands jours. Un minuscule bouquet de fleurs d'oranger, de roses blanches et de myrte noué de rubans blancs orne la boutonnière de tous les serviteurs et pare la tête des chevaux.

Noces et festins.

Il faut célébrer la fête des épousailles avec autant de magnificence que le permet la position de fortune ; chaque invité, revêtu de ses plus brillants atours, est tenu d'y apporter un visage heureux. On doit entourer de joie et d'éclat (relatif) le bonheur de ce jeune couple, qui vient d'accomplir l'acte le plus grave et le plus saint de la vie.

Nous voudrions des danses aux noces, ne fût-ce qu'une sauterie. Mais nous ne donnerons que cette indication générale, car la fête dépend absolument de la situation qu'on occupe et des circonstances

Ici simple déjeuner aux parents et aux proches ; là, matinée ou lunch avec un tour de valse ; ailleurs, dîner de gala, grand bal. Nous pouvons encore dire nos préférences ; nous aimons les mariages célébrés à la campagne (lorsqu'on y a une maison d'été), au temps des lilas et des roses, en la saison des chansons et des couvées, où l'on dîne et où l'on danse sous les arbres. Est-il cadre plus charmant pour la blanche épousée ?

Mais l'habitude est prise, à Paris, d'offrir un lunch superbe aux invités du cortège, à l'issue de la cérémonie. Et le plus souvent, il n'est accompagné ni de la musique ni des danses, qui nous paraissent pourtant le complément obligé des noces.

Si l'on donne un grand dîner, la mariée prend place à table, entre son père et son beau-père (elle est à la droite de son père), le marié est en face d'elle, entre sa mère et sa belle-mère. Quelquefois, et cela devrait se généraliser, parce que c'est très joli et très naturel, les jeunes époux sont assis l'un auprès de l'autre, entourés des couples jeunes et gais des garçons et des demoiselles d'honneur ; le père et la mère de la mariée leur font face, le premier ayant à sa droite la mère du marié ; le père du marié prend alors la gauche de la mère de la mariée.

Enfin, en d'autres lieux, le père de la mariée, conservant sa place ordinaire de maître de la maison, fait asseoir sa fille à sa droite. Le gendre occupe également la place d'honneur aux côtés de la mère de la mariée.

La mariée est servie avant toutes les autres dames, si âgées ou si qualifiées que celles-ci puissent être. Mais si un personnage de marque assiste à la fête du mariage, on considère sa présence comme un acte de condescendance et, pour l'en remercier, le beau-père de la mariée lui cède sa place auprès de l'héroïne du jour.

Malgré quelques tentatives pour faire renaître le vieil usage, on ne chante plus au dessert du dîner de noces.

Le bal, si bal il y a, est ouvert par la mariée avec l'invité auquel on désire témoigner le plus de déférence. Le marié choisit sa danseuse parmi les dames avec le même sentiment. Le second quadrille ou la seconde valse de la mariée appartient à son mari.

Après, elle envoie inviter de sa part les danseurs qu'elle veut pour partenaires, dans les *quadrilles* qui suivent. Pour les valses, elle se réserve pour son mari et les hommes de sa parenté.

Les mariés ne disparaissent plus au milieu de la soirée, ils se retirent les derniers. Mais les invités prennent congé de bonne heure... à deux heures du matin, au plus tard.

En quelques provinces et en plus d'un château, assez souvent la cérémonie du mariage est célébrée à minuit, en dépit de la superstition qui veut que le soleil brille sur la mariée, pour lui porter

bonheur. Dans ce cas, un dîner et une soirée précèdent la messe nuptiale ; la mariée y assiste dans
sa blanche toilette ; elle va faire attacher son voile
quelques instants avant de passer à la chapelle. La
cérémonie achevée, après les félicitations adressées
aux mariés (compliments qui doivent être fort
écourtés), les invités reprennent leur toilette de
voyage et sont reconduits, en voiture, au train
spécial frété par le marié. Les parents les plus
proches quittent également la maison ; le lendemain, les jeunes époux se retrouvent seuls.

Nous avouerons que nous aimons les noces de
plein jour, au grand soleil, avec beaucoup de
pompe, de solennité et de joie.

N. B. — Nous avons écrit constamment le père
et la mère de la fiancée ou du fiancé, de la mariée
ou du marié. Dans le cas où l'un ou l'autre des
deux jeunes gens ou les deux auraient perdu leurs
parents, il va sans dire que le rôle des père et
mère serait tenu par ceux qui les remplaceraient
auprès de la jeune fille ou du jeune homme : tuteur, chef de maison, frère aîné, sœur aînée,
tante, etc., et que ceux-ci auraient absolument
droit aux mêmes égards que les parents disparus,
dont ils tiendraient la place.

Fonctions des demoiselles et des garçons d'honneur.

Les demoiselles d'honneur sont choisies parmi les sœurs et les cousines des fiancés ; à leur défaut, on confie ces fonctions aux jeunes amies de la mariée. Les garçons d'honneur se prennent dans la proche parenté des deux fiancés ou parmi les amis intimes du marié. Le frère et la sœur de la mariée, par exemple, ne formeront pas un couple de garçon et de demoiselle d'honneur, mais bien la sœur de la mariée avec le frère, le cousin ou l'ami du marié, et *vice versa*. — On demande toujours aux demoiselles d'honneur par quel garçon d'honneur elles veulent être conduites, mais elles doivent se récuser et se laisser *appairer* suivant les convenances des mariés.

Les demoiselles et les garçons d'honneur choisis et *appareillés* — s'ils sont inconnus l'un à l'autre — sont présentés l'un à l'autre à la soirée du contrat.

Le garçon d'honneur fait, le lendemain, une visite dans la famille de sa demoiselle d'honneur.

N. B. — (Cela n'engagera à rien pour les relations ultérieures ; immédiatement après les noces, on peut cesser tout rapport.)

Le matin du mariage, le garçon d'honneur vient prendre en voiture (la sienne ou une voiture de noce) ou à pied, sa demoiselle d'honneur, à laquelle il a envoyé, le matin, ou à laquelle il apporte un bouquet un peu rosé, afin qu'il ne ressemble pas trop à celui de l'épousée, mais noué de rubans blancs et entouré d'une collerette de dentelle. *Il ne fait jamais d'autre présent.* Et, souvent même, le bouquet des demoiselles d'honneur est offert par le marié.

Naturellement, la demoiselle d'honneur ne s'en va pas (à pied ou en voiture) en tête à tête avec le garçon d'honneur, elle est toujours accompagnée d'un chaperon.

Au moment de partir pour l'église, le garçon d'honneur met sa demoiselle d'honneur en voiture, puis il veille à l'installation des autres dames, surtout de celles qui n'auraient pas de partenaire, ensuite il revient auprès de celle à qui il sert de cavalier, au moment où les équipages s'ébranlent. Il y a toujours une dame et un homme d'un certain âge dans la voiture où montent une jeune fille et un jeune homme.

A l'église, les garçons d'honneur s'inquiètent encore de placer convenablement tous les invités du cortège. Ce sont les deux couples les plus apparentés aux mariés ou, à défaut de ceux-ci, les plus avancés dans leur intimité, qui font la quête, se partageant l'église. Le jeune homme offre sa main *droite* (c'est forcé) fermée à la jeune fille, qui y appuie légèrement sa main gauche. Cette main est

soutenue à une certaine hauteur, sans pourtant
être soulevée de façon à fatiguer la jeune personne.
Le garçon d'honneur porte son claque sous le
bras gauche et de la main gauche tient le bouquet
de la demoiselle d'honneur.

Celle-ci tend la bourse (où elle et le garçon d'honneur ont jeté les premiers leur offrande) avec une
extrême discrétion, elle s'incline devant chacune
des personnes qui y dépose une pièce d'or ou d'argent ou un simple sou.

Au sortir de l'église, le garçon d'honneur prend
les mêmes soins des invitées, pour la montée en
voiture et lorsqu'elles en descendent.

Au lunch, les couples de demoiselles et de garçons d'honneur font, avec les parents des mariés,
les honneurs aux invités.

Le reste de la journée, le garçon d'honneur se
multiplie, sous la direction des parents de la mariée,
à la disposition desquels il s'est mis, pour veiller
aux désirs des invités, pour donner ses soins et sa
surveillance à toutes les parties de la fête. Au bal,
si bal il y a, il fait danser toutes les invitées... qui
dansent. Chez nos voisins britanniques, on l'appelle « le meilleur homme » *(best man)*, sans doute
parce qu'il s'oublie et se prodigue pour le plaisir
de tous. En réalité, tel est son rôle : se rendre utile.

Il doit quelques égards de plus à sa demoiselle
d'honneur qu'aux autres femmes : il la conduit à
table, où sa place est près d'elle. Il la fait danser

un peu plus souvent que les autres invitées. S'il est
allé la chercher, il la reconduit de la même façon.

Ajoutons qu'une demoiselle un peu âgée doit
refuser de servir de demoiselle d'honneur. —
Depuis quelques années, selon la très jolie mode
anglaise (pour une fois !), les demoiselles d'honneur
deviennent de plus en plus nombreuses. Elles sont
habillées de la même façon, avec des formes appropriées à l'âge, depuis Mlle Bébé jusqu'à la jeune
fille de vingt-cinq ans. Rien de charmant comme
ce frais bataillon, voletant tout le jour autour de
l'épousée.

La toilette masculine à un mariage.

Les hommes qui font partie du cortège de la
mariée portent l'habit, la cravate blanche, des gants
mastic.

Le marié et les garçons d'honneur seuls ont des
gants blancs.

On a tenté d'acclimater — en dehors du marié,
des garçons d'honneur, des pères et des témoins —
on a tenté d'acclimater la redingote, le pantalon et
la cravate perle, mais la première tenue prévaudra,
surtout si l'habit de couleur est adopté.

Les hommes simplement invités à la messe portent une élégante toilette de ville, cravate à l'avenant, gants de Suède.

Après le mariage.

On ne se met plus immédiatement en route pour le voyage de noces, comme on faisait il y a quelques années. On laisse cela aux Anglais, qui sortent de la maison paternelle de la jeune femme sous une grêle de riz et de pantoufles de satin blanc. Le marié français emmène sa femme dans le nid qu'il lui a préparé, en étudiant ses goûts ; ou bien, ce sont les parents qui abandonnent, pendant quelques jours, leur propre maison, pour laisser les jeunes époux à eux-mêmes. On ne veut plus gaspiller ces premières heures de la vie à deux, sur les voies ferrées, dans l'hôtellerie banale et encombrée, où l'on a mille petits ennuis à subir, et où les caractères se heurtent parfois dès le premier instant, par suite de l'un de ces contretemps, de l'une de ces contrariétés, qui sont inévitables en voyage. Plus tard, les dissonances se fondent dans un accord plus parfait ; c'est le bon sens, — compagnon inséparable du bon goût, — qui fixe le moment du voyage de noces : six semaines après le mariage ; c'est un sentiment délicat qui nous empêche, aujourd'hui, d'éparpiller sur les grandes routes les souvenirs de la lune de miel.

Jusqu'à leur retour, après lequel ils font leurs visites de noces, — annonçant ainsi qu'ils rentrent dans le train de la vie ordinaire, — les jeunes époux sont affranchis de tout devoir mondain. Lorsqu'on vient à les rencontrer, on ne doit pas faire mine de les reconnaître... à moins qu'il ne leur convienne de s'approcher les premiers. Mais, alors même, on ne les retient pas longtemps ; on ne leur parle jamais d'événements douloureux, néfastes ou tristes : il ne faut pas troubler leur bonheur, ennuager leur ciel ; on les traite comme des dieux dont la sérénité heureuse ignore la souffrance... jusqu'au jour où il leur plaît de redescendre sur la terre, de redevenir simples mortels.

Avant de terminer, ajoutons que, dans les premières années de son mariage, une jeune femme sort seule le moins possible, pour ne pas prêter à des suppositions fâcheuses. Dans ses courses, dans ses visites, lorsqu'elle n'a ni mère ni sœur aînée, elle se fait accompagner d'une amie plus âgée qu'elle et d'un caractère sérieux. Encore moins peut-elle aller seule à la promenade. A cheval, au bal, il lui faut l'escorte de son mari.

A l'église même, elle doit rechercher le voisinage des femmes justement considérées. Quant au théâtre, il est presque inutile de dire qu'elle y serait souverainement déplacée en l'absence de l'un de ses protecteurs naturels : mari, père, frère.

L'ancienne noblesse poussait si loin le scrupule sur ce point, qu'une jeune femme devait avoir atteint trente ans au moins pour s'affranchir de cette sorte de tutelle et qu'un jeune couple, uni par des liens légitimes, n'aurait pu paraître en public — au spectacle, dans les rues — sans s'adjoindre un tiers.

On dit que les familles nobles en agissaient ainsi pour donner le bon exemple. Il est plutôt probable que les gentilshommes craignaient que leur femme ne fût prise pour une fille et que, de cette erreur, ne résultât pour eux des choses désagréables.

Secondes noces.

Il est de bon goût de se remarier sans éclat et sans bruit. La cérémonie civile ne réunira que les mariés, leurs père et mère respectifs, leurs témoins. Pour le mariage à l'église, on s'entoure, comme aux premières noces, de ses proches et de ses amis intimes ; on envoie, également, des invitations à la messe ; mais la cérémonie est plus simple, il n'y a pas de décoration florale, pas de chants, pas de faste.

La veuve qui se remarie ne s'habillera ni de gris, ni de mauve, ce qui aurait l'air demi-deuil et serait peu aimable pour son second mari ; elle évitera le rose, couleur trop gaie, qui serait déplacée. Elle se coiffera d'une mantille noire ou blanche, dans laquelle elle piquera quelques fleurs (les chrysanthèmes et les scabieuses, qui sont dénommées fleurs de veuve, doivent être éliminées de sa parure).

4.

La veuve garde la première bague d'alliance. Son premier mariage est un fait que rien ne peut effacer, son second mari ne saurait trouver mauvais qu'elle conserve le signe de ses premiers liens et, si elle a des enfants, elle leur doit cette marque de respect à la mémoire de leur père. Elle porte donc deux anneaux.

Un déjeuner ou un dîner suit la cérémonie religieuse, mais il n'y a jamais de bal, pour les secondes noces.

Les grands enfants d'un veuf qui se remarie sont souvent bien embarrassés pour trouver une appellation, à leur usage, qui convienne à la seconde femme de leur père, à l'exclusion du titre *mère*, ou du mot *maman*. Il serait joli, suffisamment familier, d'excellent ton, de lui donner son prénom, précédé du mot *dame* : « Dame Marie, dame Louise, dame Marguerite. » J'ai quelquefois entendu dire : « Notre dame », c'était charmant aussi.

Les grands enfants d'une veuve trouvent encore plus difficilement la désignation convenable à employer à l'égard du mari de leur mère. « Père » leur écorcherait les lèvres. « Monsieur » ne leur semble pas en situation. Donner le prénom serait inconvenant... à cause de la mère. « Mon ami » aurait, à notre humble avis, quelque chose de choquant. Mieux vaudrait forger un titre de parenté : « Oncle, cousin. » Si le beau-père était médecin, s'il avait un grade dans l'armée, on l'interpellerait d'un ton

gracieux, enjoué : « Docteur, colonel », ce serait
tout à fait poli et de bon goût. Une jeune fille, qui
avait habité l'Angleterre, appelait son beau-père :
« Gouverneur », à la mode des Iles-Britanniques,
où l'on désigne souvent ainsi le chef de la maison.
— En parlant à sa mère de son second mari, on dit
également : « Mon oncle, mon cousin, le colonel,
le docteur, le gouverneur. »

On ne saurait exiger d'un fils ni d'une fille des
sentiments affectueux pour la seconde épouse de
leur père ou pour le second mari de leur mère.
Mais si ce fils et cette fille sont bien élevés, s'ils ont
quelque souci de la paix du foyer, s'ils redoutent
d'affliger leur père ou leur mère, si coupable
d'oubli que l'un ou l'autre leur paraisse, ils ne dé-
clareront au nouveau venu ni guerre sourde, ni
guerre déclarée et ils apporteront, dans les rapports
inévitables, la politesse la plus irréprochable; la
politesse qui, à défaut d'affection, rend toujours la
vie en commun supportable.

Si la seconde femme était jeune, les grands fils
d'un premier lit nuanceraient d'une certaine réserve
leur manière d'être à son égard.

Les enfants du premier lit assistent au second
mariage de leur père ou de leur mère. Si vous les
avez bien élevés, ils doivent désirer de vous voir
heureux, ils ne peuvent pas supposer que vous
commettiez un acte répréhensible; si vous avez
porté convenablement votre veuvage, si vous avez

fait choix d'un mari ou d'une femme honorable, ils acceptent l'événement sans joie peut-être, mais du moins sans douleur. Leur place est donc dans le cortège, à la cérémonie religieuse.

Noces d'une demoiselle d'un certain âge.

Ce sont absolument les mêmes cérémonies que pour le mariage d'une jeune fille. Le bon goût peut les diminuer de quelques détails, mais c'est tout.

Ainsi les demoiselles d'honneur seront en nombre restreint ou, même, si la mariée est très âgée, il n'y en aura pas du tout. Dans le cas où on ne les éliminerait pas du cortège, leur toilette serait assez sérieuse, si jeunes qu'elles fussent.

Une demoiselle de trente-cinq ans ne s'enveloppera pas d'un long voile. Elle couvrira ses cheveux d'une mantille de dentelle blanche qui lui garnira aussi les épaules. Cette mantille sera attachée par *quelques* boutons de fleurs d'oranger et des roses blanches. Robe blanche.

A quarante-cinq ans, elle choisira une robe gris argent, et elle portera un chapeau de dentelle blanche avec un *imperceptible* brin de fleur d'oranger, mêlé à des marguerites-reines, lilas ou rosées.

Une soirée dansante convient mieux qu'un bal en ces circonstances.

Noces d'argent.

On célèbre les noces d'argent après vingt-cinq années d'heureuse union.

C'est une belle, une grande fête de famille, à laquelle on convie aussi les amis, mais dont on élimine les simples connaissances, car il faut lui conserver un caractère d'intimité.

C'est aussi une fête joyeuse et on lui donne tout l'éclat possible.

C'est encore une haute, une touchante leçon d'amour conjugal donnée à ses enfants, que de leur montrer leur père et leur mère si tendrement, si sérieusement, si profondément attachés l'un à l'autre, après vingt-cinq ans de vie commune, où l'on a partagé les mêmes joies, mais aussi les mêmes douleurs, où l'on s'est fait de mutuelles concessions et des sacrifices réciproques.

Est-il rien de plus beau, de plus pur que cette affection qui a résisté au temps, au malheur parfois ; est-il rien qui témoigne mieux de la noblesse d'âme du père, de la tendresse de cœur de la mère ?

Célébrons donc les noces d'argent, c'est un spectacle réconfortant ; bénissons une seconde fois l'union de cet homme et de cette femme, qui ont rempli entièrement leurs devoirs envers Dieu, la

4.

nature et la société. Leur front a un reflet auguste, en cette journée, et leurs enfants les entourent avec un respect attendri.

La « mariée » est encore belle, souvent elle paraît être la sœur aînée de ses filles. Qu'elle se pare donc, avec le légitime désir de paraître charmante aux yeux de celui dont le bonheur lui a été cher et l'honneur sacré ; pour être admirée par ses fils, justement fiers d'une telle mère.

Elle ornera ses cheveux de marguerites-reines toutes blanches et jettera, par-dessus, une mantille de dentelle, blanche aussi, pour assister à la messe de bénédiction. Sa robe sera également blanc-argent. (Nous insistons, à dessein, sur la couleur blanche de cette parure, parce que c'est la couleur de la foi, de la pureté, de la fidélité, de la vie, de la joie.) Elle portera tous ses diamants et ses perles, qui ont des significations appropriées à l'événement que l'on célèbre.

Le « marié » est en habit — et, aussi, tous les hommes de l'assistance.

Toutes les femmes sont en brillante toilette, claire et gaie.

Les « mariés », graves, émus (plus que la première fois, peut-être), entrent à l'église au bras l'un de l'autre.

S'ils ont des petits-enfants, ceux-ci viennent immédiatement après eux, portant de gros bouquets de roses.

Puis les fils et les filles avec les brus et les gendres. Ensuite les parents les plus proches, par rang d'ascendance, d'âge, de consanguinité. Après les amis. A la fin les serviteurs.

Le prêtre dit la messe, avec accompagnement des orgues, puis quand l'office est terminé, il bénit les époux et leur adresse quelques mots.

Le cortège sort de l'église dans le même ordre.

C'est à la maison que les enfants, toute la parenté, tous les amis, félicitent, embrassent les « mariés ».

Cette fois, il y a exhibition des présents reçus Un lunch est servi en attendant le dîner, qui est un véritable festin et où les fils et les filles portent la santé de leur père et de leur mère.

Un bal termine cette fête délicieuse. Le père l'ouvre avec sa fille aînée ou la femme de son fils, la mère avec son fils aîné ou le mari de sa fille.

Et restés seuls, les époux savourent les joies de cette journée, les souvenirs de leurs jeunes années et la satisfaction du devoir accompli.

> « Sur la route poudreuse, ils ont marché sans trêve,
> « Et franchi les ravins et gravi les hauteurs.
>
> « . . . .
>
> « Ils fournissaient la tâche, ils traversaient l'orage.
> « O les fortes amours ! »

Noces d'or.

Le temps a couronné de cheveux blancs les époux que nous avons vus, une première fois, rayonnants de jeunesse et de bonheur; puis, une autre fois, pleins de maturité et de force, entourés d'amour, de respect, d'estime, ayant lutté, ayant souffert, mais heureux, car ils s'aimaient comme au premier jour, mieux peut-être.

Pour la troisième fois, leur longue union fortunée sera célébrée, on va faire leurs noces d'or. Il y a cinquante ans qu'ils marchent côte à côte; bien des douleurs les ont visités, leurs enfants sont partis loin du nid, pour fonder, à leur tour, d'heureuses familles, des familles bénies; ils sont seuls, comme au commencement de leur vie à deux et ils se serrent l'un contre l'autre, pour se tenir lieu de tout.

Leurs fils et leurs filles — ceux qui ne les ont pas devancés là-haut — accourent autour d'eux, avec les enfants de leurs enfants; trois générations entourent le couple vénéré et adoré. L'aïeul retrouve la grâce de sa femme dans le sourire de ses petites-filles; la grand'mère lui dit tout bas : « Tes petits-fils sont beaux comme toi. »

La fête est la même que celle des noces d'argent. Mais avec une intimité plus grande, pour ménager les héros du jour, dont la vie est devenue fragile. Chacun leur a apporté son présent, jusqu'à l'arrière-petit-fils de deux mois, qui tient une fleur, pour eux, entre ses petits doigts inconscients.

Tous les enfants sont en grande parure. Le « marié » porte la redingote, si il veut, parce que ce vêtement plus aisé, plus ample, peut remplacer l'habit pour un vieillard. La « mariée » n'a pas perdu la coquetterie nécessaire à celle qui veut plaire jusqu'à la fin à celui qu'elle aime. Elle est vêtue d'une robe traînante en velours ou en satin violet pâle, un mantelet de dentelle ou de velours pareil à la robe. Ses boucles d'argent sont voilées d'une épaisse mantille de dentelle piquée de pensées. La pensée est la fleur de ces noces. Le marié la porte à sa boutonnière et tous les assistants dans leur toilette.

Le grand repas est suivi d'un bal ou d'une sauterie. Les deux aïeuls l'ouvrent avec deux de leurs petits-enfants.

La fête ne se prolonge jamais au delà de minuit. Alors, laissés à eux-mêmes, les vieux époux tombent dans les bras l'un de l'autre, en se rendant ce témoignage que, s'ils recommençaient la vie, ils se choisiraient encore.

Et ils ont donné, à leurs enfants, la grande leçon d'amour et d'abnégation.

LES VISITES

Les visites en général.

Il y a plus d'un genre de visites : visites officielles, visites de cérémonie, de convenances,
visites de noces, de digestion, de condoléance,
visites de congé et de retour, visites d'arrivée,
visites du jour de l'an, visites intimes, etc., etc.

Nous ne dirons rien des visites officielles pour
lesquelles chaque corps de l'Etat a son cérémonial
particulier.

Visites de cérémonie.

Les visites de cérémonie sont celles que se doivent entre eux, — et leurs femmes entre elles, —
les officiers d'un même régiment, les magistrats
d'un même tribunal, les fonctionnaires d'un même
ministère, etc. Elles sont obligatoires au nouvel
an, à l'arrivée, au départ. Les autorités civiles

d'une localité, si petite qu'elle soit, ont droit aussi
à ce genre de visites dans les mêmes circonstances.

Rien n'empêche que les visites de cérémonie ne
se transforment en visites de convenances, puis en
visites intimes ; mais tout le temps qu'elles ne sont
que cérémonieuses, elles doivent être fort courtes.
Toutefois, ne leur donner qu'une durée de cinq
minutes serait une autre erreur. Il serait plus
absurde de se relever aussitôt après s'être assis
que de « s'éterniser » pendant une heure.

Il faut penser que les maîtres de la maison ne peuvent trouver des sujets de conversation bien variés
ni bien abondants, lorsqu'ils reçoivent les gens pour
la première fois, ou qu'ils ne les aperçoivent qu'une
fois l'an. Si on n'éprouve pas le même embarras,
il reste à se persuader qu'on leur parle peut-être,
sans doute, trop longtemps de choses qui ne les
intéressent pas ou guère. En restant un quart
d'heure, on fera preuve d'un parfait savoir-vivre.
En effet, il est aisé de trouver, de part et d'autre,
quelques phrases suffisantes pendant cet espace
de temps.

Les visites de cérémonie sont rigoureusement
rendues dans les huit jours. Si le supérieur (ou
sa femme) — colonel, président de cour, préfet,
etc. — dépassait ce délai, l'inférieur (ou sa femme)
— juge d'instruction, capitaine, maire, etc. —
aurait le droit de penser que ce supérieur (ou
sa femme), est absolument dénué de politesse.

Il va sans dire qu'une maladie, un événement imprévu, un malheur, exempte de cette étiquette, mais quand la vie a repris son cours, on explique à qui de droit le retard involontaire qu'on a apporté à remplir le devoir mondain, ou plutôt social.

Au sujet des visites cérémonieuses et obligatoires du jour de l'an, quelques personnes s'imaginent qu'elles doivent employer des formules spéciales au début de la visite faite, à cette occasion, à un supérieur ou à une autorité locale. Tout cela dépend des circonstances. En ce qui concerne « la visite de corps », il y a tel protocole affecté à l'armée, à la magistrature, à l'administration, etc., dont nous n'avons pas à nous inquiéter ici, certaines prescriptions de civilité hiérarchique ressortissant du cérémonial adopté par chacun des grands corps de l'État.

Mais nous supposons qu'un instituteur, par exemple, aille faire une visite à son inspecteur, au maire, à l'adjoint de sa commune, le premier janvier ou dans le courant de ce mois, il n'y aura aucune différence entre sa manière de faire ce jour-là et celle des jours ordinaires. On n'offre ses vœux qu'à ses parents, ses amis intimes, ses bienfaiteurs. Pour les autres personnes, la visite ou la carte dans les délais voulus suffit amplement. Il va sans dire qu'il y a des cas d'exception.

C'est au bon sens, à l'expérience de déterminer les circonstances où l'on peut, où l'on doit en-

freindre les règles générales. Ainsi un jeune instituteur, reçu avec affabilité dans la maison d'un
maire aimable et bienveillant, ne manquera nullement à la correction ni à l'élégance en lui faisant
gentiment ses souhaits pour l'année nouvelle. Si
les relations sont froides ou banales, il est clair
qu'on n'a à s'acquitter que du devoir officiel...
tout sec.

Visites de convenances.

Les visites de convenances sont celles que l'on
fait à intervalles trop éloignés pour qu'elles aient
couleur d'intimité, et pourtant, à distances assez
rapprochées pour établir ce qu'on appelle des relations et se traiter de connaisances. Pour préciser,
c'est aller voir les gens tous les deux ou trois
mois, à leur jour. Ces visites doivent être rendues
avec exactitude.

Visites de digestion.

Les visites de digestion ont lieu dans les huit
jours qui suivent un dîner ou un bal auquel on a
été invité, et alors même qu'on n'y a pas assisté.
Cette visite n'est pas rendue par les amphitryons
auxquels on la devait.

5

Visites de noce.

Au retour de leur voyage de noce, les jeunes
mariés font des visites à leurs amis et connaissances respectifs, témoignant ainsi le désir de
se créer des relations particulières en dehors du
salon de leurs parents. — Ils ont écrit à chacune
des personnes qui leur ont envoyé un présent,
mais ces remerciements ne les dispensent nullement de faire une visite aux donateurs, le jour
où ils reparaissent sur la scène du monde. — Les
nouveaux mariés font aussi une visite à tous les
gens de leur monde qui ont assisté à la bénédiction nuptiale ou se sont excusés de ne pouvoir y
paraître. S'il se trouve, dans le nombre, des célibataires masculins, le mari seul leur doit cette visite.

Visites de condoléances.

Le laps de temps qui s'écoule entre un événement douloureux, survenu à une personne de connaissance, et la visite de condoléance qui en
résulte, varie selon le degré des relations. *Ordinairement*, c'est six semaines. Le visiteur est tenu à
une certaine gravité, à une grande simplicité
de couleurs et d'ajustements. Il ne parle pas du

mort le premier, mais il écoute avec complaisan e tout ce qu'on se plaît à lui en dire. Par contre, la personne qui reçoit contient son chagrin et sa tristesse.

Visites intimes.

Les visites intimes se mesurent sur le plus ou moins de sympathie, d'amitié ; elles échappent aux règles.

Visites à une accouchée.

Dès qu'on a reçu l'annonce d'une naissance dans une famille amie, on va se faire inscrire chez l'accouchée et serrer la main du père. Les femmes entrent chez la jeune mère et lui apportent un petit présent pour le nouveau-né, une babiole faite de leurs mains, à laquelle elles ont travaillé, dès qu'elles ont connu les espérances de maternité de leur amie.

L'accouchée reçoit étendue sur une chaise longue et parée, car c'est fête, grande fête dans la maison.

La robe de la mère est à la couleur de l'enfant (bleue pour un garçon, rose pour une fille). La nourrice ou la bonne (si la mère a le bonheur de nourrir elle-même), qui se tient à portée pour

montrer l'héritier, la nourrice ou la bonne porte
également la livrée du nouveau-né, et les tentures
du berceau sont aussi roses ou bleues. L'enfant est
tout de blanc vêtu.

Ces visites ont lieu de trois heures à cinq. Les
dames admises auprès de l'accouchée ne doivent
faire qu'une apparition, pour ne pas la fatiguer.
Une visite d'une certaine durée serait contraire
aux lois de la politesse.

Visites de congé et de retour.

Lorsqu'on part en voyage, on fait une *tournée*
de visites chez toutes ses connaissances, pour
leur apprendre qu'on quitte la ville et leur épargner un dérangement inutile, si elles avaient à
nous voir. Si on ne les trouve pas, on dépose une
carte cornée, sur laquelle on a tracé au crayon,
les trois lettres consacrées P. P. C. (pour prendre
congé). Il est entendu qu'on peut faire plus de
frais littéraires pour instruire les gens de son
absence. Mais ces très sommaires adieux peuvent
suffire avec les simples connaissances.

A son retour, on recommence cette tournée de
visites, pour apprendre aux mêmes personnes
qu'on vient de rentrer, et l'on a soin de dire gracieusement :

— Vous savez, je reprends mes lundis ou mes mardis, à compter de la semaine prochaine.

On ajoute à cette phrase un mot aimable : « Je me plais à vous compter parmi mes fidèles, » « J'espère que vous n'aurez pas désappris le chemin de ma maison, » etc., etc.

Visites d'arrivée.

Lorsqu'on arrive dans un pays, on fait des visites aux gens avec lesquels on désire ⸂ n rer en relations.

Pour retourner dans les maisons où l'on aurait été gracieusement accueilli, aussi bien que chez les personnes qui se seraient montrées simplement polies, on attendrait que cette visite vous eût été rendue. Il arrive pourtant qu'un malheur frappe la maison où vous vous êtes présenté, ou que vous ayez à savoir gré d'un bon procédé (amabilité, service) à votre égard ; dans le premier cas, vous devez aller porter votre carte cornée ; dans le second, vous faites une nouvelle visite de remerciement... puis vous voyez venir.

Cependant les personnes que vous êtes allées voir ne sont pas forcées de vouloir se lier avec vous. Elles peuvent vous adresser une simple carte, en retour de votre visite. Vous ne manifesterez aucun ressentiment, car « la sympathie ne se commande pas », mais vous ne retournerez dans ces maisons sous aucun prétexte.

Il se peut aussi qu'on vous rende une première visite et non une seconde. Ce serait à peu près le même procédé que l'envoi de la carte, et vous ne devriez plus vous présenter une troisième fois.

Dans ces visites, le nouvel arrivant explique, pour ainsi dire, l'espèce de démarche qu'il fait pour établir des relations avec les gens qui l'ont précédé dans le pays.

« Je viens de m'installer en votre ville — ou votre village — (on désigne la maison que l'on habite) et j'ai pris la liberté de frapper à votre porte, ayant un grand désir de vous connaître, d'après tout le bien que l'on m'a dit de vous — ou puisque nous sommes si proches voisins, — ou parce que ce serait fort honorable pour moi. »

Au cours de la conversation, on tâche de donner sur soi des renseignements qui peuvent inspirer confiance, on s'arrange pour offrir des *références*.

A moins que l'on ne porte un nom connu, que l'on ne soit un personnage de marque, il vaudrait mieux attendre un peu avant de faire ces sortes de visites; se fier aux circonstances et aux événements pour former des relations.

Mais quelle que soit la position sociale qu'on occupe, en province, il est presque nécessaire de faire une visite au maire de la commune qu'on habite, au curé de la paroisse, aux fonctionnaires, au notaire, dont on peut avoir besoin. Si l'on n'a soi-même un titre *officiel*, le maire, le curé, les fonctionnaires ne sont par tenus de rendre cette visite... intéressée.

Le rôle de la maîtresse de la maison.

En général, toute maîtresse de maison prend un jour de la semaine pour « recevoir ». C'est une excellente habitude, pour les visiteurs aussi bien que pour les visités. Les premiers sont certains de ne pas frapper inutilement à une porte, les seconds garantissent leur liberté pour le reste de la semaine. Il y a même des femmes qui ne *restent chez elles* que tous les quinze jours. Par contre, il en est d'autres qui reçoivent, non seulement de trois heures à six comme partout, mais dont la porte se rouvre, le même jour, de neuf heures à minuit. Ces visites ont un caractère un peu différent de celles de la réception diurne. Nous y reviendrons. On fait, du reste, savoir qu'*on est chez soi*, le soir aussi, aux seules personnes avec lesquelles on est bien aise d'établir des relations intimes.

Un cas assez grave peut seul empêcher de recevoir, quand on a fait choix d'un jour et qu'on l'a indiqué à ses amis et à ses connaissances.

La maîtresse de la maison porte une jolie toilette d'intérieur, — dite robe de réception, — pour montrer à ses visiteurs qu'elle tient à leur plaire. Mais cette toilette, d'une extrême fraîcheur, doit être combinée de façon à ne pouvoir écraser celle d'*aucune* des femmes qui se présentent.

La dame du logis s'assied à un coin de la cheminée. Elle tourne le dos aux fenêtres. Cette place,— qui n'est pas très avantageuse pour la beauté, — est justement la sienne, par cette raison que, chez elle, il lui faut mettre en lumière tous les dons et qualités des autres, et s'effacer entièrement.

On forme un grand demi-cercle. Les vieilles dames sont assises au plus près du feu. Si une jeune femme se trouve là placée, à l'arrivée d'une dame âgée, elle se glissera discrètement sur un autre siège. Les personnes jeunes doivent s'arranger pour ne jamais rester assises *au-dessus* des vieillards. Par *au-dessus*, nous voulons dire plus près de la cheminée.

On annonce dans certaines maisons. Dans d'autres, un domestique (valet de pied ou simple bonne) ouvre la porte au visiteur sans rien dire. Celui-ci s'avance vers la maîtresse de la maison, qui reste assise, si c'est un homme qui se présente, ou se lève et fait deux pas au-devant, si c'est une femme.

Nous avons dit que la maîtresse de la maison ne se lève que pour une femme. Cette règle n'est pas absolue. Une jeune femme doit faire à un vieillard très âgé un accueil presque filial; en conséquence, elle ne l'attendra pas de pied ferme assise, ni même debout devant son fauteuil. Elle fera mine d'aller à sa rencontre. On use, en général, du même procédé pour un homme illustre par le caractère ou le génie. On doit des égards à l'âge, à la vertu, à une haute intelligence, même quand on les rencontre chez le sexe fort.

Il y a encore d'autres cas où l'on déroge à cette étiquette féminine. La maréchale Davout, princesse d'Eckmülh, se levait toujours à l'entrée du maire de Savigny dans son salon; elle prenait aussi la peine de le reconduire *au delà* de deux portes. Ce magistrat était assez souvent, en ce temps-là, un cultivateur peu façonné aux belles manières; et il aurait trouvé cette grande dame du premier Empire bien mal élevée, si elle l'avait reçu assise et l'avait ensuite laissé aller seul.

La maréchale pensait, justement, qu'il est avec le cérémonial des accommodements. Quand lord Wolseley se présenta devant la reine Victoria, après sa campagne d'Egypte, la souveraine, sa fille, la princesse Béatrice, et sa bru, la duchesse de Connaught, se levèrent pour recevoir le général en chef, dont les succès faisaient la joie de l'Angleterre. — Chez nous, quelle maîtresse de maison fût restée assise à l'entrée de Victor Hugo? On peut s'inspirer de ces *exemples*.

5.

Heureuse la maîtresse de maison qui possède une fille déjà grande, une sœur cadette, une jeune parente, sur laquelle elle peut se décharger de certains soins au salon. Le gracieux aide de camp est tout à fait précieux, au moment du départ d'une visiteuse, par exemple, quand il reste d'autres personnes autour de la dame du logis. Celle-ci ne peut, dans ce cas, se détacher du cercle pour reconduire chaque femme l'une après l'autre ; elle doit se borner à se lever et à rester debout, jusqu'à ce que la visiteuse qui part ait atteint la porte, et il lui est pénible de ne pas l'accompagner, par la raison qu'il faut à un visiteur une extrême aisance, un grand usage du monde pour ne pas éprouver au moins un léger sentiment de gêne, pendant le temps qu'il met à traverser seul le salon et à en ouvrir la porte... Car toutes les maisons ne sont pas pourvues de laquais, qui écartent les portes devant celui qui sort, avertis qu'ils sont par la sonnette électrique sur laquelle le pied de leur maîtresse a pesé.

Dans quelques maisons exquises, le mari ou le fils est toujours là, au jour de réception, pour reconduire les dames et les mettre en voiture ; pour accompagner les visiteurs masculins, devant lesquels, comme pour les femmes, ils ouvrent toutes les portes du logis.

Lorsqu'elle n'a pas d'autres visiteurs, la maîtresse du logis et tous les membres de la famille

qui l'entourent, reconduisent les personnes qui
sont venues la voir jusqu'à l'escalier (si on habite
un appartement) ou jusqu'à la porte d'entrée (si
l'on occupe une maison).

Nous n'écrivons pas seulement pour des gens
favorisés par la fortune et il faut prévoir certains
cas, qui peuvent embarrasser les ménages modestes. Ainsi on n'a pas toujours un salon, ou
bien le salon n'est en état, c'est-à-dire ouvert ou
chauffé, que les jours de réception. Dans le premier cas, ou si un visiteur se présente en dehors
du jour de réception, on reçoit dans la pièce où
l'on se tient, salle à manger, chambre à coucher
— où seront maintenus un grand ordre et une
rigoureuse propreté.

Dans les mêmes conditions d'installation, on a
parfois certaines hésitations :

Quelques maîtresses de maison ne possèdent pas
plus de deux fauteuils. Si elles viennent à recevoir
deux dames à la fois, elles feront mine d'offrir les
seuls fauteuils existant et de prendre une chaise.
Mais la plus jeune (ou si elles sont du même âge,
la plus modeste) des deux visiteuses insistera pour
que la maîtresse de la maison garde l'un des
deux fauteuils, et celle-ci ne portera pas plus
loin le débat. Au cas où ce serait une mère et sa
fille (une jeune personne) qui se présenteraient
ensemble, on désignerait une chaise à cette dernière. Si l'un des deux fauteuils est occupé, la

maîtresse de la maison ne cédera pas le sien à
un homme, à moins qu'il ne s'agisse d'un vieillard
très âgé. Encore celui-ci fera-t-il quelques cérémonies avant de l'accepter. On fait d'abord asseoir
les dames commodément ; s'il reste des sièges
confortables, il peuvent être mis à la disposition
des hommes. Néanmoins, une visiteuse, en même
temps que la maîtresse de la maison, pourra témoigner quelque déférence, avoir certaines prévenances pour un vieillard ; ainsi une femme encore
jeune se conformera aux bienséances en se levant
à l'entrée d'un homme ayant dépassé soixante-dix
ans, et en lui cédant un fauteuil, une meilleure
place.

Je veux ajouter une recommandation importante.
Ayez souci du bien-être et du confort d'autrui, et
n'encombrez pas vos salons de fleurs odorantes
qui peuvent faire mal.

Les fleurs sont le plus charmant des luxes, mais
pour l'appartement, il faut choisir celles qui n'ont
pas de parfum ou dont la senteur est faible ou
délicate.

Plus d'une femme se demandent aussi, avec inquiétude, si elles sont tenues d'offrir des rafraîchissements à celles et à ceux qui les viennent voir.

On fait quelquefois luncher ses visiteurs, mais
l'usage n'est pas général, encore moins obligatoire,
et nous parlerons ailleurs du *five o'clock tea* ou thé
de cinq heures. (Ainsi se nomme le goûter, chez

les gens qui sont dans l'habitude de l'offrir aux personnes qui viennent à leur jour.)

Au moment du jour de l'an, les maîtresses de maison ont presque toujours des sacs de bonbons qu'elles ont reçus en présent. Elles sont bien aises de disposer ces friandises sur une jolie assiette, ou dans une belle coupe qu'elles font circuler parmi les visiteurs.

Lorsqu'une boîte de baptême vous a été envoyée, on peut aussi réserver ces dragées pour les offrir à ses visiteurs. C'est la boîte qui est tendue. Les personnes auxquelles elle est présentée ne prennent qu'une dragée à la fois. La dame du logis insiste toujours pour qu'on reprenne une seconde dragée. On suit la même règle en ce qui concerne l'assiettée de bonbons.

Il est encore certaines circonstances où une femme inexpérimentée a peine à se tirer d'affaire. Par exemple, nous dirons qu'une *jeune* femme fait aussi bien de ne pas recevoir les amis masculins de son mari en l'absence de celui-ci, en dehors du jour de réception. Cependant il arrive, quand on est sans bonne, qu'on aille ouvrir soi-même la porte aux visiteurs. Dans ce cas, on ne fera pas preuve d'une pruderie farouche. On fera entrer l'ami, mais on laissera grande ouverte la porte de la chambre où on le recevra ; on sera très réservée dans la conversation, on ne l'alimentera pas autant que de coutume, afin que l'ami comprenne qu'il ne doit pas prolonger sa visite. S'il restait au delà d'un quart d'heure, on lui dirait gracieusement :

« Je vous demande pardon de vous chasser, mais je dois sortir. » (Je suis attendue, ou j'ai telle course à faire, etc.) — Un homme, en l'absence de sa femme, fera entrer les visiteuses qui se présenteront, mais celles-ci ne resteront que quelques instants. Elles diront : « Je ne voulais que serrer la main à Madame X..., venant si près d'elle, mais j'ai affaire à telle heure. »

Enfin et surtout, il est obligatoire de maintenir, entre les visiteurs, la plus grande égalité d'accueil.

Il ne faudrait en aucune circonstance, quels que fussent les préférences et... *les intérêts*, agir comme je l'ai vu faire un jour.

La maîtresse du logis était en train de faire beaucoup de frais autour d'une visiteuse, qui lui plaît pour des raisons que je n'ai pas à examiner, quand on annonça une autre dame, brouillée avec la première. La maîtresse de la maison me parut d'abord embarrassée, mais après les premières paroles indispensables et souverainement insignifiantes adressées à la survenante, au mépris de l'impartialité, de la générosité et de la franchise qui doivent distinguer l'hospitalité, elle accentua un peu la froideur avec laquelle elle l'avait accueillie et, à plusieurs reprises, la mit complètement en dehors de la conversation en traitant, avec la première dame, des sujets d'une extrême banalité, mais très particuliers, auxquels la dernière venue ne pouvait prendre aucune part. La visiteuse favorisée, très aise d'être désagréable à la dame négligée, entama également des chapitres qui, pour être d'une grande pauvreté, n'excluaient pas moins forcément la seconde visiteuse du dialogue.

Ce ne fut qu'après le départ de la première arrivée que la maîtresse de maison fit des grâces à l'autre dame. Celle-ci était blessée, quoiqu'elle n'en témoignât rien, grâce à une meilleure éducation. Dix fois, elle avait eu envie de se lever et de partir, je l'avais bien vu, mais « cela ne se fait pas ». Le vrai monde n'admet pas les vives sorties.

La maîtresse du logis avait failli à toutes les lois de l'hospitalité, qui exige que l'on tienne, en apparence au moins, la balance égale entre tous les visiteurs. La dame préférée avait agi avec malignité. Toutes deux avaient manqué aux règles élémentaires du savoir-vivre, dont la base fondamentale repose sur la crainte d'offenser ou de blesser volontairement autrui.

Devoirs des visiteurs.

Les visiteurs laissent, dans l'antichambre ou le vestibule les parapluies, les cache-poussière, les doubles chaussures, etc., etc., dont ils peuvent s'être munis contre les intempéries.

Les femmes gardent leur ombrelle ou leur encas, leur boa, leur manchon pour entrer dans un salon.

Les hommes déposent leur pardessus, mais gardent leur chapeau à la main et conservent aussi leur canne.

Les personnes qui font des visites sont tenues de se présenter dans leur plus élégante toilette de ville. Quand on va en voiture, le costume peut déployer (côté féminin) un luxe, une originalité que doivent s'interdire les femmes qui vont à pied. Mais ces dernières, dans leur toilette plus discrète et moins élégante, feront l'honneur de leurs plus beaux atours à la personne qui les reçoit. Nous n'entendons pas interdire l'accès des salons aux femmes simplement vêtues, mais toute simplicité est relative. Si l'on n'a que des robes modestes, on choisit, parmi ces robes, la plus fraîche, la plus jolie. Une tenue extrêmement soignée est d'obligation absolue pour tout le monde.

Les hommes portent la redingote, jusqu'à six heures du soir. Après cette heure, l'habit.

A la campagne, ils peuvent se permettre le complet (à moins d'extrême cérémonie) au lieu de la redingote.

En entrant dans un salon, la visiteuse ou le visiteur salue la dame du logis, en s'informant de sa santé, puis il se borne à une inclination collective pour les autres visiteurs. Si parmi ces derniers il se trouve un de ses amis, rien n'empêche qu'il ne lui serre la main.

Pendant toute la durée de la visite qu'il fait dans un salon, un homme tient son chapeau à la main, sans l'abandonner une minute. Il ne le dépose jamais, pas plus que sa canne, sur une table, sur un meuble. Il s'arrange pour ne jamais présenter à la vue des autres, que l'extérieur de ce couvre-chef. En montrer la coiffe est ridicule. Il y a des hommes qui saluent en tenant leur chapeau à la main, de la même façon qu'un pauvre tendant sa coiffure pour recevoir l'aumône, Cela paraît, cela est effectivement grotesque et les personnes moqueuses raillent impitoyablement les maladroits. Je ne veux pas dire que ce soit généreux, mais il faut éviter de donner aucune prise contre soi aux esprits sarcastiques.

Si la maîtresse de la maison est seule pour faire les honneurs de son salon, et qu'elle ait des hommes en visite chez elle, ceux-ci font bien d'ouvrir la porte à toutes les dames qui quittent le salon, alors même qu'ils ne les connaissent pas. Un homme n'a jamais trop de prévenances respectueuses pour une femme.

De même qu'on fait sa plus belle toilette pour aller en visite, de même on doit faire « sa plus belle figure », c'est-à-dire que, si l'on se sent en disposition grincheuse, triste ou querelleuse et qu'on n'ait pas assez de force pour se dominer,

il faut rester chez soi. Rien ne peut dispenser des
·frais de gaieté, d'obligeance, d'amabilité, d'esprit... si l'on en possède. Le rôle de celui qui
reçoit serait extrêmement pénible et fatigant en
présence de gens maussades, froids, désagréables.

Il est très impoli d'affecter un air glacial à
l'égard des autres visiteurs que l'on a trouvés ou
qui arrivent après vous. Beaucoup de gens prétendent éviter ainsi des relations qu'ils ne souhai-
tent pas établir. Eh ! mon Dieu ! on ne vous fera pas
violence, on n'enfoncera pas votre porte. Armez-
vous de réserve vis-à-vis des personnes indis-
crètes, exubérantes, mais ne vous croyez pas
obligés de « faire une tète de pôle Nord » ; vous
pouvez sourire, croyez-moi. Si les gens paraissent vous prendre d'assaut, veulent forcer votre
intimité, insinuent qu'ils désireraient être reçus
chez vous et vous voir chez eux, invoquez des
prétextes polis pour garder votre liberté d'action,
ayez l'air de ne pas comprendre, de ne pas entendre, détournez tout doucement ce courant
trop rapide de sympathie. Avec du tact et de la
volonté, on maintient les importuns dans les bornes
où ils doivent rester, et pas n'est besoin pour
cela d'affecter un ton bourru ou impertinent.

Une autre manière de mettre au supplice les
maîtres de la maison, c'est de prendre un ton hau-
tain ou malveillant, — soi, visiteur, — à l'égard
d'une autre personne reçue en même temps. Les

gens du logis ne savent que faire pour couvrir
l'impolitesse, la grossièreté de l'offenseur, pour
témoigner leur sympathie à celui qu'on attaque,
sans irriter, toutefois, le personnage qui se permet
pareille incartade. Quelquefois, le dédain, l'ani-
madversion sont réciproques et je vous demande
la figure que font les maîtres de la maison,
entre ces deux coqs montés sur leurs ergots? On
n'est pas parfait, mais si l'on n'est pas assez
rompu aux bienséances pour dominer sa rancune ou son antipathie, le sens commun, à défaut
de savoir-vivre, indique la conduite à tenir en ces
rencontres. A l'arrivée de son ennemi dans un
salon, on se retire, au grand soulagement des
maîtres du logis et suivi de leur reconnaissance.

On n'a pas le droit de faire souffrir un tiers de
ses griefs ou de ses ressentiments. C'était pour épargner cette cruelle gêne à ceux qui recevaient,
qu'aux siècles derniers, quand un homme avait
encouru la disgrâce d'un prince du sang ou d'un
puissant seigneur, le capitaine des gardes de ce
haut personnage allait s'incliner devant le gentilhomme qui avait perdu les bonnes grâces de son
maître et lui disait : « J'ai l'honneur de vous prévenir que monseigneur vient d'entrer dans ce
salon », ou « se trouve dans ce salon. » On s'éloignait
incontinent, non pour soi, mais pour ne pas mettre
son hôte dans un mauvais cas. Ce dernier ne pouvait, en ce temps-là, avoir l'air de donner tort à

une sommité sociale, en accueillant une personne à laquelle cette sommité semblait avoir retiré sa bienveillance. Et, autrefois, le sort des gens dépendait souvent d'une interprétation de conduite par une personne toute-puissante.

Il n'en est plus ainsi, Dieu merci ! Cependant, s'ils n'ont pas l'autorité nécessaire pour réconcilier deux ennemis, les maîtres de maison éviteront, malgré notre indépendance moderne, de s'entretenir de l'un en présence de l'autre, lorsque tous les deux appartiendront à leur cercle. La plus élémentaire loyauté leur défend de parler contre l'absent, et il est difficile de faire son éloge devant celui qui le hait, car, dit Voltaire, « nous nous tenons pour offensés si on loue notre ennemi devant nous ». Mais alors, pour être tout à fait habile, équitable et bien élevé, il faut observer la même réserve à l'égard de chacun des adversaires.

Il y a encore d'autres ennuis à épargner aux maîtres du logis.

Quelques jeunes mères commettent la maladresse d'emmener leurs bébés avec elles en visite. Il n'est pas de pire supplice à infliger à une maîtresse de maison soigneuse de ses meubles et de ses bibelots. Si sages, si bien élevés que soient les jeunes enfants, après cinq minutes d'immobilité et de tranquillité, les petites jambes se mettront en mouvement, enverront des coups de pieds dans les chaises, les doigts mignons érailleront le satin des fauteuils, puis, peu à peu, le bébé se glissera près des meubles couverts de faïences artistiques, d'ivoires, etc., et... les mettra en grand danger.

La dame du logis voit cela, n'ose rien dire, son sang bout, elle voudrait enfouir l'enfant à cent pieds sous terre, elle le croit du moins. La maman pérore et ne s'aperçoit de rien, ou bien elle rappelle ses babies, les gronde... et les laisse recommencer ; dans l'un ou l'autre cas, quel agacement pour les gens de la maison et même pour les autres visiteurs !

Une jeune femme, agréable sur tous les autres points, a la manie de fermer toutes les portes et les fenêtres des maisons dans lesquelles elle entre, craignant toujours que ses enfants ne soient exposés là à un courant d'air. Vous avez trop chaud, tant pis pour vous, maître et maîtresse de maison et invités, cette sollicitude maternelle excessive ne prend garde qu'au danger des bébés. — Eh ! madame, il ne fallait pas les amener.

On peut cependant conduire ses enfants dans les familles où il y a d'autres bébés. Ils ne resteront pas au salon, ils joueront ensemble dans la *nursery* (chambre d'enfants) ou dans le jardin, sous la surveillance d'une bonne éprouvée. On emmène aussi ses enfants chez des parents, parce que ceux-ci sont autorisés à les réprimander, au besoin à leur faire des défenses, etc. Mais si les personnes de la famille

sont âgées, on fait bien de ne pas s'éterniser auprès
d'elles, le bruit, le tapage des enfants fatiguant
beaucoup les vieillards.

Il faut encore prendre garde d'encombrer le
salon.

Si une mère, pourvue de nombreuses filles, fait
des visites avec les jeunes personnes, elle ne reste
pas très longtemps dans les salons où elle se rend,
pour ne pas y accaparer trop de places, trop de
sièges, au delà d'un quart d'heure, à une demi-
heure. La durée de sa visite se règle, d'ailleurs, sur
le flot plus ou moins montant de nouveaux arrivants.

Qui ne sait aussi qu'à la campagne, on a parfois
le déplaisir de voir arriver un visiteur en compagnie d'un ou plusieurs chiens. Ces « amis de
l'homme » se mettent immédiatement en devoir de
pourchasser la volaille, de courir sus aux chats,
d'aboyer dans les vestibules, y laissant trace de
leurs pattes crottées ou poussiéreuses, qu'ils n'ont
pas pris soin d'essuyer sur le paillasson.

Parfois, ils entrent au salon, s'installent sur les
fauteuils et les canapés, tout cela au grand déses-
poir de la maîtresse du logis, qui maudit le visiteur
malappris et le souhaite à cent lieues de la maison
avec ses malencontreux animaux. Conclusion :
Quand on a des bêtes, on est tenu de pourvoir
à leurs besoins et à leur bien-être. Promenez
donc vos chiens, mais si vous voulez passer pour
un être bien élevé, ne les emmenez jamais en

visite, prendriez-vous même garde de ne pas leur laisser dépasser la première enceinte. De là, on entendrait encore, dans la maison, leurs abois désespérés et ce serait déjà trop pour des nerfs délicats.

Et maintenant, parlons de la manière de prendre congé.

On attend une légère accalmie dans la conversation pour quitter un salon. On en profite alors rapidement, pour saluer la maîtresse de la maison, s'incliner circulairement et disparaître avec promptitude... qu'on soit reconduit ou non. Dans le premier cas, il ne faut pas accaparer celui qui nous accompagne et dont la présence est nécessaire au salon ; dans le second cas, on doit soustraire, au plus vite, la dame du logis à l'impression désagréable dont nous avons parlé.

Quelques cas à prévoir.

Si on était obligé de rompre avec des personnes qu'on aurait connues intimement ou non, on se garderait d'une rupture ouverte et blessante. Peu à peu, on espacerait les visites et les relations se dénoueraient ainsi tout doucement, insensiblement, sans violence de part ni d'autre.

Quand on ne trouve pas les gens chez eux, à

moins de cas extraordinaire et grave, il ne faut pas
aller les relancer dans une maison où ils seraient
en visite... si l'on n'est soi-même un familier de cet
intérieur... et encore.

Un homme d'affaires vint un jour chercher un de
ses clients jusque chez une dame à laquelle ce
client était en train d'offrir son nom et son cœur.

La proposition de mariage interrompue ne fut
pas agréée, peut-être parce qu'elle avait été coupée
en deux. Vous sentez que l'homme d'affaires, survenu aussi brusquement et ridiculement, dans ce
endre tête-à-tête, perdit le client, auquel il avait
fait perdre son bonheur... peut-être. Même en
des circonstances moins importantes, ce serait
encore manquer aux convenances; faire appeler un
convive au milieu d'un dîner, demander quelqu'un
dans une fête, cela peut jeter un trouble ou un froid
dans une réunion.

La poignée de main.

Chez les Romains, une main était l'emblème de
la fidélité, et l'enlacement des mains dans le mariage et autres cérémonies solennelles, en usage
presque par tout l'univers ancien et moderne, est
une preuve que le serrement de main a été considéré, pour ainsi dire instinctivement, comme le
symbole de l'union des cœurs. Mais, comme tant

d'autres choses, l'enlacement des mains est tombé de sa haute dignité, de sa pieuse signification. Ce n'est plus aujourd'hui qu'une action banale, si ce n'est même inconsciente ; c'est seulement la « poignée de main » prodiguée à tous inconsidérément, ou le brutal « shake-hands » anglais (littéralement : secouer la main).

Cependant, si l'enlacement des mains a perdu toute sa valeur, en notre monde trop vieux, comme témoignage d'affection ou signe de loyauté, il offre encore un point de vue intéressant à l'observateur, car bien souvent de notre manière d'offrir la main ou de presser celle qui nous est tendue, on peut déduire notre caractère. Mais, avant tout, nous devons nous occuper de la poignée de main sous le rapport du savoir-vivre.

On ne tend pas la main aux gens que l'on voit pour la première fois, dès le début de leur visite, à moins que ce soit par suite d'un mouvement bienveillant, charitable, pour les encourager, les mettre à l'aise ou, encore, si ce sont des personnes adressées par un ami commun, et afin de ne pas faire mentir le proverbe :

« Les amis de nos amis, » etc.

A la fin d'une première entrevue, on ne donne pas non plus sa main, si des relations mondaines ultérieures ne doivent pas s'établir entre les deux interlocuteurs. Toutefois il arrive qu'à première vue, naisse une sympathie aussi vive que sou-

6

daine entre deux personnes. Alors, si on a été sub-
jugué et si on s'aperçoit que, de son côté, on n'a
pas été désagréable, on peut avancer sa main ; c'est
la manifestation extérieure de ce sentiment presque
irrésistible qui vient d'éclore dans le cœur. Mais
on mettra dans ce geste spontané une nuance
de réserve, de timidité, comme si l'on disait : Je
risque de me faire trouver bien familier. Et en
effet, cette manière rapide de procéder pourrait
fournir matière à critiques.

Jamais un homme ne présente le premier sa
main à une femme. C'est elle qui doit avoir l'initiative de ce mouvement. « C'est la reine qui parle
la première » et, dans les rapports mondains, la
femme est reine, a, du moins, la prééminence
sur l'homme. La femme en tendant sa main à
l'homme semble lui dire : Vous êtes assez connu,
ou vous m'avez donné assez de preuves de bonne
éducation, de sûreté de caractère pour que je vous
accorde cette marque de confiance.

Il s'agit des jeunes filles aussi bien que des
femmes mariées.

Pour les mêmes raisons, à peu près, un homme
ne tend pas la main à son supérieur, il attend que
celui-ci la lui offre, et il doit la lui offrir. Nous
entendons parler aussi de la supériorité de l'âge.
Les jeunes filles et les jeunes femmes se lais-
seront donc tendre la main par les dames plus
âgées

Lorsqu'un homme serre la main d'une femme, il
ne doit pas la lui broyer comme à un camarade. Il
lui fait seulement sentir l'étreinte de sa main et
s'incline en signe de respect et de reconnaissance.
Il agira de même à l'égard des hommes placés au-
dessus de lui, par l'âge surtout ; mais il peut presser
ser leur main un peu plus fort.

Il est des gens qui ne font que vous toucher la
main. Cela est impertinent. La poignée de main
doit être franche. Arrangez-vous pour ne pas offrir
la main ou ne pas vous la laisser offrir, si vous ne
voulez pas serrer celle qui se tend vers vous. Un de
mes amis assure que cette façon de donner la main
indique un caractère faux ou très méfiant, moi je
pense qu'elle implique aussi l'orgueil, le dédain.

Ceux qui ne vous tendent qu'un ou deux doigts
ne sont pas plus polis ; en outre, ils dévoilent leur
nature froide, indifférente ou trop égoïstement
réservée. C'est également un manque d'éducation
de retenir trop longtemps une main dans la sienne.
On peut gêner ceux dont on emprisonne ainsi
la main, et cela témoigne de trop d'aplomb, de
suffisance, peut-être même d'un certain mépris
d'autrui. — Si la poignée de main était restée
un signe d'amitié ou d'estime, elle serait toujours
parfaite et, cela, sans qu'il fût besoin d'étude ou
de réflexion. Le mouvement du cœur lui commu-
niquerait la mesure exacte. — Dernier détail :
C'est toujours la main droite qu'on offre.

Les différentes manières de saluer.

Il est clair que le temps est passé du « salut pros-
terné » (côté des hommes), et que les femmes, elles-
mêmes, ne peuvent plus guère faire ces gracieuses
révérences « à la duchesse », qui étaient le complément obligé de la poudre et des paniers. Mais notre
époque affairée et sans-gêne arriverait à supprimer
la plus élémentaire salutation, si l'on n'y prenait
garde.

Le salut des hommes du monde nous paraît
d'un ridicule achevé : les bras ballants au-devant des genoux, ils plient le corps en deux,
d'un mouvement raide, automatique. C'est le
salut de cérémonie, de présentation. Après quelques jours de relations, ils se bornent à saluer
les femmes d'un sourire ou d'une inclination de
tête. Je n'oserai pas dire que leur premier salut
est bête, mais je proteste contre l'impertinente
familiarité des saluts ultérieurs.

Encore une fois, je sais bien qu'on ne peut plus
aborder les femmes comme on le faisait autrefois,
en s'inclinant très bas, une main sur le cœur, tenant
de l'autre un feutre dont les plumes balayaient le
sol. Il suffirait de fléchir la tête et le buste avec
toute la désinvolture dont on est capable, mais
aussi avec une nuance de respect véritable. Le

jour où l'on saurait saluer une femme, on comprendrait comment on doit la traiter, et en même temps, on aurait appris comment on approche un homme âgé, un supérieur, un inconnu.

Il faut bien convenir que ce relâchement de l'étiquette, en ce qui concerne le salut masculin, est venu peu à peu par la faute des femmes. Elles ne daignent pas, la plupart du temps, répondre au salut courtois que beaucoup d'hommes leur adressent encore, en entrant dans le lieu public où elles se trouvent. Dans le monde, je ne vois pas non plus pourquoi la femme reste toute raide devant l'homme qui s'incline devant elle. Croyez-moi, mesdames, ployez gracieusement le cou, un peu aussi le buste, les manières des deux sexes y gagneront.

Du reste, même entre elles les femmes s'abordent d'une bien singulière façon. Elles s'adressent un sec petit coup de tête, importé des Iles Britanniques, qui est aussi peu aimable et aussi absurde que possible. Les *vraies* femmes, qui seront toujours les plus distinguées, s'inclinent instinctivement, avec les adorables ondulations des corps souples. Celles-là regrettent la révérence, qui leur siérait à ravir.

Une jeune femme qui salue une femme âgée doit s'incliner assez profondément et nuancer son abord d'un air de déférence. — Dans ses rencontres avec un homme âgé, il lui faudrait s'arranger pour saluer *presque en même temps* que lui.

6.

Un jeune homme, un homme encore jeune ne salueront pas un vieillard comme un camarade; on ne se découvre pas pour un supérieur de la même façon que pour un collègue : sans aucune servilité, on témoigne en toutes rencontres et par toutes ses manières, qu'on n'oublie pas la distance... hiérarchique existant entre ce supérieur et soi. (Rester à sa place est la meilleure des dignités.)

On ne salue pas davantage un inconnu comme un ami, on met dans son abord une certaine gravité.

Les nuances composent presque tout le savoir-vivre. Écoutez la fin de cette leçon du vieux Vestris *(lé diou dé la dansé)* au prince de Lamarck. (Il venait de lui apprendre à saluer les impératrices, les landgraves, les dames d'honneur, la connétable de Rome, les jeunes gentilshommes, etc.) :

— « A présent, monsieur, descendez de quelques degrés, rendez le salut à un fameux virtuose, saluez *libéralement.*

« Prenez garde, ne vous pressez pas. Représentez-vous le vieux Vestris qu'on applaudissait hier, qui montait aux astres, voyez en lui un grand artiste ! Saluez, mon prince, saluez... un peu plus bas. »

— Je n'ai pas osé citer tout entière cette jolie leçon, qu'on pourrait intituler le langage du salut.

Mais je veux encore proposer un autre exemple, aux jeunes femmes, cette fois, leur dire avec quelle grâce les Turques (et toutes les mahométanes, je

crois) s'abordent entre elles. Elles portent la main
au cœur, aux lèvres, au front, ce qui signifie : Je
vous suis dévouée de cœur, de bouche et de pensée.
Cette charmante salutation est à méditer.

Un homme ne risque jamais rien à soulever son
chapeau, en entrant dans un lieu public, voiture,
wagon, salle d'attente, etc. Cette marque de
politesse est *due* lorsqu'il y trouve des femmes.
Celles-ci répondent par une légère inclination de
tête, les individus du sexe fort touchent au moins
leur couvre-chef.

Un homme bien élevé, venant à rencontrer, dans
un escalier, une femme, — connue ou inconnue, —
s'efface le long de la muraille pour la laisser passer et se découvre en même temps. On en agit
ainsi pour n'importe quelle *jupe*, c'est-à-dire que
ce soit une ouvrière ou une marquise, une figure
laide ou belle, une femme jeune ou vieille.

Le prince de Ligne, président du Sénat belge,
découvrait sa tête blanche devant toutes les filles
de basse-cour du château de Bel-Œil, et un marquis
de Lévis, octogénaire et souffrant, ne manquait pas
de s'appuyer contre les murs, incliné, quand il ren-
contrait, dans les corridors, la jeune demoiselle de
compagnie de sa femme. L'orgueilleux Louis XIV
enlevait son chapeau empanaché devant une blan-
chisseuse.

Ces personnages peuvent servir de modèle en fait
de politesse; on ne s'étonnera donc pas qu'un

homme âgé ou considérable, venant à rencontrer un homme jeune ou dans une position sociale inférieure, salue le premier, ce jeune homme, cet homme peu important, si celui-ci a une femme à son bras, cette femme fût-elle jeune, pourvu qu'elle ait une tenue décente et un maintien convenable.

Lorsqu'un homme croise dans la campagne une ou plusieurs femmes inconnues *non accompagnées*, il doit les saluer, mais sans fixer les yeux sur elles. Ce salut signifie : Dans cette solitude, ne craignez rien de moi, je vous protégerais, je vous défendrais, au contraire.

Par contre, en pleine rue, à la promenade, dans un lieu public, l'homme attendra que la femme qu'il connaît lui sourie *des yeux* pour se permettre de la saluer. En effet, elle peut avoir des raisons pour qu'il conserve, à son égard, les façons d'un inconnu.

Quelques hommes s'imaginent qu'on ne doit pas saluer une femme qu'on rencontre dans la rue le matin. Ils font mine de ne pas l'apercevoir.

Ils donnent pour raison que, la dame étant vêtue en *trottin* et se trouvant dehors « à une heure invraisemblable » (tandis qu'une fausse élégance la représente à peine éveillée, dans des flots de batiste, de rubans et de dentelle), elle serait fâchée d'être reconnue. Mon avis est que c'est là une *chinoiserie.* du pschutt et qu'une femme habillée simplement, à une heure matinale, étant absolument correcte, il ne saurait pas lui être pénible d'être vue, même

par le roi de la fashion, fût-ce le successeur du
« beau » Brummel.

Les gestes.

L'idéal du maintien, pour certaines personnes,
c'est le corps droit, sans inflexion d'aucune sorte,
l'absence complète du geste, l'impassibilité olym-
pienne ou marmoréenne du visage.

Les gens véritablement bien élevés le comprennent autrement. Ils accordent que le corps
puisse avoir des moments d'abandon, et qu'il n'est
nullement inélégant de se servir des articulations
dont nous avons été pourvus par la nature. Ils ne
prescrivent qu'une seule chose : ne pas gesticuler à
tout propos et hors de propos.

Mais le mouvement de la main, du buste ou de la
tête accompagnera toujours, dans une proportion
juste, — à moins que l'on ne soit en bois, — une
conversation gaie, pathétique, animée. Seulement,
l'habitude que l'on aura contractée, dès l'enfance,
de régler son geste, c'est-à-dire de ne pas agiter les
bras, de ne pas remuer les jambes ni branler le
chef, comme un pantin, dont on tire les fils, cette
habitude nous donnera un geste sobre, en accord
avec le discours que nous tiendrons et sa mesure le préservera de toute vulgarité ou exagération.

Quant au visage, aucune règle ne saurait empêcher qu'il ne reflétât toutes nos impressions. Nous
nous étudierons seulement, dans un but de bienveillance, à réprimer les expressions de colère,
d'humeur morose, de dédain, mais les pensées
généreuses, nous pouvons, sans inconvénient, les
laisser lire sur nos traits ; elles réconforteront
ceux qui nous regardent, pour beaucoup elles
formeront souvent toute la beauté. A tous les
points de vue donc, pour soi-même et pour les
autres, il ne faut pas s'attacher à se composer
un masque froid, impénétrable, indifférent et
insignifiant.

Il est certain que lever les yeux au ciel, se pâmer,
rouler ses prunelles, joindre les mains en levant
les bras en l'air, sont des gestes ridicules, à moins
que l'on ne se trouve dans un de ces moments
extraordinaires de la vie où les passions de l'âme,
excitées au plus haut point, font perdre tout con-
trôle sur soi-même, et encore une personne, habi-
tuée à se gouverner, sait-elle *contenir* ses émotions.
Mais la flamme du regard, mais une larme noyant
l'œil, mais un mouvement *vrai* de la main, du
buste, de la tête, n'ont rien qui motive une interdiction, lorsqu'ils sont *naturels*, lorsqu'ils s'har-
monisent au discours, à l'incident, à l'événement.

Les mines penchées, les airs languissants, sont
absolument détestables. On y sent une affectation

qui révolte comme un mensonge. Il est vrai que ces attitudes sont assez rares à notre époque où l'on se donne plutôt des airs cavaliers, dégagés, souvent fort déplaisants aussi.

La nervosité est la maladie de notre temps et il est difficile aux gens nerveux de se tenir raides, immobiles, ainsi que le voudrait une mode idiote (pardon, c'est le langage des pschutteux). Un éventail est d'un grand secours à une femme, elle le déploie, elle le ferme, elle l'agite ; ces mouvements occupent ses mains, l'empêchent de se répandre en gestes désordonnés. Les hommes ont moins de secours, ils ne peuvent tourmenter le chapeau qu'ils tiennent à la main sans provoquer de raillerie. Il leur faut se contraindre quelques instants chaque jour, afin de prendre l'habitude de rester calmes.

Les gens qui ne savent pas tenir en place, qui remuent sans cesse, se lèvent, marchent dans la pièce, sont insupportables, aussi ceux qui agitent un pied, qui balancent un objet, etc. Exigez des enfants qu'ils se tiennent tranquilles à certaines heures, à table, en étude, ils ne deviendront pas de ces gens ennuyeux que l'on fuit.

On peut marcher vite, mais posément et gracieusement toutefois. Une femme ne laisse pas pendre ses bras le long du corps. En hiver elle a le manchon, en été l'ombrelle ; voilà de quoi lui « donner une contenance ».

Il ne faut pas courir en marchant, à moins que les circonstances ne l'exigent, bien entendu, ni sautiller, ni piaffer, ni se traîner.

On va d'un pas égal, ni trop vif ni trop lent (le meilleur pour ne pas se fatiguer); on s'arrange de façon à ne pas faire sonner les talons. Pour une femme, les bras seront repliés à hauteur de la ceinture, mouvement voulu pour porter l'ombrelle, toutes les menues choses dont elle est toujours embarrassée. Je ne dis pas qu'en suivant ces règles, on obtienne une tournure distinguée, une démarche gracieuse, un pas léger, tout cela dépend d'autres choses encore, mais au moins on marche convenablement, c'est beaucoup.

Un médecin illustre, un savant a écrit : « Il n'y a pas une seule pensée qui ne se traduise par un mouvement, par un geste, par une attitude involontaire. »

En conséquence, si nous voulons qu'on prenne de nous une opinion favorable, nous devons veiller sur nos sentiments et réprimer les mauvaises pensées qui peuvent assiéger notre esprit.

Les bonnes manières, si elles n'ont pas pour base solide la bonté et un véritable empire sur nos passions, nous abandonneront toujours dans les événements imprévus, dans les grands bouleversements d'âme, voire dans une contrariété un peu vive, et un geste trahira notre pensée mauvaise, égoïste, jalouse.

Si l'on n'est réellement bienveillant, on ne le paraîtra pas longtemps. L'art de dissimuler n'y suffit pas ; un simple mouvement fait transparaître notre pensée aux yeux de l'observateur.

Gratiolet dit aussi : « Réciproquement, une attitude imitée, sans idée préconçue, comme le font souvent les petits enfants, un geste sans intention, éveillent dans l'esprit certaines tendances corrélatives. »

Il faut ajouter maintenant et aussi justement, veillons sur nos gestes, et sur notre attitude, car « en raison de cette règle, on sent combien les habitudes extérieures du corps peuvent avoir d'influence sur les dispositions de l'âme ». Les codes de bienséance qui interdisent tel geste, tel mouvement, telle attitude, ne sont donc pas aussi puérils qu'un vain peuple pense.

Les mères ont raison de dire à leurs enfants : « Tenez-vous bien, tenez-vous droits. » L'attitude affaissée, indice de la nonchalance, du laisser-aller, finirait par les conduire à l'oubli de toute dignité et à la paresse. L'habitude de se redresser, lorsqu'on s'est laissé aller involontairement à une pose abandonnée, amène tout doucement à prendre un certain empire sur soi-même.

L'homme droit est plus agile, plus vif, plus disposé au travail, que l'homme qui s'est courbé peu à peu, parce qu'il trouvait plus commode de tenir son buste penché et qu'il ne voulait pas

7

s'imposer l'effort de reprendre la noble attitude
que la nature a donnée à l'homme, comme marque
de sa supériorité sur les autres êtres. Il va sans
dire que cette critique n'est pas dirigée contre
ceux que la maladie, le travail — même le travail d'esprit qui penche sur les livres — ou le
poids des ans, a fait un peu fléchir en avant.

Profitons de ce sujet pour dire aux mères que
beaucoup d'enfants ne savent comment s'y prendre
pour se tenir droit, « effacer les épaules », comme
on leur dit. Il vaudrait mieux leur recommander
de tenir les coudes au corps, quand ils marchent
et qu'ils sont au repos. Ce mouvement redresse
naturellement et exclut toute raideur, quand on
en a fait une habitude d'enfance.

« On trouverait *la loi naturelle des bonnes
manières*, continue Gratiolet, en choisissant pour
type les attitudes et les expressions naturelles qui
rendent spontanément les belles pensées. Ce serait
un moyen naturel de perfectionner le merveilleux
automate institué pour servir l'esprit. Les vrais
maîtres sont attentifs à ne jamais exercer leurs
élèves sur des instruments mal accordés, de peur
d'altérer chez eux la justesse de l'oreille. Nous
proposons d'*accorder* le corps, pour que l'âme
n'ait, dès le début de la vie, que des instincts
harmonieux. »

Les présentations.

Nous ne sommes pas aussi féroces que les Anglais, sur le chapitre des présentations, et nous causons fort bien, dans un salon, avec les personnes dont on n'a pas dit le nom et auxquelles on n'a pas révélé le nôtre. Nous supposons que le maître du logis, où nous sommes reçu, n'admet dans sa maison que des gens honorables, et que nous ne saurions nous commettre en leur adressant la parole.

Dans un bal ou une réunion nombreuse, comment faire pour présenter tous les invités les uns aux autres. Cependant quand on le peut, il est bon de remplir cette formalité mondaine et cela, mû par un esprit de charité et de concorde. Des hommes, qui ignorent le nom l'un de l'autre, pourraient s'exprimer sur le compte l'un de l'autre d'une façon désobligeante, parlant respectivement à leur personne, ou attaquer quelqu'un qui appartiendrait à la parenté de l'un ou de l'autre interlocuteur.

La personne présentée est celle qui est nommée la première.

Or, on ne présente pas un vieillard à un jeune homme, une femme à un homme, un personnage à un homme placé dans une situation ordinaire. C'est tout le contraire qui a lieu.

En général, la présentation est rapide et sans phrases. Supposons que M. X... ait à présenter M. Y... à Mme Z..., M. X... dira, parlant à Mme Z... et désignant M. Y... d'un mouvement de la main. « Je vous présente (ou j'ai l'honneur de vous présenter) M. Y..., Mme Z... s'inclinera légèrement en regardant M. Y..., M. X... reprendra aussitôt, s'adressant à M. Y... et désignant Mme Z... d'un même geste que tout à l'heure « Mme Z... » M. Y... s'inclinera profondément en regardant Mme Z...

Entre hommes, c'est encore plus simple. La formule « Je vous présente » est le plus souvent omise, ou il faut que la présentation soit très cérémonieuse et qu'il s'agisse de personnages. Donc, dans la généralité des cas, la présentation est banale et rapide, on se borne à nommer une personne à l'autre : « M. Y... » puis se retournant vers celui-ci : « M. Z... ».

Si on est présenté à une personne plus âgée que soit, ou à une femme, ou à un personnage, celui-ci prendra l'initiative pour entamer la conversation.

Entre gens de même position, de même sexe, du même âge, le plus aimable ou le plus avisé peut commencer les bons rapports par une phrase dans ce genre : « On m'avait beaucoup parlé de vous. Je suis heureux de faire connaissance avec vous. »

Selon les cas, on dit fort bien, en présentant quelqu'un : « M. X..., ou mon frère, ou mon

ami Z... sollicite l'honneur de vous être présenté. »
A cette phrase on ne peut se dispenser de répondre :
« Je suis bien aise de faire connaissance avec vous,
monsieur ...» à moins qu'on n'ait des raisons
sérieuses pour ne pas répondre à cet empressement.
Dans ce cas, on se borne à s'incliner.

Une femme mariée qui présenterait son frère, le
nommerait, puisqu'elle ne porte plus le même nom
que lui : « M. L..., mon frère ou le docteur L..., mon
frère », par exemple s'il y avait lieu.

Une jeune fille à une amie, ou à tout autre
personne : « Mon frère aîné » ou « mon frère
René ».

Pour une sœur, tante, cousin, oncle, même
manière de procéder.

LA CONVERSATION

Direction de la conversation.

Une femme qui sait son métier de maîtresse de maison fait causer ceux qui sont chez elle et parle peu elle-même. Son rôle est de faire valoir la grâce de celle-ci, l'esprit, l'originalité de celui-là, la science du savant, le génie du poète, le talent de l'artiste, etc.

Habile en l'art de recevoir, elle sait mettre aux prises les gens qui se conviennent et, ainsi, elle arrive à rendre son salon agréable, tout en se dépensant beaucoup moins.

Toutefois, si elle reçoit des gens timides ou peu causeurs, elle donnera de sa personne, faisant tous les frais nécessaires et imaginables pour ne pas laisser languir la conversation. Un peu intelligente, elle parle à un médecin de son métier, à un officier de la garnison et du régiment, à un magistrat de procès, à un artiste de son art. Ces sujets, tout de

personnalité, tout professionnels, ne s'abordent
que pour éveiller l'esprit du visiteur taciturne ou
si l'on a remarqué son goût exclusif pour l'occupa-
tion principale de sa vie. Beaucoup de personnes
aiment, au contraire, à être distraites de leurs
préoccupations habituelles; dans ce cas, on évoque
toute autre matière, celle qui paraît avoir le plus
d'attrait pour l'interlocuteur, car il reste bien
entendu qu'on doit avoir pour objet non pas son
propre plaisir, mais celui de la personne qu'on
reçoit.

Quand le salon est très fréquenté, très rempli,
les gracieux aides de camp, dont nous parlions plus
haut, deviennent presque indispensables. Si l'on
n'a pas de jeunes parentes, il faut essayer de décider une aimable amie intime à tenir ce rôle, tout
de bienveillance et de charité mondaine. L'aide de
camp se glisse auprès d'une personne isolée dans la
conversation générale, c'est-à-dire qui n'y peut
prendre part, le sujet dépassant la portée de son
esprit ou... tombant trop au-dessous d'une intelligence sérieuse. Le charmant auxiliaire essaye de
faire parler avec lui cette personne séparée des
autres, soit en l'amusant par une causerie toute
simple, soit en écoutant religieusement le mono-
logue transcendant de celui qu'il est chargé de distraire. — La maîtresse de la maison ne pourrait,
elle, se permettre cet aparté avec un de ses visiteurs. Il lui faut suivre, *surveiller* la conversation

générale. C'est la majorité qui doit l'emporter dans toutes les assemblées.

Son attention ne peut être détournée une minute ; si elle voit poindre, entre deux interlocuteurs, qui se sont engagés, malgré ses efforts, dans une sorte de duo, si elle voit naître entre eux une discussion qui menace de tourner à l'aigre, de devenir vive et peu parlementaire, elle doit se jeter à travers... aussi adroitement que possible. A tout prix, elle détourne l'orage ; tant pis si elle s'y prend trop ingénûment ; si son manque de savoir-faire excite la critique ; tout vaut mieux que de laisser éclater une querelle chez soi.

On évite, en conséquence, les conversations à écueils, on veille à tenir tous les visiteurs loin des mers dangereuses et orageuses, qu'on appelle religion et politique. On ne peut jamais se reposer de ces soins de pilote habile que si, — après avoir jeté un coup d'œil circulaire autour de soi, — on n'aperçoit, dans le cercle, que des gens de la même opinion. Mais combien c'est rare ! — N'abandonnez donc pas le gouvernail. Avec ces précautions, vous forcez vos hôtes à conserver l'urbanité de langage et la grâce des manières qui ont fait la gloire de la société française. Dans la discussion, trop de personnes perdent toute mesure, ce qui est déplorable pour les rapports ultérieurs.

On mettra la conversation sur les événements littéraires, scientifiques ou artistiques du jour... si

l'on reçoit des gens intelligents, lettrés ou frottés
d'art. On ne peut parler peinture aux gens qui n'y
entendent rien, musique à ceux qui l'exècrent,
science aux ignorants. On cherche à connaître les
goûts, la tournure d'esprit de chacun, et à diriger
la conversation, de façon que *tous* les visiteurs
puissent y prendre intérêt ensemble ou tour à tour.
Par exemple, que deviendra une femme frivole,
qui n'aime que les chiffons, dans un cercle où l'on
n'agite que les questions philosophiques ? Il faut
bien qu'elle puisse parler de robes et de chapeaux.

C'est à quoi servira le petit aide de camp, pendant que la dame du lieu écoutera les philo-
sophes.

La charité dans la conversation.

Les femmes bien élevées ne médisent jamais
d'aucune de leurs connaissances; elles ne les ridi-
culisent pas, et si elles se permettent parfois une
plaisanterie, elle est tout innocente et non piquante.
On peut, au contraire, dire tout le bien possible de
ses amis et les défendre, si on les attaque, —
absents ou présents. On y met beaucoup de douceur, mais on ne cache pas la peine qu'on éprouve
à entendre des choses désagréables sur le compte
de ceux qu'on estime ou qu'on aime. Si les critiques
sont trop justes pour être réfutées, on répond :

7.

« Que voulez-vous, je les aime ainsi. » L'interlocuteur se taira alors immédiatement, s'il « a du monde », car il comprendra qu'il désobligerait en continuant ses satires.

Du reste, une règle générale est à observer dans les relations. Il ne faut jamais froisser autrui dans ses affections. Il est facile de retenir une parole qui peut affliger, blesser. En matière religieuse et politique, on fait bien également de ménager un peu les adversaires honnêtes, dont les convictions sont sincères, et toute espèce de discussion doit être courtoise de part et d'autre. Laissons-nous aller à l'impulsion de notre généreuse nature française et n'imitons pas, dans leurs querelles, les lourds et entêtés Germains, non plus que les orgueilleux Anglais.

Gardons-nous bien des personnalités dans toute conversation.

On trouve des gens assez sots pour détailler votre personne physique, comme ils feraient d'un absent:

— « Vos yeux sont beaux, mais vos sourcils sont trop épais. Vous avez de jolies dents, ce qui fait passer sur la grandeur de votre bouche. Vous paraissez plus grande que moi, mais c'est que vous avez les épaules hautes », et ce disant, l'*amie* haussera les épaules, pour donner l'idée d'un magot.

Rien d'aussi désobligeant, d'aussi bête, d'aussi

méchant que ces compliments tout de suite suivis d'une critique.

Ou bien, ce sont des comparaisons tout aussi peu agréables : — « Votre sœur est bien plus blanche que vous. Votre cousine a une taille très fine, elle. » Ce mot « elle », si vous êtes forte, contient : « Ce n'est pas comme vous qui êtes si épaisse. » Les mêmes êtres vous diront encore : « Vous êtes, comme moi, pas trop leste, pas trop légère, pas trop instruit, » etc., etc.

Les gens bien élevés ne font jamais de compliments tout à fait directs, parce que ces compliments peuvent gêner les personnes modestes, timides, un peu sauvages, et parce qu'il est embarrassant de répondre à une louange décochée de tout près; il faut se montrer reconnaissant d'un éloge qui vous laisse souvent parfaitement indifférent. C'est insupportable. Mais si le compliment sans précautions oratoires est proscrit par le véritable savoir-vivre, que dire de la critique et des comparaisons déplaisantes à brûle-pourpoint ?

Que ce soit la méchanceté ou la franchise brutale qui les dicte, elles feront prendre en grippe celui qui se les permettra, et pourra-t-on prétendre que l'antipathie qu'il inspirera soit imméritée ? Non, vraiment. Quand on a de ces façons de rustre, il faut vivre seul, en compagnie des hiboux, auxquels on peut dire qu'ils sont laids sans les blesser.

On ne doit pas davantage parler de ses propres

imperfections physiques. On les voit bien sans que vous les indiquiez ; si vous n'avez pas de prétention on ne vous accusera pas de les ignorer. C'est un sentiment de générosité qui fera éviter de parler de soi, même en mal. Si vous dites : « J'ai de tout petits yeux, ma main est horrible », il se trouvera des personnes extrêmement bienveillantes qui se croiront obligées de protester ou de trouver une atténuation et qui, au fond, seront fort ennuyées de parler contre leurs convictions. D'autres ne répondront pas, pour ne pas manquer à la vérité, et il leur sera désagréable de confirmer votre dire par leur silence.

Il faut faire intervenir son *moi* le moins possible, c'est presque toujours un sujet gênant ou ennuyeux pour autrui.

Une des grandes qualités des gens du monde, c'est de rester impassibles en entendant les plus fortes balourdises. L'éducation ou la bienveillance leur permet de rester calmes, eux, gens instruits, lorsqu'il arrive que des ignorants émettent, en leur présence, de véritables énormités historiques ou scientifiques. Le mieux est de ne pas relever ces erreurs, à plus forte raison ne doit-on pas railler, se moquer, voire sourire. Si, pour une cause quelconque, il fallait redresser le jugement de celui qui parle sans savoir, on prendrait toutes sortes de précautions oratoires, afin de ne pas blesser son amour-propre et de ne pas le déconcerter.

— « Permettez-moi de vous demander si vous ne vous trompez pas. — Je croyais que les choses s'étaient passées de cette façon. — Il me semblait que cet événement avait eu lieu à telle époque. »

Quatre-vingt-dix-neuf fois sur cent, votre inter-locuteur vous répondra : — « C'est bien possible. — Vous devez avoir raison. — Vous le savez mieux que moi. »

Si, au contraire, vous réfutez l'erreur d'un ton et d'un air qui ne souffrent pas de réplique, si vous dites crûment : « Du tout, vous êtes dans l'erreur, vous commettez une grossière erreur », vous disposez l'ignorant à se gendarmer contre votre recti-fication, s'il est entêté ; s'il est un peu sensible, ce que l'on traduit si souvent par susceptible, vous lui faites de la peine, vous l'humiliez et, s'il était confiant avec vous, vous avez, du coup, détruit le plus grand charme des relations, l'aban-don qui fait penser tout haut.

La pitié méprisante du savant envers l'humble d'esprit a pour effet de faire se replier ce dernier sur lui-même ; vous auriez pu éclairer doucement son intelligence ; désormais, elle est fermée pour vous, elle refuse des lumières offertes avec cette brusquerie, cette impolitesse, ce manque de charité.

Par contre, les savants eux-mêmes se trompent quelquefois. Si ceux qu'ils considèrent comme infé-rieurs à eux sous le rapport de la science risquent une contradiction, une observation timide, vous

voyez ces hommes sûrs d'eux-mêmes s'indigner,
ne rien vouloir entendre, empêcher leur interlocuteur de s'expliquer. Ils n'ont pas d'expressions
assez dédaigneuses pour repousser la réfutation de
celui qui se permet de douter de leur savoir, de
leur génie.

Les règles de la conversation.

On ne peut, ainsi que quelques personnes le sou-
haiteraient, composer ici des phrases à l'usage de
ceux qui font des visites, qu'ils apprendraient par
cœur et qu'ils débiteraient de salon en salon. Ce
serait la chose la plus sotte du monde et l'homme
le moins intelligent, la femme la plus nulle, seront
plus intéressants en parlant selon leurs petits
moyens, qu'en répétant, — à la façon des per-
ruches, — des phrases toujours les mêmes, alors
qu'elles seraient encore « tournées » par le plus
spirituel des académiciens.

Mais on peut tracer de grandes lignes qui aide-
ront les gens à se diriger dans la conversation et,
pour ce faire, nous prendrons les avis de quelques
personnages aussi compétents qu'illustres.

Ecoutons d'abord Shakespeare : « La conversation doit être amusante et gaie sans grossièreté, spirituelle sans recherche ni affectation, libre
sans indécence, savante sans pédanterie ni suffi-

sance; si on parle de choses récentes, actuelles, il
n'y faut ajouter aucune invention. Telle conversation est trop rare, ajoute le grand écrivain anglais. »

Souvent il arrive que de grands bavards, des
gens trop loquaces, s'emparent d'une personne de
l'assemblée et lui tiennent de longs discours, malgré tous les efforts de l'infortuné pour y mettre fin.
A ceux-là nous demanderons de méditer un peu ce
conseil de lord Chesterfield à son fils : « Ne retenez
jamais personne par le bouton de son habit ou par
la main pour vous faire écouter. Car si les gens ne
veulent pas vous entendre, vous faites mieux de
retenir votre langue que de les retenir. »

Si absurde, si prolixe, si ennuyeuse que soit la
conversation engagée, ne manifestez aucune impatience pendant que les autres causent. N'interrom-
pez jamais. Placez votre mot à propos, avec autant
de brièveté, de clarté et d'élégance que faire se peut.
Il est malséant de garder un mutisme obstiné, mais
on n'est pas obligé de parler beaucoup. Et surtout
il est très impoli de s'emparer de la conversation et
de condamner toutes les autres personnes au silence.
Tâchez de ne pas vous engager dans une discussion,
si courtoise qu'elle soit. Cela ne veut pas dire que
vous deviez cacher vos opinions. Ne dissimulez
pas, c'est lâche ; mais n'essayez pas d'imposer vos
idées ou de convaincre, cela n'appartient qu'à des
gens extrêmement doués. Ne critiquez pas, si gentiment que vous puissiez le faire.

N'ayez pas l'air de noter les inélégances de langage chez les autres ; restez impassible en entendant commettre des fautes de grammaire et de français. En narrant, ne dites jamais : « Vous voyez », « Vous savez. » Ne prodiguez pas les « alors ». N'ayez pas l'esprit absent. Ne faites répéter que ce que vous n'avez pu entendre ou comprendre, et encore dans le cas seulement où vous ayez à répondre. Ne commencez pas une conversation en parlant du temps. Ne parlez pas de vos affaires personnelles, ni de votre famille, ni de matières professionnelles ou toute autre, auxquelles les gens présents ne peuvent rien entendre ou qui n'ont pas le pouvoir d'intéresser. Mais si on vous demande des lumières sur ce point, répondez avec obligeance, sans vous étendre indéfiniment. Ne sollicitez pas la confiance des autres ; s'ils vous la donnent spontanément, n'en abusez pas. Avant de parler d'un défaut physique, voyez si, dans la compagnie, quelqu'un n'est pas affligé de ce défaut.

Ne vous plongez pas avec un autre visiteur dans un sujet de conversation que les autres ne pourraient comprendre, auquel ils ne pourraient prendre part. Ce serait aussi impertinent que de chuchoter. Ne parlez pas trop haut. Il faut encore se garder d'émailler ses discours d'expressions étrangères, cela sent l'affectation ; d'employer de grands mots pour désigner de petites choses ; de

prodiguer les « parfaitement », les « évidemment »,
les « assurément », etc., etc.

Il faut être en garde, dans un grand nombre de
cas, contre les airs étonnés. Les gens bien élevés
conservent, autant que possible, un visage impass-
sible lorsqu'on leur annonce un événement ines-
péré. Quand nous disons impassible, c'est trop ;
lorsqu'on nous fait part d'un grand bonheur,
d'une joie inattendue, nous pouvons exprimer
notre contentement de cet heureux coup du sort
qui *frappe* un ami ou une personne appartenant
à notre cercle de connaissances.

Nous allons nous expliquer un peu, du reste. Si
quelqu'un nous révèle un talent qu'il possède et
que nous ignorions, ne nous pâmons pas de surprise. Ce serait dire : « Est-il possible qu'un aussi
chétif personnage soit ainsi doué ? Je ne l'aurais
jamais cru ; cela renverse toutes les idées que je
m'étais faites de votre pauvre vous. » Vous voyez
que l'étonnement peut être fort désobligeant.

Un jeune homme ou une jeune fille fait un beau
mariage ; félicitez chaudement, affectueusement,
mais simplement. Ne poussez pas des « Vraiment ! »
des « Oh ! » des « Pas possible ! » « Mon Dieu que
vous devez être heureuse ! et vos parents ! » Vous
sentez l'impertinence. Ne semble-t-il pas que nous
ayons affaire à une bergère épousée par un
roi ? que son mérite soit au-dessous de son bonheur ? etc.

Un avancement, un succès quelconque ne doit pas vous étonner davantage. Ceux qui l'ont obtenu en étaient dignes. Montrer de la surprise exprimerait sans paroles : « Est-ce bien loyalement, bien légitimement gagné ? » Ces quelques exemples indiquent en quelles circonstances il faut réprimer les airs étonnés.

— Quand une femme raconte certaines choses, elle doit laisser sous-entendre bien des faits, sans les dire. Et même, avec cette réserve, il vaut mieux qu'elle ne fasse jamais le récit d'un acte scandaleux, surtout en présence d'un homme. Elle est comme souillée par la connaissance d'un genre d'infamies. Et si, à la rigueur, entre femmes du même âge, on peut parler d'événements de ce genre, il est encore bien préférable d'éviter de pareils sujets de conversation, qui dénotent, tout au moins, une curiosité malsaine.

Tâchez de supporter la contradiction dans le monde et en famille. Lorsqu'on n'est pas de votre avis, ne vous laissez pas aller à une bouderie ou à un emportement *vindicatif*. On voit, dans la discussion, des personnes qui ripostent par un flot de paroles vulgaires, accompagnées de gestes désordonnés (je ne parle pas des voies de fait, naturellement). Rien ne dénote davantage la mauvaise éducation qu'on a reçue et le peu d'empire qu'on a acquis sur soi-même.

Sachez supporter que les autres pensent d'une

autre façon que vous, même lorsque vous êtes
persuadé qu'ils ont tort... et peut-on jamais savoir?

Soutenez votre opinion doucement, ou du moins
avec calme, et à la fin dites en souriant : « Si vous
voulez, nous en resterons là, puisque nous ne pouvons nous entendre. »

Elégance du langage et de la conversation

Les gens bien élevés, qui sont toujours simples
et naturels, évitent l'abus des liaisons en parlant.
Trop fréquentes, trop accusées, les liaisons blessent
l'oreille et le goût.

Cette phrase : « Vous êtes allés à Fontainebleau ? »
prononcée : » Vous-z-êtes-z-allés-z-à Fontainebleau ? » horripilerait les gens du monde, qui
disent tout bonnement : « Vous-z-êtes allés à Fontainebleau ? » ou peut-être : « Vous-z-êtes-z-allés à
Fontainebleau ? », se contentent de faire sonner une
ou deux s finales, plus souvent une que deux. Vous
entendez aussi prononcer : « Bon à entendre » :
Bon na entendre. « J'irai demain à Paris » ; demain
na Paris. Cette façon de parler est prétentieuse et
pédante, en ce qu'elle prouve qu'apportant une si
profonde attention aux moindres choses que l'on
dit, on s'écoute avec complaisance et on cherche à
frapper l'esprit des autres.

Beaucoup de gens chics (le mot est admis) et très grammairiens ont la même répugnance pour l'emploi de l'imparfait du subjonctif, et font tout ce qu'ils peuvent pour ne pas le trouver sous leur plume, en écrivant; dans leur phrase, en parlant. A la troisième personne du singulier, il est encore possible, mais pour le reste du temps, il vaut mieux s'arranger pour se servir de l'infinitif, beaucoup plus élégant, d'ailleurs. Je connais des personnes très instruites qui, ne pouvant tourner la difficulté, ou ne l'ayant pas prévue à temps, préfèrent pécher contre la grammaire et emploient le présent au lieu de ce maudit imparfait du subjonctif. Ils diront — voire écriront : — « Il faudrait que vous vous décidiez », reculant d'horreur devant « que vous vous décidassiez ». Le fait est que c'est bien laid et que « Il faudrait vous décider » est plus harmonieux dans sa concision et a un air bien moins pédagogique.

Nombreux sont ceux qui ne peuvent jamais trouver le nom des gens ou, plutôt, qui ne veulent pas prendre la peine de le chercher, de se le remémorer, qui n'essayent pas de le retenir et qui trouvent plus commode de vous désigner par les mots de *chose* et de *machin*. Il n'est pas d'habitude plus impolie ni plus vulgaire; on peut la juger sévèrement, car il ne faut qu'un peu de volonté et d'effort pour s'en défaire.

Montesquieu était affligé de ce travers. Pour se venger, ses connaissances l'appelaient « M. le président Chose ». Il le méritait assez bien ; jugez plutôt.

— Oh ! disait-il un jour, la chose est certaine. Je la tiens de la grande... *Chose*, qui la tenait apparemment du vieux... *Chose*... Allons donc... vous savez, le précepteur du... *Chose*.

Il s'agissait d'une nouvelle qui lui avait été apprise par la princesse de Vaudémont, laquelle la tenait du cardinal de Fleury, précepteur de Louis XV. Mais comme c'était intelligible, n'est-ce pas ? Il y avait de quoi agacer l'interlocuteur, qui n'avait pas un nom sur trois pour arriver à comprendre.

Encore peut-on passer ce défaut à un homme de génie. Mais quand on fait partie du commun des mortels, il faut se corriger au plus vite de cette façon de dire. C'est très facile : on tâche d'abord d'appeler chaque chose par son nom.

On ne dit pas : passe-moi *la machine*, pour la bouteille ; on s'exerce à trouver le mot, s'il ne vient pas. Quand il s'agit du nom des gens, si on ne le retient pas aisément, on l'écrit plusieurs fois et l'on finit par s'en mettre la *physionomie* et la résonance dans l'esprit. Alors on ne l'oublie plus. On force ses enfants à la même attention, et on se corrige encore en les reprenant d'une négligence, d'une paresse de mémoire, aussi impertinente que déplaisante.

Une femme *doit* s'occuper de son ménage, elle
doit accorder sa surveillance aux moindres des détails de l'intérieur ; la vie heureuse, correcte, est
à ce prix ; le bien-être de la famille exige que la
maîtresse du logis se livre à ces soins, qui ne sont
pas au-dessous d'elle, si intelligente qu'elle soit, et
qui ne la dépoétisent nullement... quand elle sait
accomplir ses devoirs de ménagère avec grâce et
sans se départir d'une tenue soignée. Mais, dans
le monde, elle ne parlera ni de ses bonnes, ni de
ses lessives, ni du prix des vivres, etc., etc.

Toutes ces choses sont très importantes pour elle
sans doute, mais pas du tout amusantes pour les
autres. Et puis il y a temps pour tout. Justement
après ces occupations matérielles, il est bon de se
délasser par une conversation attachante et d'un
tout autre ordre d'idées. Il est indispensable, après
avoir courageusement envisagé les nécessités et
même les vulgarités de la vie, d'élever un peu
son esprit vers les régions plus sereines et plus
idéales de la pensée. Je ne dis pas qu'il faille absolument se mettre au piano, dessiner, broder, lire
un roman, mais on fait bien de *s'intéresser* à la
science, aux arts, voire à la philosophie, pour
être à même d'écouter avec fruit ceux qui parlent
sur ces sujets qui ont, qui doivent avoir aussi une
place dans la vie, à notre époque.

Il y a des personnes qui, lorsqu'elles ne vous ont

pas compris du premier coup, vous lancent des
« comment ? » si durs, si secs, si terrifiants, qu'ils
glacent les gens nerveux, impressionnables. D'autres ont des « hein ? » impérieux, impatients ou
traînants et ennuyés.

Par contre, je connais quelques femmes qui pro-
noncent l'interjection « hein ? » de la plus jolie
façon du monde ; vivement, gentiment, comme
ne voulant rien perdre de ce que vous dites et
de ce qu'elles ont mal entendu. Ce « hein ? »
gracieux peut être employé dans l'intimité. Mais
quand on ne sait pas le dire, fût-on en famille,
il vaudrait mieux employer le « plaît-il ? » toujours
plus poli, même quand on met à l'interrogation
une certaine raideur.

Les gens chics ne s'occupent jamais, ostensiblement du moins, de la fortune des gens de leur
monde. Ils ne demandent pas : « Sont-ils riches ?
A quel chiffre s'élève leur fortune ? » Ils basent
eur opinion sur la richesse des familles, d'après la
figure que ces familles font dans le monde. Les
questions d'argent ont toujours répugné à ceux qui
se piquent de *bel air*. On entend bien dire : « Ils
sont à leur aise, ils sont fort riches », mais on
n'a pas l'air d'apporter une attention capitale à
cette affirmation et, surtout, on n'ouvre jamais
d'enquête sur le sujet. On ne parle pas de finances
dans un *vrai* salon.

Quand on a à traiter une affaire, on juge suffisamment ennuyeux d'en entretenir un notaire, un
avoué un agent de change, on ne vient pas en
rabattre les oreilles des gens que cela ne peut intéresser en aucune façon.

J'entends dire souvent, adressant collectivement
cette demande à plusieurs personnes :
« Vos santés sont-elle bonnes ? » Voyez comme la
phrase est drôle, singulière. Chacun n'a qu'une
santé et, en conséquence, il faut dire : Votre santé
est-elle bonne ?
Mais mieux vaudrait s'adresser à chacun particulièrement.

Un homme, qui n'est pas son parent, ne doit pas
désigner une femme par son prénom, hors de sa
présence ni en sa présence, à moins d'une très
grande intimité. Encore fait-il bien d'employer le
moins possible et même de ne pas employer du
tout ce prénom, lorsqu'ils se trouvent tous deux
avec des étrangers ou des gens qui ne les connaissent pas beaucoup. On tourne la difficulté en ne se
donnant pas son nom. La femme agit de même
à l'égard de l'homme. Elle ne lui donne pas davantage son nom de famille, sans le faire précéder du
mot : monsieur ; ni dans l'intimité, parce que c'est
un peu inélégant, ni dans le monde, parce que
c'est inconvenant.

Un mari parlant de sa femme ne doit jamais dire : « Madame, mon épouse, Mme Durand. » (Nous supposons que ce mari s'appelle Durand.) Il emploie simplement la désignation : « Ma femme. » Aux domestiques : « Madame. »

La femme dit : « Mon mari. » Aux domestiques : « Monsieur. » Jamais « Durand » tout court, ni « M. Durand. »

Lorsqu'on parle à un mari de sa femme, on ne dit pas : « Votre dame, votre épouse... ni votre femme », mais : « Mme Durand ». « comment se porte Mme Durand ? »

Parlant à un père de ses filles, on ne lui dira pas « Vos demoiselles », « Votre demoiselle », mais « Mlle votre fille », « Mlles vos filles », « Mlle ou Mlles Durand ». S'il s'agit de jeunes enfants, on dit « Vos fillettes » ; les hommes emploient cette désignation jusqu'à la douzième année des jeunes filles ; une femme pourra se servir de ce terme familier jusqu'à ce qu'elles aient atteint leur quinzième année, voire leur seizième.

Les parents, parlant de leurs filles, disent : « Ma fillette », puis « Mes filles », jamais « Mes demoiselles ».

Pour les fils, « Mes garçons », jusqu'à leur seizième année ; jamais « Mes gamins ». Après, « Mes fils ». Les étrangers suivent la même règle : « Vos garçons », puis « Vos fils », « Messieurs vos fils », selon le degré d'intimité, les âges respectifs, etc.

8

Ne dites jamais : quand j'aurai l'*avantage* de vous voir, lorsque j'aurai l'*avantage* de vous écrire. C'est une façon commerciale de parler, qui est très bonne pour les négociants, dans leurs relations avec les clients, mais que les gens du monde n'admettent pas à leur usage. On dit le *plaisir*, l'*honneur*, selon les cas ; parfois, les circonstances exigent tout simplement : « Lorsque je vous verrai, quand je vous écrirai. » Ce sont des nuances ; la réflexion indique les termes à employer. Toutes les fois qu'on peut éliminer de la phrase « le plaisir, l'honneur », il faut supprimer ces mots.

Un homme, faisant allusion à sa rencontre avec une femme, dira, — « parlant à sa personne » (selon l'expression de messieurs les huissiers) ou parlant d'elle : — Quand j'ai eu l'honneur de vous rencontrer. — Lorsque j'ai eu l'honneur de voir Mme une telle.

De la femme à l'homme c'est autre chose. Elle s'exprimera ainsi : Lorsque j'ai eu le plaisir de vous rencontrer ; quand j'ai vu M. un tel.

De femme à femme, c'est toujours : Quand j'ai eu le plaisir de vous voir. A moins qu'il ne s'agisse d'une dame âgée et d'une jeune femme et que celle-ci ne fasse pas partie des relations intimes de la première ; dans ce cas, la plus jeune dit aussi : — Lorsque j'ai eu l'honneur de vous voir.

On entend bien souvent dire : « C'est un meuble

en boule. » Et, aussitôt, un sourire railleur d'apparaître sur le visage de ceux devant lesquels on s'exprime ainsi. C'est qu'en effet, celui qui vient de parler semble croire que *boule* est la matière du meuble, comme le palissandre, l'acajou, l'ébène, pour d'autres. Tandis que ce meuble est l'œuvre d'un ébéniste célèbre, qui lui a donné son nom : Boule; ce qui oblige donc à dire : « un meuble *de* Boule ».

On recommande aux enfants de dire *monsieur* ou *madame* à chaque mot, lorsqu'ils parlent à des étrangers. Mais prenez garde qu'ils n'aillent jusqu'à l'abus. Rien de fatigant comme cette appellation *monsieur* ou *madame* revenant dans la phrase à propos de tout, à tout propos, hors de propos. Les gens du monde sont assez sobres de cette dénomination, c'est-à-dire qu'ils ne s'en servent qu'autant qu'il le faut.

Ils diront bien, quelquefois : « Vraiment ? » « N'est-ce-pas ? », etc., etc., tandis que les gens trop polis n'auraient pas manqué de faire suivre ces interrogations du mot *monsieur* ou *madame*.

L'excès en tout est un défaut. Il faut craindre de faire dégénérer la politesse en obséquiosité. Tout est nuances dans le savoir-vivre. Inspirez-vous, en ce qui concerne la *toute petite chose* dont nous parlons, des rapports, des circonstances, des âges respectifs.

Il n'est rien d'aussi mauvais goût que d'affubler les gens de surnoms et, particulièrement, quand ce sont des surnoms blessants ou ridicules, des sobriquets enfin. N'en donnez jamais à personne, même de très gracieux, à moins de rapports véritablement intimes, affectueux. Si ce n'est dans ces conditions, ne souffrez pas, non plus, surtout si vous êtes femme, qu'on vous gratifie d'une épithète, fut-elle très jolie, pour vous désigner, « parlant à votre personne » (hors de votre présence, vous n'y pouvez rien, et il n'y a qu'à vous résigner). Mais comme il faut être doucement polie, on témoigne sans hauteur ni aigreur de son déplaisir, et l'on dit en souriant : « Je devrais être très sensible à ce compliment, mais voyez comme je suis singulière, je préfère être appelée simplement du nom qui m'appartient. »

Il faut éliminer de son langage toute locution triviale, si l'on veut obtenir la qualification de personne bien élevée. On ne dira pas : « Nous deux mon frère », mais : « Mon frère et moi » ; « osé » pour « hardi » ; « flatté » pour « satisfait » ; « dans le temps » pour « autrefois » ; « chiper » pour « voler » ; commettre « une gaffe » pour « un impair » ou « une maladresse ». — Une grande dame donnait ce « signal de vigie », pour se reconnaître entre gens du monde : Quand quelqu'un se sert du mot de *bonne société*, il n'est pas de *bonne compagnie*, etc.

Par contre, il n'est pas de meilleur goût de se servir d'expressions recherchées, comme « exister » pour « vivre »; « vous entretenir » pour « vous parler », etc. On a bien ri, au siècle dernier, d'un anobli de fraîche date, qui disait aristocratiquement (croyait-il du moins) : « Je veux être décapité » pour « être pendu », ce qui, au contraire, est une imprécation qui témoignait autrement bien de l'horreur qu'on avait d'un supplice qui n'était pas celui des gentilshommes.

Il y a aussi des femmes pudibondes qui disent : « Une jambe de poulet » pour une « cuisse »; « une mitre de volaille » ou « un bonnet d'évêque », pour « le croupion ». Voyez comme c'est absurde. Certes, il est des choses dont il vaut mieux ne pas parler; mais ce n'est pas le cas pour un volatile; la pruderie exagérée, anglaise est à éviter.

Petites ignorances.

On entend poser de ces questions :

Doit-on demander des nouvelles de sa santé à une personne supérieure à soi ?

Pourquoi pas, lorsqu'on ne la voit pas pour la première fois ? Lorsqu'on l'aborde dans son salon ou ailleurs et non pas en audience ?

Il est clair qu'on ne dira pas : Comment allez-vous ?... Vous allez bien ?

8.

Mais on sera très correct en s'informant si la santé est bonne. « Votre santé est-elle bonne ? »

On ne remercie pas les gens qui vous font une visite, par la raison qu'on se dérange, à son tour, pour aller les voir et qu'il ne s'agit plus, en conséquence, que d'un prêté rendu. Toutefois, cette règle, — comme toutes les autres, — comporte des exceptions.

Lorsqu'une personne âgée se donne la peine de venir voir des gens beaucoup plus jeunes qu'elle, on doit la remercier de sa visite, car les vieillards sont dispensés d'une foule de devoirs mondains sans que l'on en soit quitte à leur égard.

Nous sommes encore tenus d'exprimer notre gratitude de sa visite à une personne absorbée par des occupations importantes, transcendantes, et qui a bien voulu les abandonner pour nous donner le plaisir de la voir chez nous.

Encore nous dirons fort bien à un visiteur, qui a fait une longue route par le froid ou sous le soleil, que nous lui savons gré de n'avoir pas reculé devant la fatigue, d'avoir affronté la chaleur, etc.

Mots et calembours.

N'abusez pas de votre facilité à faire des *mots*. Une fois ou deux, c'est bien, cela amuse, distrait un auditoire... qui a le temps d'écouter. Mais sans cesse, mais à propos de tout, on finit par fatiguer, impatienter, exaspérer ceux à qui on parle et qui doivent avoir l'esprit tendu pour saisir, pour comprendre cette plaisanterie sans trêve.

Quant aux calembours, c'est atroce. Au plus peut-on s'en permettre quelques-uns en famille, lorsqu'ils sont vraiment drôles. La plupart du temps les calembours sont des rapprochements forcés et absurdes, les *mots* sont cherchés et sans sel. Il n'y a que les enfants et les gens qui ont de l'esprit sans le savoir pour trouver des *mots* étonnants et bien véritablement jolis. Nous en donnerons deux exemples :

En 1870, des professeurs suisses, s'ingéniant à distraire nos soldats internés, leur faisaient des conférences. Un soir, c'était sur la géologie. Pourquoi le conférencier pataugea-t-il ? Je ne sais. Il ne put se tirer de son exorde. Ce que voyant, un de nos petits fantassins grimpe près de lui à la tribune : « La géologie, déclame-t-il, c'est pas tout ça. Il y a trois sortes de terre : la terre de pipe, la terre de bruyère et la terre de l'hospitalité, c'est la Suisse ! » Les bravos éclatèrent sans fin, ils étaient doublement mérités : par l'orateur et le noble pays qui choyait nos pauvres soldats.

Un jour, je recevais une jeune dame, qui était venue me voir avec sa fillette. J'avais auprès de moi mon petit neveu, qui faisait grand accueil à

l'enfant étrangère. Si grand accueil, qu'au moment du départ de la dame, ce furent des pleurs
et des grincements de dents. « Oh ! ne t'en va pas,
sanglotait mon neveu, s'adressant à la petite fille,
ne t'en va pas, dis à ta maman *qu'elle t'oublie !* »

Il n'y a pas seulement de ces *mots* naïfs ou charmants, me dira-t-on. Je sais, qu'en notre Paris, il
est beaucoup de gens spirituels qui ont des *mots*
adorables de finesse et de grâce. Mais, croyez-le,
ces *mots* leur viennent tout seuls, sans nul effort et
ils ne sont jamais quintessenciés, comme celui-ci,
par exemple : une jeune fille dit à son valseur :
« Entendez-vous ces deux vieilles dames, qui parlent des antiques ? — Elles font de l'homéopathie,
répliqua le danseur. » Eh bien ! franchement, ne
fallait-il pas réfléchir pour comprendre la raillerie ?

Quand on parle de la ville d'Eu, si un plaisant
ajoute « brouillés », on peut sourire une fois, mais
si une seconde fois il accole à ce nom de ville le
calembour « sur le plat », on sera déjà lassé. Cependant le monsieur n'en continuera pas moins d'énu-
mérer les mille manières de cuire les œufs chaque
fois qu'il sera question de la cité normande.

Une autre espèce de personnes qui se rendent
très désagréables aux gens nerveux sont celles
qui ont une façon de parler entre la plaisanterie
et le sérieux. On ne sait jamais ce qu'elles veulent
dire. S'amusent-elles à nos dépens, ou les phrases

qu'elles débitent ont-elles vraiment la signification qu'on peut leur prêter? Ce doute naît en nos
esprits lorsque nous nous trouvons être les audi-
teurs de gens qui ont l'habitude de *badiner* sur
tous les sujets, de dire « des bêtises », à tout
propos.

L'expression de leur visage, gouailleuse ou d'un
naïf *voulu,* est pour beaucoup aussi dans le malaise
qu'ils vous font éprouver.

Conclusion : ne manions l'arme de la plaisanterie
que si nous sommes doués d'infiniment d'esprit
et de délicatesse... et doutons toujours de nous-
mêmes.

La voix.

Ceux qui sont doués d'une voix douce ont reçu
un grand don de la nature. Ils sont tout-puissants
au foyer pour le bien. Un mot tendre, une parole consolante dite de cette voix flexible et harmo-
nieuse a bien plus de prix et d'accent, elle remue
délicieusement le cœur et, dans les crises sombres
de la vie, elle fait entrer comme un rayon dans
l'âme obscurcie.

Si vous êtes né avec une voix douce, gardez-la
donc comme la prunelle de vos yeux ; si vous avez
reçu en naissant un dur organe, essayez de l'assou-
plir. Il faut veiller sans cesse sur sa voix, la main-

tenir constamment sur le ton juste et, par surcroît, on obtient un grand empire sur ses passions.

Si légitime que soit votre ressentiment, si grave l'offense qu'on vous ait faite, exprimez le reproche ou votre peine d'une voix mesurée, sans âpreté. Ce merveilleux instrument ne souffre pas d'être mal-mené une seule fois ; une parole brève, sifflante, mordante, en voilà assez pour fausser à jamais l'organe.

Veillez bien sur la voix des enfants. C'est dans les jeux qu'elle perd sa douceur, son harmonie. Ecoutez les garçonnets et les fillettes, au moindre mécontentement contre leurs camarades, c'est un grognement ou pire, peut-être, c'est une riposte sèche et cinglante comme un claquement de fouet... et aussi blessante. Plus tard, à la première discus-sion conjugale, le jeune homme ou la jeune femme, dont la voix s'était adoucie dans les paroles d'amour, retrouvera ce ton... coupant, dont on n'oubliera plus jamais le son et qui aura peut-être détruit tout bonheur.

Une voix douce, c'est un chant d'alouette au foyer, c'est au cœur, ce que la lumière est à l'œil : la lumière n'a-t-elle pas ses ondes et ses vibrations, comme le son. — Il n'est pas, pour la femme, de qualité plus charmante. O vous toutes qui me lisez, méditez le vieux proverbe : « C'est le ton qui fait la chanson. » Une bonne parole, pour avoir toute sa valeur, doit être dite d'une voix douce ou au moins affectueuse; un reproche juste, une plainte ne pourront blesser si on ne leur donne ni un accent de colère, ni un accent de dédain ou de mépris.

Pour mériter le renom d'une personne bien élevée, on parle d'un ton poli, aimable, on diminue le volume de sa voix, etc. Pourquoi négliger ces ménagements au foyer? Une femme parlera avec douceur, avec tendresse à son mari, à ses enfants; si elle a des observations, des représentations à leur faire, s'il lui faut gronder, ce sera encore d'un accent où l'on sente l'affection sous la tristesse et l'étonnement.

On surveillera également sa voix et son ton pour parler aux domestiques, à tous ceux dont on approche, et cette voix mesurée aura pouvoir sur tous. — Je n'entends pas dire qu'on doive parler d'une voix uniforme; ne supprimez aucune inflexion, sauf celle de la colère. Il y a des voix froides et blanches qui font frissonner.

Dans les grands mouvements de l'âme, la voix éclate sans doute, mais qu'importe, si la douleur ou l'indignation généreuse ne lui communique pas cet accent grinçant, mauvais, qu'on s'est habitué à réprimer dès l'enfance. La voix, au reste, ne doit être ni trop basse, ni trop élevée, ni sourde, ni aiguë. On peut corriger sa voix comme toute autre chose.

Dans la discussion, ce n'est pas la déclaration

d'une opinion contraire à la nòtre qui blesse notre
fierté, c'est le *ton* de dogmatisme ou de supériorité
de l'adversaire, le manque de sympathie, d'appré-
ciation, de respect pour nos propres idées, le mépris autant exprimé par le *son de la voix* que par
les paroles.

La vérité serait presque toujours acceptée, si la
fermeté et la clarté du discours étaient soutenues
par une voix douce ou au moins modérée, laquelle,
autant que les mots, témoignerait d'une certaine
considération pour l'interlocuteur, en même temps
qu'elle indiquerait la bonté et la modestie de celui
qui parle. Dans ces conditions, on pourrait dis-
cuter, sans violer aucune loi de la *vraie* politesse,
celle du cœur.

Dans les salons où l'on se pique de bonnes manières, tout le monde parle d'une voix peu élevée,
mais très distincte. On s'attache à bien prononcer
chaque mot, et si l'on a un défaut de prononciation,
on s'étudie à le détruire ou à l'atténuer, ce qui est
toujours possible, avec un peu d'attention, de
volonté et de travail.

LES DINERS

Règles gastronomiques.

Les gens qui donnent à dîner peuvent avoir la
sobriété des anachorètes, ils sont tenus d'être
savants en art culinaire. Au dernier siècle, le duc
de Richelieu et la marquise de Créqui étaient les
gens qui mangeaient le moins et qui étaient les
plus renommés pour la perfection de leurs soupers.

Nous n'entendons pas dire qu'il faille composer
les dîners à la façon de Lucullus ou d'Héliogabale.
Ce dernier, fou couronné, faisait figurer, sur sa
table, au même repas, six cents cervelles d'autruche. Cet exemple suffira à démontrer l'absurdité de
sa somptuosité gastronomique. — On reçoit les gens
selon sa situation de fortune, simplement si l'on
n'a que des ressources limitées, mais cette simplicité n'exclut aucunement une certaine recherche et
des soins minutieux dans la préparation des plats.
Ce souci du bien-être de ses hôtes est le fait des
personnes généreuses et bien élevées.

C'est peut-être le cas de dire, ici, qu'on fait bien
de ne pas former de relations très intimes avec des
gens qui sont dans une position de fortune très au-
dessus de la sienne; en ce qui regarde les dîners,
par exemple : ou il faudrait se condamner au triste
rôle de parasite, ou se mettre dans l'obligation
de dépasser le chiffre de son budget pour rendre
les politesses qu'on aurait reçues. Et encore n'arri-
verait-on pas à « faire les choses convenablement ».
Il est bon de réfléchir avant de s'asseoir à la table
des autres.

On doit penser qu'on aura toutes les peines du
monde à traiter à son tour, selon leurs habitudes,
les gens accoutumés à une chère à la fois délicate
et plantureuse; qu'on ne réussira qu'à étaler sa
médiocrité et souvent qu'à se couvrir de ridicule,
n'étant nullement agencé pour recevoir dans les
mêmes conditions de luxe ou d'élégance.

Cela posé, nous dirons qu'on ne néglige aucun
frais compatible avec ses moyens, lorsqu'on offre
à dîner même à des amis très intimes, même à
des parents. Il y a des recherches qui ne coûtent
qu'un peu d'ingéniosité, de peine et d'attention.

Pour commencer, il faut composer son menu
avec un esprit de suite et de logique, qui manque
à quelques maîtresses de maison, en cette partie
importante de la vie matérielle. C'est-à-dire qu'on
tiendra compte de la saison et qu'on variera les
mets pour ne pas fatiguer ses convives par une

uniformité d'où peut naître, outre l'ennui... l'indigestion. Par paresse d'esprit, il ne faudrait pas donner à quelqu'un, qu'on aurait invité ou retenu à dîner, le repas que fit servir une dame du dix-huitième siècle à des amis bien connus pour leur sagacité gastronomique : côtelettes de mouton, rognons et gigot du même animal, œufs brouillés au jus de l'éternel quadrupède. Irrités de cette monotonie, les convives chantèrent au dessert :

— Eglé nous croit bergers.

Ces invités-là manquaient d'urbanité, mais assurément l'amphitryonne à l'imagination inféconde ou à l'indolence impolie méritait cette leçon.

L'étiquette du dîner.

Les convives ont été invités huit jours d'avance, de vive voix ou par écrit. Dans ce dernier cas, qu'ils acceptent ou qu'ils refusent l'invitation, ils doivent faire savoir immédiatement à l'amphitryon s'il peut, oui ou non, compter sur eux. Si on refuse, on glisse quelques mots de regrets, se plaignant de la nécessité où l'on est de se priver d'une soirée agréable, et on remercie. Il arrive encore qu'après avoir accepté une invitation, on soit forcé de la décliner; il faut alors prévenir tout de suite la personne chez laquelle on devait dîner qu'on est dans

l'impossibilité de tenir son engagement. On donne
sa raison et on témoigne également ses regrets.

Le refus ne dispense nullement de la visite dans
les huit jours, — comme nous l'avons déjà indiqué.
L'intention vaut la réalité, en cette circonstance,
comme en une foule d'autres.

Les invités arrivent quelques instants (dix minutes, un quart d'heure) avant l'heure fixée, jamais
après. — Les maîtres du logis sont au salon pour
recevoir leurs hôtes. Dans une maison bien ordonnée, — même si l'on y dispose de ressources res-
treintes, — les apprêts d'une réception sont toujours combinés de telle sorte qu'à l'heure de cette
réception il ne reste à se préoccuper d'aucune
chose.

Hôtes et invités sont en grande toilette du soir :
les hommes en habit et pantalon noir, cravate
blanche, gilet blanc ou noir ouvert, gants mastic,
souliers fins ; les femmes en corsage à demi décolleté, jupe à traîne (il y a de classiques robes de
dîner, comme il y a des robes d'opéra... d'avent et
de carême) ; ou bien ils ont revêtu leur plus belle
toilette de ville, s'ils sont reçus chez des amis, en
petit comité, dans des maisons où l'on ne veut, où
l'on ne peut admettre toutes ces cérémonies.

Au moment où sonne l'heure du dîner, le maître
d'hôtel, ou la simple bonne, ouvre les doubles bat-
tants de la porte du salon et prononce gravement
le sacramentel : « Madame est servie. » Les hommes

s'en vont alors vers la dame à laquelle ils doivent offrir leur bras. Cette dame leur a été désignée par le maître de la maison, qui sait près de quelle femme chaque homme sera placé à table. Dans le cas où ce voisin et cette voisine de table seraient inconnus l'un à l'autre, pour faciliter l'expansion, ou tout au moins les mettre à même de rompre aisément la glace, l'amphitryon ferait en sorte de leur donner, en quelques mots, avant le dîner, une idée claire de leur position sociale et de leurs familles respectives. Ce procédé est à recommander très fortement. Qui ne sait les impairs qu'on peut commettre quand on parle à des gens dont on ignore la situation, les tenants et aboutissants ?

L'homme qui escorte une femme à table, l'y installe commodément, lui avançant ou lui reculant sa chaise. La dame en passant devant lui s'incline légèrement, lui salue plus profondément.

Il ne prend place qu'après l'avoir fait asseoir. Il l'entoure des mêmes soins durant tout le repas, il voit si elle est pourvue de tout ce dont elle a besoin, elle est tellement prévenue qu'elle n'a jamais à demander de l'eau ou toute autre chose.

Le maître du logis s'est dirigé vers la dame la plus âgée, ou, en quelques circonstances particulières, vers la plus qualifiée, et il passe le premier avec elle dans la salle à manger. Il ne faut pas s'y tromper, de même qu'à table, on sert les femmes étrangères avant la maîtresse de la mai-

son, de même elles doivent prendre le pas sur elle
Cela n'empêche nullement cette dernière de deman
der le bras du convive le plus âgé ou le plus
qualifié; toujours par suite de cette courtoisie généreuse qui place les femmes au-dessus des hommes.

La maîtresse de maison précédera toutefois ses
filles ou ses jeunes parentes, qui seront au bras
des hommes les plus jeunes. S'il reste des hommes
sans femmes, — c'est rare dans une réunion bien
organisée, — ils viennent les derniers, comme ils
peuvent.

On quitte ses gants quand on est assis, on les
glisse dans sa poche.

Avant de commencer à manger, donnons quel-
ques *articles* de la *loi de la table*, laquelle est très
belle. Sur toute chose, le respect de l'*âme commune*
des convives doit dominer la marche de la conversation. Aucun sujet n'est de saison qui n'est particulier qu'à quelques personnes de la compagnie.
Le tact ne viole jamais cette loi, même une minute.

Les amphitryons s'efforcent de porter la conversation sur des sujets neutres, mais agréables et
gais, si faire se peut. Les arts, la littérature, les
voyages, etc., fourniront la matière. On éloignera
soigneusement la politique, source d'ennui pour
les femmes et de mauvaise digestion pour les
hommes.

Le menu.

A Paris, le menu est plutôt délicat et varié qu'abondant : dans quelques provinces, à la campagne, c'est le contraire, mais tout dépend des ressources des lieux, le plus souvent.

Le poisson est, pour ainsi dire, de rigueur dans un dîner un peu cérémonieux, depuis les Romains, les habitants des ondes étant en faveur sur les tables recherchées.

« Le poisson, dit Montaigne, a toujours eu ce privilège que les grands se meslent de le sçavoir apprêter. » S'il est de belle taille, on le sert sur un plat, dont les bords sont couverts des fleurs de la saison ; il est accompagné de deux sauces différentes. « C'est la sauce qui fait le poisson. »

Tel qui adore le brochet sauce hollandaise ne peut le souffrir à la sauce blanche, et *vice versa.*

Les entrées sont composées à l'aide de viandes de boucherie, de volailles ou de gibier à plumes et à poil. Le rôti, comme le poisson, est, autant que possible, de belles dimensions. Les légumes doivent être ceux de la saison : en hiver, des cardons, des épinards, voire des choux de Bruxelles, des céleris, etc.

Les entremets sucrés sont confectionnés avec le plus grand soin, même les plus simples d'entre eux, qui ont leur valeur, s'ils sont très fins et très délicats. Le dessert est abondant, si faire se peut; les fruits sont très mûrs et sans tache, les compotes sans défaut. Les bonbons et les gâteaux seront parfaits ou brilleront... par leur absence.

N. B. Les hors-d'œuvre sont proscrits des dîners on ne les retrouve qu'au déjeuner et, là, ils regagnent le terrain perdu le soir.

Voici l'ordre dans lequel se servent les plats. Le ou les relevés : le poisson d'abord; s'il y a un autre relevé, filet de bœuf par exemple (ou simple pièce de bœuf), il ne vient qu'en second lieu. Les entrées après ; deux pour un relevé, quatre pour deux relevés. Elles se composent de ragoûts, tels que des poulardes à la financière, des salmis de perdreaux, des ris de veau piqués sur une litière de chicorée, un lièvre en civet, etc., etc. Puis les rôts, — car on en sert jusqu'à trois, mais un seul suffit : gelinottes de Russie, écrevisses à la bordelaise, jambon d'York à la gelée, ou un simple poulet, bien blanc, bien tendre. — La salade. — Les légumes, un ou deux. Les entremets sucrés, deux ou quatre, ou un seul. — Les glaces (elles ne sont pas indispensables). Le dessert : on offre d'abord les fruits crus, puis les compotes, les confitures ; viennent après les gâteaux, les bonbons et les fruits confits.

Les vins sont présentés dans l'ordre suivant : après le potage le vin de Madère, ou le vin du Cap, ou le vin de Sicile, — ou le vin ordinaire. Pendant le premier service, les deuxièmes crus de Bordeaux

ou de Bourgogne, — ou continuation du vin ordinaire.

Avant le rôti, les vins de Château-Yquem ou du
Rhin. (Nullement obligatoire.) Pendant le second
service, les grands crus de Bordeaux ou de Bourgogne, ou du vin un peu supérieur à l'ordinaire.

Avec les entremets sucrés le vin de Xérès ; pendant le dessert les vins de Muscat, d'Alicante
(blanc), de Malvoisie, de Constance, de Tokay, etc.,
— ou de Grenache, de Banyuls, etc.

Dans bien des maisons, les vins de Champagne
secs et doux sont présentés dès le début du dîner,
frappés ou non frappés, — quelques personnes
ayant l'habitude d'arroser tout leur repas de ce vin
pétillant.

Ajoutons bien vite, — mais il fallait donner des
renseignements pour tous les goûts et pour tout le
monde, — que, dans les maisons où l'on a de véritables traditions gastronomiques, les vins sont
parfaits, mais non variés à l'infini. Vin du Cap,
deux sortes de vin de Bordeaux et deux sortes
de vins de Bourgogne (plus d'un convive ne supportant que l'un ou l'autre), du vin de Chypre et, à la
fin, le dessert presque terminé, du vin doux de
Champagne, cette étincelante boisson du vieux sol
gaulois semblant indispensable pour bien terminer un dîner français.

9.

Le couvert.

Le service de table est très luxueux aujourd'hui, mais il est entendu que, sur ce point comme sur bien d'autres, on se base sur ses ressources et non sur la mode. Toutefois, il est une élégance à la portée de tous, un luxe indispensable : c'est la blancheur immaculée du linge, la netteté exquise des cristaux et de tous les ustensiles qui servent à manger. C'est encore la bonne ordonnance du menu, si simple qu'il soit, et la disposition symétrique du couvert. Il est rare qu'on ne possède pas quelques fleurs, un peu de verdure ; on en ornera la table la plus modeste, pour charmer l'œil du convive. Il est essentiel encore que les invités aient tous les coudées franches, au sens littéral du mot; la table sera suffisamment longue, aussi large que possible également, afin qu'on puisse y disposer, en bel ordre, sans presse ni confusion, tout ce qui compose le service.

L'assiette réservée à chaque convive se place entre la fourchette (à gauche) et la cuiller et le couteau (à droite), ce dernier appuyé sur un porte-couteau en cristal ou porcelaine. Elle est précédée de cinq verres (ou de deux): un grand pour y mélanger le vin ordinaire à l'eau (ou le boire pur), un second de dimensions spéciales pour le

vin de Madère ; le troisième pour le vin de Bourgogne, le quatrième pour le vin de Bordeaux, le
cinquième, flûte ou coupe, pour le vin de Champagne, — en bien des maisons, la flûte prévaut.
Pour les vins de Grèce, de Sicile, d'Espagne qu'on
boit au dessert il faut un tout petit verre en cristal décoré ; le vin du Rhin *exige* un verre de la
couleur verte de ce fleuve.

Le bord de la table, où se trouvent disposés
assiettes et verres, est seul parfois dégagé de fleurs.
La nappe disparaît sous les roses serrées, d'où
émergent les candélabres à branches nombreuses,
cet éclairage (nullement obligatoire) ayant détrôné
la lampe suspendue. Dans les maisons luxueuses,
si l'on se contente d'un surtout fleuri, le linge est
très beau, quasi précieux. A une Saint-Hubert, la
nappe et les serviettes, brodées en couleurs, représentent une chasse ; le surtout est garni de houx
aux baies rouges. A un dîner de noces, des cor-
dons de fleurs d'oranger, sur la nappe, damassée
d'amours et de roses.

La soupière ne paraît pas. Le potage est servi
dans chaque assiette avant l'entrée des convives
dans la salle du repas. Si le menu comprend deux
potages les assiettes sont vides et les serveurs les
remplissent après avoir demandé le goût de chaque convive. La serviette, pliée avec goût,
gonflée par le petit pain, est placée à côté de
l'assiette remplie de potage. Devant chaque con-

vive, le menu, proprement écrit sur une carte
Bristol, — ou très élégant, très artistique (on
l'emporte pour composer des collections). Au
dos de la carte, le nom du convive ; c'est ce dos
qui est tourné vers l'assiette.

Dès qu'on est assis, on fait faire volte-face au
menu. (Si on oubliait cette cérémonie, il n'y aurait
là aucune inconvenance.) Entre chaque convive,
une petite salière avec pelle à sel, et une carafe,
vin et eau alternés. La carafe à vin est à portée
du convive masculin, qui a la charge de servir la
dame qu'il a *menée* à table. Il lui offre toujours de
l'eau, une femme ne prenant jamais, sauf au dessert, que du vin *trempé*. Les vins fins ne paraissent pas sur la table, ils sont couchés dans un panier, sous une jolie couverture qui dissimule la
bouteille à l'aspect déplaisant et poussiéreux, et
les domestiques les présentent à chaque convive
en les nommant.

Quand on est abondamment pourvu d'argenterie,
on change la fourchette et le couteau après chaque
mets, comme on fait pour l'assiette. Mais cette étiquette n'est de rigueur absolue qu'après le poisson.

Si on a un maître d'hôtel, il découpe toutes les
pièces et les fait passer aux convives par les serveurs sous ses ordres. Dans ce cas, les plats (poisson, rôtis, disposés avec art) sont apportés sur
la table, devant la maîtresse de la maison, pour
être exposés, en leur entier, à la vue des invités.

Ils sont enlevés après une minute d'exhibition et dépécés sur une crédence. Si le maître de la maison découpe, il remet le plat au domestique qui le passe à chaque convive.

A l'entremets sucré, on apporte aux invités une assiette moins large, supportant un couvert mignon et deux couteaux : un à lame d'acier, l'autre à lame d'argent (pour les fruits). La table a été débarrassée des salières, des bouts de table; les domestiques ont fait tomber (à l'aide d'une brosse élégante), toutes les miettes de pain, qui se recueillent dans un ustensile spécial. Un autre petit pain a été offert aux invités en même temps que l'assiette à dessert Le fromage ne figure jamais sur la table. Le domes tique le présente à chacun. En revanche, tous les plats du dessert sont admis se faisant pendant, dès le début du dîner.

Encore la loi de la table.

Les maîtres du logis ne font aucune réflexion sur la qualité des vins et des plats. Ils ont mis tout en œuvre pour obtenir des mets et des vins parfaits, le cas ne doit pas se présenter d'avoir à s'excuser auprès des convives ; vanter son dîner serait encore plus ridicule et moins délicat. Si on a pris les soins nécessaires avant, tout se passe sans encombre pendant, et l'on jouit silencieusement de son succès.

Nous avons dit que lorsqu'on a des invités, on ne vante jamais aucun des plats qui paraissent sur la table, ni les vins, fussent-ils les plus précieux du monde. Si on sert des primeurs, un monstre marin, des raisins de Perse ou des fruits exotiques, on se garde bien de dire à ses convives : « Ces fraises me coûtent telle somme ; j'ai payé cet esturgeon les yeux de la tête », etc.

D'autre part, si le dîner n'est pas réussi, si les plats sont manqués, les invités *ne doivent pas s'en apercevoir*. On mange bravement de ce qui est offert, comme si c'était très bon ; c'est un si petit effort à faire pour ne pas ajouter à la confusion des maîtres du logis. En Angleterre, on raconte encore avec admiration qu'un grand seigneur français de l'autre siècle, habitué à une chère exquise, dînant à la table d'un bourgeois de Londres, avala sans sourciller et déclara excellent un affreux breuvage qu'on lui avait présenté comme un vin rare, le domestique ayant pris une bouteille pharmaceutique pour le flacon de nectar. Par contre, la cour d'Autriche n'est pas près d'oublier les incartades de Guillaume II à la table de François-Joseph. Ainsi, trouvant le menu écrit en français, il l'a retourné sans vouloir le lire. Le même soir, l'archiduchesse Stéphanie, offrant le café dans le salon de famille : « Avec du lait, lui a dit l'empe-

reur allemand ; le café noir, c'est bon pour les
peuples latins. Les races supérieures so gardent
de la nervosité. » Or, l'archiduchesse Stéphanie,
fille du roi des Belges, est de race latine. On dit
que l'impératrice Elisabeth frémissait d'impatience et qu'elle n'est pas disposée à retirer l'épithète de butor qu'elle a infligée, il y a quelque
temps à Guillaume II, en parlant de lui.

Il y a aussi des invités qui ont l'air de manger
du *bout des dents,* comme si le repas qu'on leur
fait faire était trop grossier pour leurs habitudes
de délicatesse. Il s'agit souvent de mets ordinaires,
mais excellents, que tout le monde a mangés,
que tout le monde mange, les milliardaires eux-
mêmes se faisant bien servir parfois un simple
gigot rôti et lui trouvant du mérite après des
ortolans.

D'autres disent d'un air complaisant : — « Mais
si, c'est très bon », répondant à une remarque de la
maîtresse de la maison qui offre un gâteau de sa
fabrication, avec la crainte qu'on ne le trouve pas
très fin. Mais un quart d'heure après, l'invitée re-
parlera de la pièce de pâtisserie, racontera qu'elle
la demande parfois à sa cuisinière, que celle-ci la
réussit en perfection ; que c'est exquis, que c'est
d'une finesse, etc. Ce discours est une critique, il
établit une comparaison désavantageuse à l'égard
du gâteau servi. C'est sot ou méchant. Il est facile
de se taire en ces occasions, quoi qu'on pense.

J'aime peut-être mieux ceux qui font une remarque désobligeante tout crûment : « Mon vin vaut mieux que le vôtre. » « Votre café n'est pas très odorant, le mien est bien supérieur. Il est vrai que je le paye six francs la livre. » Mais je n'engagerai personne à imiter cette franchise un peu brutale.

Le service.

Le service doit se faire sans bruit d'aucune sorte et avec beaucoup d'adresse. Qu'y a-t-il de plus désagréable pour les convives que le bris de la porcelaine ou des cristaux et la chute de l'argenterie, si ce n'est d'être inondé par une sauce ou par une crème? Quand on a des domestiques nouveaux, en l'habileté desquels on ne peut se confier les yeux fermés, il est bon de leur faire exécuter quelques répétitions du service avant le jour du dîner. Enfin, encore une fois, on prendra tant de précautions et de soins que tous les incidents désagréables ou grotesques ne pourront se produire.

On leur enseigne que la première dame servie est celle qui est assise à la droite du maître du logis, la seconde, celle qui est placée à sa gauche et ainsi de suite, en suivant l'ordre des places. Que le premier convive masculin servi est celui qui est à la droite de la maîtresse de la maison, etc.

Qu'ils doivent d'une main présenter le plat à la gauche du convive et lui offrir la saucière de l'autre main. (Si on peut avoir deux domestiques ou serveurs, l'un offre le plat — assez bas pour que le convive puisse se servir facilement — l'autre présente la saucière. De même à l'entremets, l'un passe la crème par exemple, l'autre les gâteaux avec lesquels elle se mange.)

Le domestique offre les vins en les nommant d'une voix basse, mais distincte. Il doit accorder assez d'attention à tous les convives pour arriver au moindre signe que peut lui faire l'un d'eux, pour lui demander du pain ou toute autre chose.

Ce domestique porte des souliers fins pour faire le moins de bruit possible et des gants de coton blanc. Une femme de chambre a les mains nues.

Avons-nous dit que la salle à manger doit être très éclairée, même en été, — sauf à la campagne, toutefois, — et qu'alors, on ferme volets ou persiennes, pour faire croire à l'obscurité du dehors, ou plutôt pour que la lumière naturelle ne lutte pas, en l'atténuant, avec la lumière artificielle ?

Dans la chaude saison, on entretient dans cette pièce une grande fraîcheur ; en hiver, on la chauffe doucement, l'illumination et la chaleur des mets augmentant l'élévation de la température.

Pas d'ablutions à la fin du repas. Se rincer la bouche à table, mais c'est horrible et dégoûtant! Encore moins utile de se laver les doigts qui n'ont touché que le pain, pendant tout le repas, ce qui ne constitue pas une souillure.

Comment on mange.

Lorsqu'on a du monde à dîner (et en tous temps, du reste), que l'on fasse servir le potage d'avance ou qu'on le serve soi-même, ou — s'il y en a deux — que le domestique vienne demander à chaque convive lequel il préfère, il ne faut jamais remplir l'assiette à soupe; les trois quarts d'une grande cuillerée à potage, telle est la mesure suffisante, et on peut encore la réduire.

On ne doit pas redemander de potage. L'usage, comme presque toujours, a ses raisons sérieuses d'exister. Une trop grande quantité absorbée de ce mets, presque liquide, chargerait l'estomac, le remplirait immédiatement et le rendrait incapable de recevoir d'autres aliments.

Il reste toujours un peu de potage au fond de l'assiette, par la raison qu'on ne peut incliner celle-ci pour recueillir jusqu'à la dernière goutte du potage, encore bien moins verser ce qu'elle peut encore contenir dans sa cuiller... comme font quelques personnes, pour ne rien perdre.

Il serait bon d'observer ces règles en famille, afin de ne jamais se laisser emporter, dans le monde, par ce qu'on appelle si justement la force de l'habitude.

Tous les fruits se pèlent et se mangent à l'aide
du couteau et de la fourchette à dessert : le quartier de pomme, de pêche ou de poire, etc., est piqué
avec la fourchette tenue de la main gauche, le
couteau de la main droite. On enlève ainsi la pelure,
l'intérieur du fruit, puis on découpe le quartier
épluché, comme on fait d'un morceau de viande.
Les tartes, les gâteaux, etc., se mangent de la
même façon.

Il est inutile, je pense, de dire qu'on rompt son
pain. Pourquoi ne pas le couper ? Parce que des
particules de la croûte pourraient, sous l'effort du
couteau, sauter dans les yeux des voisins, sur les
épaules nues des voisines.

La prescription de briser la coquille des œufs
n'est pas plus mystérieuse, à ce que je crois. On
la met en pièces, afin qu'elle ne roule pas de droite
ou de gauche sur les habits des voisins, qu'elle
pourrait tacher.

Puisqu'on ne touche rien, il va sans dire qu'on
ne porte pas l'asperge à sa bouche, mais qu'on en
tranche l'extrémité verte à l'aide du couteau et de
la fourchette, que cette pointe est introduite dans
la bouche avec le secours de la fourchette.

Est-il bien utile de dire qu'on ne déplie pas
entièrement sa serviette ? On l'étend sur ses genoux
dans sa longueur, mais on la laisse pliée en trois.
On ne l'attache jamais (cela découle de ce qui précède) à son corsage ou à sa boutonnière. A la fin

du dîner, on dépose sa serviette auprès de son assiette sans la replier, mais aussi de façon à ne pas en former un monceau trop volumineux.

Je ne ferai pas à mes lecteurs l'injure de leur recommander de ne pas porter les os à leur bouche. On détache proprement et habilement la viande qui y adhère et, s'il le faut, on abandonne les parties qui viendraient trop difficilement. On ne prend pas non plus son couteau par la lame pour trancher avec plus de force, en soutenant l'os d'une main. Le couteau n'est jamais saisi que par le manche et, encore une fois, on ne touche absolument que le pain avec ses doigts.

On n'invite jamais personne à « prendre un verre », mais bien à « prendre un verre de vin, de bière ou de liqueur ». On ne dit pas non plus : Voulez-vous manger *un* raisin, mais une grappe de raisin ou, à la rigueur, *du* raisin. Il faut dire aussi : « *Du vin de* Champagne, *de* Bordeaux ou *de* Bourgogne », et non *du champagne, du bordeaux* ou *du bourgogne* ».

Comme il faut prendre garde de commettre des maladresses, dont les voisins pourraient souffrir, on ne parle pas pendant qu'on se sert.

Il y a des personnes qui savent qu'elles doivent rompre leur pain et non le couper, mais qui mordent à même ce pain où le brisent en morceaux trop gros; cela est, pourtant, encore plus à éviter que de le couper.

Il est nécessaire d'avoir de petites pelles à sel posées en travers sur la salière ; les petits ustensiles nécessaires et divers dans les raviers qui contiennent les hors-d'œuvre ; des fourchettes dans les plats que l'on passe ; des cuillers, quand il y a lieu, etc., car jamais on ne doit faire usage, pour prendre quelque chose à table du couteau personnel, encore bien moins de sa fourchette.

On ne porte jamais le couteau à sa bouche, il est donc indispensable d'avoir des couverts à dessert. Tous ces ustensiles peuvent être très simples ; mais on tâchera, si l'on reçoit, et même pour la vie de famille, quand on le pourra, d'être pourvu de toutes les choses nécessaires, pour manger selon les règles du savoir-vivre. Il vaut mieux se refuser certaines superfluités et acquérir le service de table complet. Rien n'a meilleur air que cette élégance.

Quand on mange des cerises ou tout autre fruit à noyau, qui ne se découpe pas, il ne faut pas cracher ses noyaux dans l'assiette, ni les recueillir avec la main pour les déposer dans l'assiette, mais approcher la cuiller à dessert de sa bouche, y déposer le noyau, — petite opération facile à faire avec les lèvres — et, de là, remettre le noyau dans l'assiette. Exercez-vous en famille, et vous exécuterez tous ces mouvements avec une aisance véritable et gracieuse.

Si l'on venait à laisser tomber son couteau ou sa

fourchette, on redemanderait un autre couvert au domestique; dans les maisons où l'on craindrait qu'il n'y eût pas de couverts de rechange, ou si les gens du logis changeaient eux-mêmes les assiettes des convives, on se bornerait à ramasser l'objet tombé et à l'essuyer à l'aide d'un peu de mie de pain, qu'on déposerait sur le bord de son assiette.

On ne boit jamais dans sa soucoupe. On dépose toujours aussi, dans cette soucoupe la cuiller à thé ou à café; si on la laissait dans la tasse, il arriverait des accidents et des bris de vaisselle.

Il y a des gens qui tournent le dos à leur voisin de droite, pour parler plus aisément à leur voisin de gauche ou *vice versa*; rien n'est plus impoli pour le voisin négligé.

Il faut se tenir droit, face à la table, inclinant seulement son visage à droite ou à gauche. La raideur est à éviter, mais on ne doit pas se pencher sur son assiette.

Il n'est rien d'aussi sot que de refuser d'un plat qu'on vous offre, en expliquant « qu'il ne vous réussit pas ». On remercie simplement sans rien ajouter. Les maîtres du logis ne doivent pas insister; il est aisé à comprendre que, si un invité ne veut pas manger d'un mets, c'est qu'il a pour cela des raisons qu'il est inutile de lui faire donner.

Si votre voisin de table est ennuyeux, prenez votre mal en patience, un dîner est bientôt passé. Son manque d'agrément ne vous dispense nul-

lement de politesse envers lui. Parlez-lui de choses
à sa portée qui puissent l'intéresser, vous vous
distrairez en même temps, et peut-être ferez-vous
jaillir une étincelle de cet esprit engourdi.

Ajouterai-je une réflexion qui pourra paraître
réaliste ? L'antique civilité, puérile et honnête,
défendait de se moucher à table, dans sa serviette.
La politesse moderne doit indiquer la façon de se
moucher à table, dans son mouchoir.

Bien qu'on ne commette pas la maladresse
d'aller dans le monde, quand on est enrhumé du
cerveau, il arrive qu'on éprouve le besoin de se
moucher à table, comme dans la solitude. Mais
comme il faut toujours éviter de gêner autrui
et qu'ici on pourrait exciter un mouvement de
dégoût, on tirera son mouchoir de sa poche furti-
vement, et on s'en servira tout doucement et même
sans bruit, de manière à n'éveiller chez le voisin
aucune idée désagréable et naturaliste. Par la raison qu'on doit se garder d'attirer l'attention en cette
circonstance, il ne faut pas se retourner, pour se
moucher, comme font les ignorants de la science
mondaine, lesquels agissent ainsi en vertu d'une civilité puérile et villageoise, à la façon de ceux qui
regardent l'ourlet de leur mouchoir, de crainte de se
moucher à l'endroit. Ce sont les choses qui vous
font immédiatement *coter* dans le monde, qui vous
classent tout de suite dans l'esprit des gens chics.

Le même respect des autres et la même coquet-

terie bien entendue empêcheront les convives de
sucer leurs dents, avec une intention trop évidente
de les débarrasser des particules de nourriture qui
pourraient y adhérer ; de passer la langue sur
leurs lèvres, de se pourlècher comme des chats
gourmands.

En un mot, en présence d'un étranger, d'un ami,
d'une femme bien aimée, d'un enfant, même,
on veillera assez sur soi-même pour ne jamais
étaler ses petites misères au grand jour.

Philippines, toasts et chansons.

A moins que l'on ne soit entre intimes, il faut
s'abstenir des *Philippines*. Ce jeu est du plus mauvais goût entre personnes qui ne se connaissent
guère, puisqu'il résulte de ce jeu une familiarité
à éviter et un présent qu'une femme ne peut accepter d'un étranger et qu'un homme doit refuser d'une
femme.

On voulait faire renaître la vieille mode du choc
des verres, en buvant à la santé les uns des autres,
l'usage de trinquer aimé de nos aïeux. Ce n'est pas
encore réadopté. On toaste comme en Angleterre;
ou mieux on porte la santé des gens, ce qui est
une coutume française aussi. Le toast doit être
simple et court, à moins qu'il ne s'agisse du monde

officiel où nous n'avons pas à pénétrer et où les
toasts sont le prétexte d'un discours.

Si l'amphitryon comptait au nombre de ses
invités, un convive d'un mérite reconnu ou d'un
rang élevé, il porterait sa santé avant celle d'aucune
autre personne; car, en général (et c'est très hos-
pitalier), c'est l'hôte qui propose les toasts, l'initiative n'appartient aux invités que si l'on se trouve
réuni pour fêter l'anniversaire de l'amphitryon, un
succès qu'il a obtenu, un bonheur qui lui est survenu. La santé de la maîtresse de la maison n'est
jamais oubliée non plus. Comme toutes les autres
dames, auxquelles on porte des toasts, celle du
ogis se borne à s'incliner et laisse son mari, ou son
fils ou son père riposter en son nom.

Un convive ne se permettra pas de proposer la
santé des amphitryons que s'il y est autorisé par
l'âge ou une certaine position. En conséquence,
c'est l'invité placé à droite de la maîtresse de la
maison qui est investi de ce privilège, étant, pour
une raison ou une autre, le personnage le plus
important du moment. (Quant à l'hôte, si jeune
qu'il soit, il peut toujours porter la santé de ses
invités.)

Celui qui propose un toast se lève, en tenant son
verre à la hauteur de son visage et, s'inclinant vers
celui dont il va porter la santé, il dit : « Je lève
mon verre ou je bois (je préfère cette dernière formule plus simple et, par suite, plus jolie) à la santé

10

de M. ou de Mme X... » Les autres convives se soulèvent de leur siège, et tous les verres s'approchant les uns des autres, on répète le nom proposé : « A M. X... » Les hommes vident leur verre, les femmes peuvent y mouiller seulement leurs lèvres.

L'hôte à la santé duquel on vient de boire riposte toujours. Il se lève également et peut répondre ceci : « A mon tour, je bois à tous ceux qui ont bien voulu s'asseoir autour de ma table. » Tout le monde vide son verre de nouveau.

A un mariage, on boit aux jeunes époux. Ils sont dispensés de répondre. Les deux pères remercient à leur place. « Je bois au bonheur de la charmante épousée et de l'heureux mari, à leur prospérité, etc. »

A un baptême, on boit au nouveau-né (il est également dispensé de riposter, laissant ce soin et bien d'autres à son père). « Je bois à la longue vie, au bonheur, à la prospérité de l'enfant qui vient d'entrer en ce monde et qui, dès à présent, peut nous compter pour ses amis. Je bois à ses heureux parents. »

A un anniversaire de mariage : « Je bois à la continuation du bonheur de nos aimables hôtes, qu'ils célèbrent bien longtemps cet anniversaire heureux. »

A des noces d'argent : « Je bois à ce long bonheur, souhaitant à nos hôtes des noces d'or et de diamant. »

Pour un succès : « Je bois à l'avancement ou à la promotion que notre hôte a si bien méritée (ou à l'événement heureux, en le nommant), et dont nous nous réjouissons tous sincèrement. »

A un dîner de crémaillère, l'hôte dit : « Je bois à la santé de tous ceux qui ont bien voulu se réunir autour de moi, et je souhaite qu'ils reviennent souvent dans ma nouvelle demeure. »

En Angleterre, les toasts sont répétés à l'infini, aussi mènent-ils à l'ivresse. Chacun sait quel jeu de mots et quelle galanterie singulière a donné naissance, en ce pays, à l'usage dont nous nous occupons. Chez les Polonais, après une mazurka échevelée, il arrive qu'on porte la santé de sa danseuse en buvant du vin de Champagne versé dans sa bottine toute chaude. Le prince Gedroyc usa ainsi, en guise de verre, du soulier avec lequel Taglioni avait dansé un ballet en cinq actes.

Ce n'est plus la mode de chanter au dessert, on fait de la musique au salon, après le dîner, car quelle maison ne possède un piano, aujourd'hui ?

Pourtant dans une maison où l'on s'occupe d'art, on a tenté une jolie résurrection pour les dîners d'où l'extrême cérémonie est exclue. On a apporté, à chacun des invités, une assiette à dessert sur laquelle était imprimée, avec l'air noté, une de nos vieilles et charmantes chansons de France. Un convive chantait cette chanson dont tout le monde

reprenait le refrain en chœur. Ce serait à encou
rager, à une époque où l'on exhume si volontiers
les habitudes du assé.

Après le dîner.

La maîtresse de la maison se lève de table la
première et tout le monde est debout aussitôt. On
rentre au salon dans le même ordre qu'on en est
sorti.

Le café et les liqueurs sont apportés au salon. A
moins que la maîtresse de la maison ne soit entou-
rée de jeunes filles et de jeunes gens pour l'aider à
distribuer l'infusion odorante, ce sont les domestiques qui portent les tasses aux convives, car le
café doit être servi brûlant et absorbé aussitôt que
servi.

Encore un détail que nous allions oublier. Les
domestiques auront maintenu un bon feu au
salon. Un frisson saisirait les invités au sortir de
la chaude salle à manger si, au moment où la digestion commence, ils entraient dans une pièce froide
ou seulement attiédie. L'éclairage doit être très
brillant. Si la lumière était distribuée économique-
ment, un autre froid, moral celui-là, se répandrait
dans l'assemblée, et l'ennui ou une sorte de gêne
pèserait sur tout le monde pour le reste de la
soirée.

Après le dîner, il y a assez souvent réception, c'est-à-dire que d'autres invités arrivent et qu'il se donne une soirée musicale, littéraire ou dansante. Parfois aussi ce n'est qu'une simple *converzazione*, comme on dit en Italie ; dans ce cas, ou si l'on reste entre soi (avec les convives du dîner), les maîtres de la maison organiseront des tables de jeu, ils étaleront leurs albums ou leurs collections ; ils placeront les jeunes femmes au piano, feront chan-ter, etc., etc.

Ils mettront en train les jeux d'esprit et les jeux innocents. En un mot, jusqu'au moment où le dernier invité aura quitté le seuil de leur maison, ils ne s'appartiendront pas, ils se devront tout entiers à leurs hôtes, distribuant équitablement les attentions et l'amabilité entre tous, favorisant un peu plus, toutefois, les personnes âgées et les disgraciées de la nature ou du sort.

Vers la fin de la soirée, on sert le thé avec une brioche ou un baba et de petits gâteaux secs.

Au cours de la soirée, on a fait également offrir des rafraîchissements variés.

Les prêtres invités.

Deux détails complémentaires. Si un prêtre se trouvait au nombre des convives, il aurait droit — fût-ce un simple vicaire, — chez des catholiques,

10.

à la première place à table, c'est-à-dire qu'il occuperait la droite de la maîtresse de la maison. De plus, comme un prêtre, chez les catholiques toujours, prend le pas, même sur les femmes, la maîtresse de la maison passerait la première à ses côtés (sans s'appuyer sur son bras) pour entrer dans la salle à manger et en sortir.

On n'invite pas un prêtre quand on ne peut le traiter avec cette déférence, lorsqu'on doit faire les honneurs à un autre convive.

La dissection des viandes, volailles et poissons.

On ne possède pas toujours un maître d'hôtel, un découpeur. Voici quelques renseignements, à l'usage des maîtres de maison qui n'ont pas d'écuyer tranchant, ou à l'intention des personnes qui offrent leurs services aux amis chez lesquels elles dînent.

On tranche une volaille en attaquant l'aile la plus près de soi ; on la saisit de la main gauche à l'aide d'une fourchette, on tient le couteau de la main droite et on coupe à la jointure de l'aile ; l'opération s'achève en tirant de la main gauche cette aile, qui vient facilement si on la tient ferme. On lève ensuite la cuisse du même côté, en donnant un coup dans les nerfs de la jointure et tirant à soi, comme on a fait pour l'aile. On procède de la même manière pour l'autre côté, en retournant la volaille vers soi. Restent à découper l'estomac, le croupion, la carcasse, chaque pièce en deux morceaux.

Poulardes, poulets, faisans, perdrix se traitent tous de la même façon. Les morceaux les plus délicats du faisan sont les blancs de l'estomac et après les cuisses ; dans la bécasse, on estime surtout la cuisse. Dans la poularde et le poulet, on préfère les ailes et les blancs... si la volaille est rôtie ; bouillie, la partie appelée le sot-l'y-laisse est tout ce qu'il y a de meilleur. Ces morceaux de choix s'offrent aux dames... quand on les sert soi-même.

Lorsque le pigeon est de belle taille, il se découpe comme un poulet. Tout petit on le sépare en deux, par le dos, en long, faisant tenir chaque partie du croupion avec chacune des cuisses.

Le canard, l'oiseau de rivière, le *grouse* (coq de bruyère), sont découpés avec autant de tranches de poitrine en aiguillettes que possible. C'est le morceau le plus fin. On lève ensuite les ailes et les cuisses.

Dans les lapereaux et les lièvres rôtis, ce qui est le plus estimé, c'est le filet, le râble. On fend ce filet, en commençant par le cou, le long du dos. Après l'avoir levé, on le coupe par tranches, en travers. Le reste de l'animal se dissèque comme on l'entend.

Un filet de bœuf se découpe comme le râble de lièvre. — Pour l'aloyau, on détache d'abord le filet, qu'on coupe toujours par tranches un peu obliques

et transversales, puis on attaque la partie charnue
du dehors et l'on en tire des rondelles un peu
épaisses, comme le filet lui-même. — Mêmes indications pour la longe de veau. — Pour le gigot rôti,
nous conseillerons de couper des tranches minces
horizontalement et parallèlement à l'os. Cette mé-
thode a pour avantage, la pièce n'étant pas cuite
dans toute son épaisseur, de laisser le choix entre
un morceau saignant et une tranche parfaitement
cuite.

La hure de sanglier (ou de cochon), — plat de
déjeuner ou de lunch *solide*, se coupe d'abord du
côté des oreilles, jusqu'aux bajoues. Le chignon ne
vient qu'après, par tranches minces. — Le carré,
le filet et l'échine des mêmes pachydermes se cou-
pent en travers, par tranches minces. Le jambon
se découpe également en travers ; les tranches
minces sont entremêlées de gras et de maigre. — A
la campagne, à Noël, on sert souvent un cochon
de lait ; dans un grand dîner de chasse, un marcas-
sin. L'un et l'autre donnent un plat délicieux. On
commence par décapiter la bête. on détache les
oreilles, on sépare la tête en deux. Ensuite on
coupe l'épaule gauche, la cuisse gauche, l'épaule
droite, la cuisse droite. On lève alors la peau pour
l'offrir toute croquante.

Les jambes, les morceaux près du cou sont très
délicats. L'épine du dos se coupe en deux, les côtés
qui y restent attachés se servent par petits mor-

ceaux. — On apporte le jeune cochon sauvage ou domestique sur un grand plat d'argent... ou d'étain dont les bords sont garnis de houx piquant aux baies rouges. On insère dans le groin une branchette du même arbuste. En Angleterre, c'est un citron qu'on y introduit.

Les grands poissons, saumon, turbot, sterlet, brochet, etc., sont apportés sur un plat ou une planchette, l'un ou l'autre recouverts d'une petite nappe bordée de dentelle. Autour du poisson, une garniture épaisse de persil frisé; en été, on y pique des roses trémières. — On coupe le saumon en tranches le long de l'épine dorsale. Le brochet est ouvert pour en retirer l'épine; puis on le divise sur chaque partie en tranches qui vont de la tête à la queue.

On dit l'*art de découper* et ce n'est pas exagéré. Une volaille ou une pièce de viande bien *tranchée* fait plus de profit, garde une plus belle apparence, offre un aspect plus propre.

N'oublions pas une petite recommandation qui a son importance, pour le cas où l'on serait obligé de veiller aux détails dont les domestiques de *haut style* peuvent seuls nous décharger. Le gigot, qu'il provienne d'un chevreuil, d'un mouton ou d'un agneau, et le jambon, sont toujours placés de façon que leur manche soit à la gauche du maître de la maison, — qu'il découpe ou même qu'on apporte le plat devant lui pour un instant seulement. On met

au manche du jambon une manchette étoffée, en
papier découpé, blanc, bleu céleste ou rose tendre,
cette manchette est fixée à l'aide de rubans-faveurs
assortis.

On donne des manchettes pareilles, mais plus
petites, aux manches de côtelettes, aux cuisses de
poulet, dindon, etc.

Le dindon, l'oie (mets d'intimité), le poulet, le
canard, les perdreaux, les cailles, sont servis couchés sur le dos, l'estomac en dessus. On dresse
d'une manière tout opposée le lièvre, le lapin, le
cochon de lait (lorsqu'ils sont entiers).

Le siège du découpeur doit être assez élevé pour
lui donner plus de force et d'adresse. Les plats
seront de dimensions bien comprises pour la taille
des pièces ou des bêtes à découper. Si faire se
peut, ils sont placés de façon à avoir les pieds de
la table pour support. Pour les jambons, un grand
couteau à longue pointe affilée est requis, pour le
gibier et la volaille, couteau court et mince. On a
un couvert à découper spécial pour le poisson,
qu'il faut bien prendre garde de ne pas déchiqueter.

Le déjeuner.

Ce repas matinal se prend ordinairement en
famille. On n'invite guère les gens à déjeuner,
sauf à la campagne, parce que cette réception ferait

perdre trop de temps aux hôtes et aux invités, et
qu'elle laisserait un vide désagréable aux maîtres
de la maison après le départ des convives. Enfin,
il est difficile de s'y préparer aussi bien que
pour un dîner. Mais un mari ramène souvent à sa
femme un ou deux amis qu'il a invités à partager
son premier repas; il est donc bon de connaître
quelques-unes des règles qui régissent le déjeuner.

On peut placer sur la table presque tous les mets
qui composent le menu; le dessert y est aussi disposé d'avance. On ne sert que des viandes rôties
froides, ou grillées, ou cuites à la poêle ou sur le
plat. Jamais de viandes en ragoûts. Beaucoup de
hors-d'œuvre. Des poissons froids avec sauce
mayonnaise, ou grillés ou à la poêle. Pas de pâtis-
series chaudes. Les fritures d'entremets et une
partie des légumes, — ceux qui se mangent froids
particulièrement, — sont admis au déjeuner.

Le couvert est le même, à peu de chose près,
que celui d'un dîner. Les jours où l'on mange des
œufs à la coque, on peut avoir, en guise de surtout, une jolie corbeille en vannerie ouatée, capi-
tonnée, dans laquelle les œufs sont tenus chaudement sous une élégante couverture au crochet ou
brodée et doublée.

Les coquetiers, rangés sur un plateau avec les
petites cuillers, font pendant aux tasses à thé ou à
chocolat, disposées aussi sur un plateau, à moins
que les domestiques n'apportent ces tasses à

chaque convive vers la fin du repas. Dans tous les
cas, à déjeuner, c'est la maîtresse de la maison qui
sert le thé. le chocolat ou le café, qui se prend à
table. Les domestiques présentent alors le sucre,
en apportant les tasses. C'est à table également
qu'on offre les liqueurs.

Après le déjeuner, on ne peut guère occuper le
temps que par la conversation. Si on habite la
campagne, on a la ressource des jardins, des excursions et des jeux de plein air.

Le five o'clock tea.

(THÉ DE CINQ HEURES)

Beaucoup de femmes offrent une tasse de thé (ou
de chocolat, ou toute autre chose), aux personnes
qui viennent les voir à *leur jour*. Une table est
dressée dans un coin du salon, couverte d'une
nappe bordée de dentelle, supportant des piles
de petites serviettes élégantes, des assiettées de
gâteaux fins, de bonbons, de fruits glacés, des
tasses en porcelaine du Japon, des verres en
cristal irisé, des flacons de vins précieux, le
samovar, la chocolatière. Quand une personne a
fini son goûter, c'est-à-dire quand elle ne veut plus
de thé, de chocolat ou de vin, on fait emporter sa
tasse, son verre, l'assiette de Sèvres, sur laquelle

elle a découpé et mangé ses fruits, à l'aide d'un petit couteau et d'une petite fourchette en vermeil.

Si la maîtresse de la maison a une fille, une jeune sœur, une parente moins âgée qu'elle, c'est cette jeune femme qui fait les honneurs de la table à thé ; elle sert elle-même la boisson demandée, l'apporte à la visiteuse et même au visiteur, mais celui-ci s'approchera plutôt du coin ou le lunch est préparé, pour diminuer les peines de celle qui s'occupe de lui.

Quand la maîtresse du logis est seule pour faire les honneurs de chez elle, elle sonne un domestique, mais souvent aussi, il règne une assez grande familiarité de rapports entre elle et les visiteurs pour qu'elle puisse leur dire — ne pouvant quitter le cercle pour un seul — : « Mais allez donc prendre une tasse de thé. »

Son mari, son fils, son frère, un ami peuvent encore fort bien tenir la place de la jeune personne, que nous voudrions auprès de toute table à thé, où il lui est loisible d'assumer un rôle très gracieux et qui la fait beaucoup valoir.

Pique-niques et cagnottes.

A mon avis, il faut éviter les *pique-niques*. Il règne en ces parties un laisser-aller qui mène vite aux

11

inconvenances. Chacun est chez soi et les gens de
nature un peu grossière ne se sentent pas obligés
à la retenue qui existe quand il n'y a qu'un seul
amphitryon. Et puis, ces repas à frais communs
donnent lieu à toutes sortes de remarques peu
charitables, peu aimables, peu convenables :
« Mme une telle a apporté deux poulets et elle a
amené six personnes. — Mlle X. a donné un plat de
fraises et elle a mangé toutes les pêches, » etc.

Ces choses ne seraient possibles qu'à la condition
de réunir toutes personnes également bien élevées.

Les *cagnottes* ne me plaisent pas davantage. Au
plus pourrait-on admettre la cagnotte pour les pauvres. Il est rare que la manière dont on dispose de
la cagnotte pour s'amuser ensemble (perdants et
gagnants) satisfasse tout le monde. — Pique-niques et cagnottes ne sont pas en faveur dans le
monde chic, ni auprès des personnes délicates.

Garden-parties. — Lunchs. — Parties de campagne.

Le lunch, — comme nous disons avec notre manie de singer l'Angleterre, — n'est autre que le
goûter français, l'ancienne collation de nos aïeux.
Il est le complément ou l'intermède, comme on
voudra, d'une « matinée », d'une partie de jardin,
d'une réception diurne, en un mot.

C'est souvent un buffet, mais il est préférable de

faire asseoir les dames à une longue table — les hommes mangeant et buvant debout derrière elles, ou, mieux encore, de faire dresser de petites tables de six couverts, où prennent place les invités des deux sexes.

Si les ressources dont on dispose ne permettent pas de traiter ses hôtes largement et délicatement, il faut se borner à réunir ses parents et ses amis intimes. Dans l'autre cas, le lunch sera aussi abondant que possible, fin et très varié.

Les goûts et les habitudes des divers invités diffèrent toujours ; on fait servir du chocolat, du thé, du café, en certains pays ; des vins de dessert et de bordeaux ; de la bière, du lait, en été. La table est couverte de fruits en pyramides ou en corbeilles, de compotes glacées, de crèmes, de petits fours, de gâteaux fins, meringues, éclairs, etc., de biscuits anglais et autres. Un baba et une brioche, — de belle taille, — se placent aux extrémités, le centre devant être garni de fleurs, et l'on fait circuler des tartes découpées, de la même façon qu'on offre le fromage à dîner.

En ces circonstances, le service de table doit être très élégant, ou au moins original : avec des assiettes et des compotiers imités des vieilles faïences, de jolies tasses, une verrerie bien choisie, une nappe et des serviettes tissées ou brodées en couleur, ou encore garnies de dentelle, avec des fleurs ou des feuillages surtout, et une disposition artis-

tique des différents mets et boissons, on obtiendra
un aspect fort agréable à l'œil, sinon luxueux, ce
qui n'est pas à la portée de tout le monde : on
n'emploie à ce repas que les couverts d'entremets.

Le lunch se sert vers le milieu de la réception,
on interrompt les jeux ou les danses, pour les
reprendre en quittant la table. Quelquefois on joue
une charade avant le lunch et on valse après. Cette
réception peut d'ailleurs être organisée d'une façon
ou d'une autre ; il n'y a qu'une règle à suivre, distraire ses invités et les idées neuves seront les bien-
venues.

Quant aux parties de campagne, il en est de plus
d'une sorte. On part souvent en bande pour faire
une excursion et déjeuner ou luncher sur l'herbe.
Les femmes prendront garde de donner lieu à
aucune interprétation fâcheuse dans ces parties,
où règne un certain laisser-aller; elles doivent s'y
montrer très réservées, ne pas s'isoler, enfin,
pour tout dire, on ferait bien de s'abstenir de ces
excursions, qui ne sont possibles qu'entre hommes
ou en famille.

La partie de jardin (garden-party, comme on
dit), est bien différente. On lui donne souvent un
cachet de fête foraine; on danse ici, on tire à la
cible là, on joue au tonneau plus loin; il y a un
guignol pour les enfants, etc., car cela comporte
d'immenses développements si l'on veut... ou si
l'on peut.

Tout est admis, du reste. Parfois, la partie de jardin n'est qu'un bal champêtre, — et, à notre avis, c'est la plus charmante de toutes ; ou une simple partie de crocket ou de lawn tennis, ou... la représentation d'une pastorale, théâtre en plein vent. A cette réception, le lunch est presque permanent. Le grand air ouvre l'appétit et on mange toute la journée, ou du moins les amphitryons organisent le repas comme si on devait manger sans s'interrompre. On ne se réunit pas, du reste, autour de la table, chacun y va quand et comme il veut.

Le garden-party est aussi une fête villageoise *costumée :* pardon de Bretagne, assemblée du Berry, kermesse flamande, etc., etc.

En cas de partie ordinaire, les femmes portent une jolie toilette de ville d'été : robes de batiste, de voile, de mousseline de laine ; grands chapeaux couverts de fleurs ; bouquets au corsage ; souliers découverts ; manches courtes, gants longs ; peu ou pas de bijoux.

Depuis quelque temps, on a baptisé les parties de campagne du nom de Robinsons ou de Marlys.

Le Réveillon.

On réveillonne beaucoup, depuis quelques années. Tous les invités d'une maison assistent, en

bande, à la messe de minuit avec les amphitryons.
On revient souper... et, quelquefois, détacher les
présents suspendus à l'arbre de Noël, illuminé et
enrubanné de vives couleurs.

Ce souper n'est jamais cérémonieux et l'on y
mange des plats traditionnels : un potage-bouillie
parfumé, que l'on sert avec des piles de gauffrettes
au sucre ; une dinde froide et truffée, qui prend la
place de la soupière d'argent (ou de porcelaine),
dès qu'on a enlevé cette dernière. Le boudin, le
vulgaire boudin noir grillé y figure toujours.

> Célébrant la vieille coutume,
> Entre le soir et le matin,
> Sur la braise qui se consume
> Nous ferons griller du boudin.

On ajoute quelques pièces froides de charcuterie
(une belle hure de sanglier, un jambon, entourés
de houx). Le dessert se compose de fondants et de
fruits glacés. Les seuls vins admis sont le vin de
Bordeaux et le vin de Champagne. — La décoration florale de la salle s'obtient avec les roses de
Noël.

Un joli costume de visite est la tenue de ces
réunions. Les femmes peuvent même jeter une
mantille par-dessus un chapeau ordinaire (qu'elles
quittent pour souper) et elles s'enveloppent d'un
manteau confortable.

On ne danse pas au réveillon.

Le gâteau de la fève.

On tire les Rois soit à un dîner, soit dans une soirée.

C'est une fillette ou un garçonnet (vêtu, quand on le peut, en page du moyen âge) qui présente aux invités le gâteau, voilé d'une serviette de fine toile bordée de dentelle. Les parts sont découpées, bien entendu.

Chacun glisse sa main sous la serviette pour saisir une part sans la voir.

Celui ou celle qui trouve la *fève* (on ne supporte plus le microscopique bébé de porcelaine), l'envoie sur une assiette au roi ou à la reine de son choix.

Tout le monde applaudit et crie : « Vive le roi ! vive la reine ! »

Les gens titrés font confectionner le gâteau des Rois en forme de couronne héraldique. Fleurons, feuilles d'ache, perles comtales, etc., s'obtiennent à l'aide de l'angélique, des pâtes de fruits, des abricots confits.

Tout le monde n'est pas duc, prince ou marquis, mais tout le monde est citoyen d'une cité, portant au front couronne murale. Il serait charmant de servir, comme gâteau d'Epiphanie, une couronne tourelée, celle de Paris, de Lyon, ou de de toute autre ville qu'on habite.

Le roi doit un don de joyeux avènement aux pauvres. Il le dépose sur « la part à Dieu ».

Le lendemain matin, il envoie à la reine qui l'a choisi ou qu'il a élue une couronne de roses naturelles.

Pâques.

Au déjeuner de ce jour, on sert toujours des œufs durs teints de brillantes couleurs ou argentés ou dorés. Les coquilles reçoivent parfois de jolis dessins, des devises, dues au pinceau des femmes du logis. On les dispose entre des touffes de pâquerettes.

Au dîner de famille ou de cérémonie de la même fête, le rôti de tradition est l'agneau pascal, qu'on apporte entouré d'une guirlande de primevères.

Rendu de noces.

Il faut encore noter le dîner que l'on offre aux jeunes mariés (après leur voyage de noce) et à leurs parents ou aux parents de l'un d'eux, suivant les cas.

C'est un dîner de gala, en tenant compte des ressources de l'amphitryon, naturellement, mais où l'on fait de son mieux pour fêter le jeune couple heureux et où doit régner une grande gaieté. On nomme ce dîner « retour » ou « rendu de noce », quand il est donné par des personnes ayant assisté au mariage de l'heureuse paire (*happy pair*), comme disent les Anglais.

BALS. — SOIRÉES

Dispositions générales et devoirs des amphitryons.

Comme pour un dîner, toutes les dispositions relatives à la réception dansante doivent avoir été si bien prises que les maîtres du logis, libres de toute autre préoccupation, puissent se consacrer entièrement à leurs invités.

Les vestibules et l'escalier (ou l'antichambre) sont brillamment illuminés et garnis de plantes vertes. Les pièces *extérieures* de la maison ou de l'appartement doivent avoir déjà un air de fête. Une pièce est toujours convertie en vestiaire, et le plus grand ordre y est maintenu, afin que les invités puissent retrouver facilement à la sortie les vêtements qu'ils y ont déposés en entrant.

Des femmes de chambre habiles se tiennent à la disposition des dames, pour les débarrasser de leur manteau et pour réparer les accidents qui peuvent se produire dans leur toilette.

La lumière doit être abondamment distribuée

dans les salons et des fleurs, résistantes et sans parfum, y sont assez profusément disposées. Seule, une petite pièce (boudoir, salon intime ou serre) est laissée dans une demi-teinte et ornée de fleurs légèrement odorantes. Les gens lassés du bruit et de l'illumination viendront s'y reposer, dans un calme, un apaisement, dont les natures facilement surexcitées ont besoin après quelques heures de fête.

Si l'on ne dispose pas de vastes salons, nous conseillons de ne recevoir à la fois qu'un nombre raisonnable de personnes. On ne s'amuse pas lorsqu'on a les pieds écrasés, lorsque la toilette se fripe ou se déchire dans la foule. La plus belle salle de danse sera toujours fournie par une galerie, mais rares sont les maisons qui possèdent cette pièce de luxe. Pour remplacer cette galerie, on choisira le plus long de ses salons. Le buffet est ordinairement dressé dans la salle à manger. Il doit être très abondamment garni et servi par des domestiques bien dressés. Dans les autres salons (ou chambres arrangées en conséquence), on dispose des tables de jeu. Partout belle lumière, plantes vertes et grand confort.

Les maîtres de la maison se tiennent à la porte du premier salon pour recevoir leurs invités. Ils les installent de leur mieux jusqu'à ce que la foule arrivant très nombreuse, ils soient forcés de laisser les gens se placer à leur guise. Des aides de camp masculins sont bien précieux, ces soirs-là, pour diriger les invités encore peu façonnés à la physionomie de l'appartement, aux habitudes de la maison. Il va de soi que les maîtres du logis quittent le premier salon quand le plus grand nombre des invités sont entrés. Ils vont au-devant des retardataires (le mari seul si ce sont des hommes célibataires), lorsqu'on annonce ceux-ci ou lorsqu'ils les voient se diriger vers eux.

La maîtresse de la maison danse peu ; mais elle veille à ce qu'aucune des femmes qui dansent ne reste sans danseur. Pour ce, il lui est permis de faire des coquetteries à ses invités masculins (de la première jeunesse), afin d'obtenir qu'ils emmènent les délaissées dans la valse ou le quadrille.

Les invitations à danser.

Un homme bien élevé ne fait pas danser trop souvent la même femme, quelles que soient ses préférences. Les fils, les neveux de la maison dansent avec les femmes les moins recherchées.

On formule en ces termes l'invitation à danser : « Madame ou mademoiselle, voulez-vous bien me faire l'honneur de danser avec moi le prochain quadrille ? »

Le cavalier se tient incliné devant la dame.

Une femme qui a refusé de danser, sans pouvoir motiver ce refus par les mots traditionnels : « Je vous remercie, mais je suis invitée (et non *enga-gée*) », cette femme ne peut plus danser avec un autre homme tout le temps que dure le quadrille ou la valse qu'elle a refusée à celui qui s'est présenté le premier. Et afin de pouvoir accepter la danse suivante, elle a dû répondre à l'invitation précédente, sans sécheresse, en souriant : « Je vous remercie, mais je suis fatiguée et je ne danserai pas cette fois-ci. »

Un homme du monde n'insiste pas, ne dit pas : « Et la prochaine valse ?. » Il peut se représenter, mais un peu plus tard. Si on le... *remercie* de nouveau, il se le tient pour dit et n'invite plus.

Mais, à moins de raisons graves, une femme ne refusera pas deux fois au même homme de lui accorder un tour de valse ou un quadrille.

Elle doit bien prendre garde aussi de confondre les invitations, d'accepter, par étourderie, deux danseurs pour la même danse. Si cet incident se produisait, elle dirait gentiment : « Pour vous prouver messieurs, qu'il ne s'agit que d'une confusion d'un manque de mémoire, je me *priverai* de danser cette fois-ci. » Alors, l'un des cavaliers se désisterait. Mais la dame ferait encore quelques façons, afin de ne témoigner ni sympathie ni préférence à celui qui resterait en ligne.

Lorsque le cavalier a ramené la danseuse à sa place, il s'incline devant elle, et elle le salue également.

Le souper. — **Le cotillon.** — Bals blancs, roses,
floraux, etc.

Le souper est devenu l'intermède quasi obligé
du bal. Il a lieu vers une heure du matin. La table
doit être très décorée de fleurs, très éclairée. Nous
conseillons le souper assis, c'est plus gai, plus
agréable. Ce repas est composé de plats assez solides, les convives ayant réellement besoin d'être
réconfortés. Autant que possible, on choisit des
mets de haute gastronomie ; mais, bien entendu,
tout dépend des ressources de fortune. On sert
un potage ; les poissons froids, les pièces de viande et
les volailles froides sont admis, avec les pâtés, les
entremets, etc. Un jambon fait très bon effet et, en
général, est très apprécié.

Le bal se termine par un cotillon. (Ce n'est pas
obligatoire, toutefois.) Les maîtres du logis four-
nissent les attributs de toutes les figures. Ils en
inventent une nouvelle, dont les accessoires, choisis de façon à former un joli souvenir de la fête,
sont emportés par les femmes invitées.

La soirée dansante n'est qu'un diminutif du bal.
Il y a moins de monde. Au lieu de dresser un buffet dans la salle à manger, on peut se borner à
faire passer des plateaux portant des rafraîchissements. Ces rafraîchissements consistent en verres
de sirop, de punch ou de vin d'Espagne, en bols de

consommé, en tasses de thé, de vin chaud ou de
chocolat, en glaces. On a soin d'adjoindre des
sandwiches, des pains fourrés, des gâteaux, des
fruits glacés, des bonbons. (Il est clair qu'on
pourra donner toutes les choses énumérées ici,
ou seulement choisir dans le nombre. On se sou-
viendra cependant que la simplicité ne doit pas
exclure l'abondance, ni la qualité. Une fête sera
convenablement organisée, ou on n'en donnera
pas.., ce qui est toujours facile.) De petits bouquets
sont piqués entre les interstices des assiettes sur
les plateaux supportant gâteaux et fruits. — La
soirée n'exige ni le souper, ni le cotillon.

Depuis quelque temps, on a inventé les soirées
Cendrillon. Elles commencent à huit heures au
plus tard et finissent à minuit sonnant. Très encou-
ragées par les grands parents et les maris sérieux.

Les *bals blancs* sont ceux où les jeunes filles et
les jeunes gens à marier dansent seuls, à l'exclusion de toutes les femmes et de tous les hommes
enchaînés par les liens conjugaux. Ceux-ci forment
galerie. Les jeunes filles portent des robes blanches,
des garnitures de muguet, de pâquerettes, d'ané-
mones des bois, de lilas blancs, de boules de neige,
qui leur composeront toujours la plus charmante
des parures. Les jeunes gens ont une fleur blanche
à la boutonnière.

Il y a aussi des *bals roses* où, par une jolie con-
vention, toutes les femmes invitées sont habillées

de rose : soie, gaze, tulle, crêpe, etc. Les hommes
attachent un camélia rose à la boutonnière de leur
habit. Si on recevait une invitation à un bal rose
et si on ne pouvait pas faire la dépense d'une toilette de cette couleur, on refuserait simplement...
et sans regrets, si l'on était raisonnable...

A titre de renseignements... pittoresques, nous
dirons aussi qu'on donne des bals dénommés *bal des
primevères, bal des chrysanthèmes, bal des roses.*
On comprend que la fleur choisie figure seule,
mais dans toutes ses variétés, dans la toilette féminine et à la boutonnière masculine, voire dans
la décoration de l'appartement. C'est une gracieuse idée qui n'a rien de déraisonnable après
tout. A un *bal des roses*, une brune avait pris les
roses de Provins, une fillette les roses des haies,
celle-ci était couverte de roses-thé, celle-là de
roses *France*, une autre de roses de Bengale. Ce
fut un bal délicieux.

Les fêtes de nuit d'été sont, de toutes, les plus
belles. Si on peut éclairer le jardin à la lumière
électrique, on obtiendra un effet très poétique.
Mais l'illumination, d'après les anciens moyens,
donnera encore de forts beaux résultats.

Si nous avons des millionnaires parmi nos lecteurs, nous leur conseillerons de revêtir de glaces
les murs de la salle de bal. La multiplication, par
les glaces, des lumières et de la foule élégante donnera à la fête un aspect féerique.

La toilette au bal.

Les hommes portent l'habit noir ou de couleur, le pantalon noir ou la culotte courte, la cravate, et le gilet blancs, ce dernier très ouvert, des escarpins, le chapeau à claque, des gants blancs... les seuls dont le corsage des danseuses n'ait rien à redouter.

Les femmes ont les épaules et les bras nus, des gants montant au-dessus du coude. Plus de bouquet, ni de mouchoir exhibé, mais un carnet et toujours un éventail.

La sortie de bal se laisse au vestiaire. Toutefois une femme peut avoir, à sa portée, une écharpe ou une mantille de dentelle, pour en envelopper ses épaules si elle redoute un frisson.

Il ne faudrait pas s'imaginer qu'on ne puisse aller au bal qu'avec les épaules nues, ni qu'il soit distingué de se découvrir excessivement la poitrine.

On peut se borner à entr'ouvrir son corsage en cœur ou en carré et, encore, sur un fichu de tulle si l'on veut. Les manches descendront jusqu'au coude et des gants longs rejoindront ces manches. On sera ainsi en grande tenue du soir, sans s'exposer à une pleurésie, si l'on est de constitution délicate, ou, si l'on est maigre, sans être obligée d'exhiber des épaules pointues et des coudes aigus.

Dernier détail : les hommes auront les deux

mains gantées, pour danser surtout. Une main nue peut être moite et faner le gant ou le corsage de la danseuse; on lui tient la main, on lui entoure la taille; les paysans seuls se soucient peu de laisser des traces de leurs doigts sur la robe de la danseuse.

Comment on danse.

Quelques hommes dansent dans un bal, sans avoir reçu aucune leçon d'un maître en l'art chorégraphique. C'est ainsi que j'ai vu un jeune homme, bien élevé du reste, prendre la main droite de sa valseuse dans sa main gauche et porter leurs deux mains réunies appuyées sur sa hanche. C'est tout à fait contraire aux règles établies : « Le cavalier se place à la gauche de sa dame, enlace sa taille avec l'avant-bras et soutient de sa main gauche la main droite de sa danseuse. Le bras gauche du cavalier doit être assez étendu pour imprimer instantanément au bras droit de la dame les différentes directions des valses. L'épaule droite du cavalier doit être constamment perpendiculaire à l'épaule droite de sa danseuse, et le corps de cette dernière ne doit, en aucune façon, se trouver en contact avec le buste de son danseur. »

La danseuse ne regarde pas son cavalier au visage, elle ne baisse pas les yeux vers la terre. Ni pruderie, ni hardiesse, ni fausse honte.

Soirées musicales.

Quand deux musiciens sont priés, dans un salon, de jouer quelque chose ou de chanter, ils doivent avoir le bon goût de choisir des morceaux différents. Ce faisant, on écarte tout soupçon de rivalité. Si la personne qui a joué ou chanté la première, a fait preuve de moyens insuffisants, il est cruel de reprendre le même morceau, pour écraser ce chanteur ou cet exécutant de sa supériorité.

Si, au contraire, on lui est inférieur, ce qu'il faut toujours craindre, on va au-devant d'une humiliation certaine. Enfin, il faut penser que l'auditoire préfère la variété et que, fût-on de même force, il ne faut pas l'ennuyer par la répétition du même morceau ou du même chant.

Lorsqu'on est prié de chanter, on se tient debout auprès de l'instrument (je suppose qu'une autre personne accompagne), le visage tourné de trois quarts vers l'assistance ; on est censé jeter de temps en temps les yeux vers la musique installée sur le pupitre, afin de ne pas être décontenancé par tous ces regards fixés sur vous.

Un grand nombre de femmes disent admirablement la chansonnette, triomphent dans les airs comiques et se plaisent à recueillir les bravos excités par leur brio. Cependant elles feraient bien de réserver l'exhibition de leur talent pour le cercle

restreint de la famille et de la stricte intimité.
Une femme perd de sa distinction, quelquefois
de la considération qu'on a pour elle à dire, chanter ou jouer des choses bouffonnes. Elle doit laisser cela à celles qui en font un métier, dont elles
vivent, ce qui est une raison capitale pour tirer
parti des dons naturels. Quand une femme ordinaire a chanté une chose « drôle » ou « gaie », les
hommes la traitent de « bon garçon », lui parlent
avec moins de retenue, la considèrent comme « un
camarade ».

Un détail important.

Les maîtres de maison qui invitent des militaires
à une soirée, à un dîner, doivent leur dire, dès l'arrivée : « Désarmez-vous donc, capitaine, commandant, etc. » Un officier ne quitte son épée, dans
un salon, qu'après cette sorte de permission des
maîtres du logis ; il ne faut donc pas oublier de la
lui donner.

Le bal costumé.

Le bal costumé, où l'on trouve un mélange de
toutes les époques et de tous les pays, véritable
macédoine où le burlesque coudoie la poésie, ce
bal, pour si amusant qu'il soit, ne diffère guère

du bal ordinaire. Bien plus intéressante, à mon humble avis, la redoute où chacun dérobe ses traits sous le masque et où l'on peut, à l'aide du domino et de beaucoup d'esprit, *intriguer* tous les invités. — Cependant il faut bien se garder de blesser ou d'attrister les gens. Le masque ne dispense ni de la politesse, ni de la bienveillance, ni de la charité. Il serait même odieux d'abuser de la liberté de la fête et de l'inviolabilité du masque pour froisser et peiner les autres. Ce serait le fait d'un cœur lâche.

Ces réserves faites, on peut se permettre de petites révélations sans importance, des taquineries innocentes et des plaisanteries décentes ; il ne reste qu'à les assaisonner du sel de l'esprit.

La tradition autorise le tutoiement au bal masqué, cependant les gens d'un certain monde se reconnaissent, en ces fêtes, à ce détail qu'ils ne se tutoient pas plus sous le masque qu'à visage découvert.

— Beau masque, je te connais. — Et moi je ne te connais pas. — Tu es venu ici, pendant que ta femme te croit au cercle. — Oui, mais traître et félon serait celui qui le lui révélerait. — Sur mon honneur, cela restera notre secret.

Théophile Gautier conseille aux femmes de porter le touret de nez en velours noir que les grandes dames d'autrefois mettaient à la promenade, ce qui devrait bien être réédité par les

hivers rigoureux. « Le touret qui laisse voir la
bouche avec son sourire de perles et les fins con-
tours du menton et des joues, et fait ressortir, par
son noir intense, la fraîcheur rosée du teint. » Il
n'aime pas « le masque à barbe longue comme
une barbe d'ermite, qui fait supposer la laideur
plutôt que la beauté ».

A côté de la redoute et du bal costumé dispa-
rate, on a imaginé, avec un très grand succès,
des fêtes de même genre, mais ayant un caractère
homogène. On donne un bal Charles IX, par
exemple. Les invitations sont rédigées en style et
calligraphie du temps. Chacun sait qu'il doit
adopter le costume de l'époque. Les salles où se
donne la fête sont pourvues d'un mobilier Renais-
sance, éclairées à la cire et, pour comble de couleur
locale, le souper est composé d'après les recettes
culinaires du seizième siècle. Enfin, vous sentez
que le duc d'Anjou et Marguerite de Valois ne
peuvent danser que la lente et majestueuse pavane.

Les bals Watteau, Louis XVI, avec le menuet,
sont surtout en grande faveur. Il y a encore des
bals paysans ; on choisit une province. Si c'est
l'Auvergne, les invités doivent apprendre à danser
la bourrée ; si c'est le Poitou, sous l'ancien costume national de la région, on danse un branle.
Il faut un décor à l'avenant : ménétriers ou violoneux montés sur des tonneaux enguirlandés.
Très jolis aussi les bals floraux. Les femmes en

roses, pervenches, violettes, muguet, etc., les hommes en dahlias, amaranthes, pommiers fleuris, etc. Des bals ornithologiques : les femmes en colombes, hirondelles, fauvettes ; les hommes en oiseaux de proie. L'imagination peut se donner carrière, comme on voit.

Il y a de simples matinées, costumes villageois, où l'on se borne à manger des crêpes arrosées de thé ou de vin de Champagne, et où l'on fait quelques tours de valse. Comme intermède, une noce traverse les salons (ou l'appartement) précédée de violoneux, et distribue des bouquets ; ou c'est un baptême (le cortège d'un baptême) et, dans ce cas, on donne des dragées.

En temps de carnaval, on invite aussi à des dîners masqués : plus étrange qu'amusant ; à des *dîners de têtes*, où la tête seule est déguisée : plus comique que joli.

Au printemps, on donne des *pastorales* dans les parcs (ou les jardins) ; des *Robinsons* où les maîtres de la maison sont censés des aubergistes.

Tout cela ne vaut pas la redoute. Mais les fêtes que nous avons énumérées sont quelquefois plus faciles à organiser. Il faut beaucoup de place pour qu'une redoute soit bien réussie.

Enfin, on a inventé des ventes de charité costumées, — nous n'y voyons pas grand mal, cela amuse, cela attire les acheteurs pour les pauvres. Exemple : une marchande de fleurs est habillée en

bouquetière pompadour ; une marchande d'objets
japonais copie la toilette de *Madame Chrusanthème*
(de Pierre Loti), etc.

Les bals costumés et même masqués n'ont plus,
pour limite, le temps du carnaval.

Le carême passé, ces bals font fureur aujour-
d'hui, dans les maisons particulières.

Bals de société. — Bals par souscription.

Lorsqu'une femme invitée se présente sans
cavalier, un des commissaires chargés de recevoir et d'introduire lui offre son bras et la conduit
dans la salle du bal, où il lui cherche une place
convenable.

Dans le cas où une mère accompagnerait sa fille
et où il ne se trouverait qu'un seul commissaire
disponible à leur arrivée, c'est à la personne la
plus âgée qu'il devrait offrir le bras et la jeune fille
marcherait aux côtés de sa mère.

Connue ou inconnue des commissaires, toute
femme invitée a droit à cette réception.

Si une femme dont on suspecte la moralité ou
dont la tenue est incorrecte se présente munie
d'une carte d'invitation, quelque ennui qu'on
éprouve, on est bien forcé de l'accueillir.

Il y a de ces exécutions qui répugnent aux sentiments généreux de notre époque et dites-moi s'il

n'y aurait pas quelque barbarie, quelque cruauté à chasser une femme à laquelle un commissaire maladroit aurait adressé une invitation et qui aurait cru pouvoir se fier à sa protection.

Pour éviter ces incidents désagréables, pénibles, voici un article qui devrait être inséré dans les statuts ou le règlement de toute société : « Tout membre, qui aura sciemment introduit dans nos fêtes une femme de moralité douteuse, sera exclu de la société, sans recours. »

D'autre part, il est bon que les femmes honnêtes sachent bien qu'elles ne peuvent aucunement être contaminées par la présence accidentelle d'une femme tarée. Elles se garderont de prendre des airs pudibonds, offensés; elles ne toiseront pas la brebis galeuse d'une façon insolente, elles ne lui feront aucune impertinence. Tout ce qu'elles pourront se permettre sera de ne pas engager de conversation avec elle et de répondre un peu froidement à ses avances, si elle leur en fait.

Cette *quarantaine* infligée à la femme tombée sera bien suffisante, dépassera même la mesure aux yeux d'une personne charitable. Les commissaires, lorsque leurs fonctions leur permettront de prendre part aux danses, ne devront pas inviter la malheureuse. Ils rechercheront le membre de la société coupable de cette introduction, et lui demanderont de s'efforcer d'emmener sa malencontreuse invitée.

12

RAPPORTS AVEC LES SERVITEURS

Devoir des maîtres.

Le savoir-vivre nous dicte, comme en toutes choses, la conduite que nous devons tenir à l'égard de nos domestiques. Nous ne sommes jamais autorisés à leur parler rudement ou impoliment. S'ils reçoivent notre argent, ils nous donnent leur temps en retour et se fatiguent à notre service. Nous ne pouvons donc exiger leur respect que si nous les traitons avec bienveillance et considération. Agir autrement, c'est violer les lois de la réciprocité.

Un homme ou une femme bien élevée ne dit jamais : « Faites ceci. Apportez-moi cela » ; mais : « Voulez-vous bien faire ceci ? Apportez-moi cela, s'il vous plaît. » Le domestique obéit toujours avec empressement et bonne volonté quand on lui ordonne de faire une chose en prenant un ton de douceur et de politesse.

Les personnes généreuses et délicates ne se servent jamais, en présence d'un domestique, d'une comparaison qui peut être injurieuse pour lui. Par exemple : « Il ment », ou : « Il se conduit comme un laquais. » Les grandes dames d'autrefois ne se piquaient pas d'une telle sensibilité, allez-vous dire. Je sais, en effet, qu'une duchesse du dix-huitième siècle avait coutume d'envoyer ses laquais en place de Grève, à chaque exécution, leur disant crûment : « Allez à l'école. » — Nous ménageons mieux aujourd'hui la dignité humaine et la juste susceptibilité des petits et des humbles ; c'est l'honneur de notre temps.

Mais nous tombons peut-être dans une autre faute. Nous nous soucions moins que les maîtres d'autrefois de nos domestiques et de leur amélioration morale. Nous n'avons que de l'indifférence pour eux, ils nous la rendent.... et avec usure. Nous les payons plus cher, mais nous ne leur témoignons ni ne leur portons aucun intérêt. Un mot bienveillant, affectueux, aurait un certain prix pour eux ; ils seraient reconnaissants d'un conseil donné avec mesure, inspiré par un sentiment de bonté.

Ils ne peuvent s'attacher à nous, ils ne font d'ailleurs que passer dans nos maisons.

Nos grand'mères ont connu une époque où les serviteurs faisaient partie de la famille, de par leurs mérites... et ceux des maîtres. Quand les domestiques avaient donné des preuves de probité et d'honnêteté, on leur accordait la confiance à

laquelle ils avaient droit, et ils y répondaient bientôt par un dévouement absolu. Peu à peu, ils
vivaient de la vie des maîtres, on les mettait au
courant des affaires, des secrets, des joies, des
douleurs de la famille ; ils se réjouissaient ou
pleuraient avec elle ; parfois ils oubliaient si entièrement leur personnalité, qu'ils refusaient de se
marier pour ne pas quitter la maison où ils
étaient entrés tout jeunes, et où ils mouraient
comme le chien fidèle.

J'admets que les domestiques d'aujourd'hui ne
valent peut-être pas ceux de ce temps-là, mais ne
serait-ce pas parce que les maîtres de cette fin de
siècle n'ont pas les qualités des maîtres d'autrefois ?

Le premier devoir du maître à l'égard des serviteurs, c'est de conserver ou de développer en eux
les idées de moralité. Leur manière de se conduire,
en dehors du service, ne peut, ne doit pas lui être
indifférente. Les jeunes filles, surtout, seront entou-
rées d'une sévère sollicitude. Il ne faut pas non
plus tenter les domestiques en laissant à leur portée des choses précieuses ou de l'argent. Coupable
est celui qui fait naître une mauvaise pensée.

Dans les grandes maisons, la vaisselle plate est
confiée au maître d'hôtel, c'est vrai ; mais il sait
qu'il en répond, et on fait un inventaire. Les
femmes de chambre n'ont pas à s'inquiéter des
bijoux ; leur maîtresse les range elle-même et elle-

même les met toujours sous clef. Il est clair qu'on peut se départir d'un tel luxe de précautions quand on a des serviteurs blanchis sous le harnais, ayant donné mille preuves et garanties d'honnêteté.

Les maîtres bien avisés exigent que leurs domestiques se traitent poliment entre eux. Ils ne peuvent les forcer à s'aimer, mais ils doivent les obliger à se respecter. Ainsi on proscrit de chez soi des scènes et des querelles bien désagréables et qui sont d'un effet préjudiciable sur les enfants qu'on peut avoir.

On peut exiger que ses ordres soient strictement exécutés (quand ils sont raisonnables, il va sans dire), mais à la condition de les donner avec précision et clarté et de ne rien contremander, à moins de motifs sérieux. Il y a des maîtres qui accusent leurs domestiques de perdre la tête à la moindre affaire ; c'est à eux-mêmes qu'ils devraient s'en prendre, à la confusion de leurs idées ou, au moins, à la manière confuse dont ils les expriment. Combien aussi de maîtresses de maison qui, semblant ne pas avoir une notion exacte du temps, donnent mille choses à faire à la fois, quand il faudrait quelques heures pour mener la besogne à bien !

Enfin, il est bon de prendre soi-même quelques soins, pour ne pas accabler les serviteurs de travail. Je connais une dame qui sonne son unique bonne pour avancer des coussins sous les pieds des visiteuses. Cependant le service est très lourd,

12.

trop chargé pour une seule personne. J'ai vu souvent une maréchale, princesse du premier empire,
très âgée, remettre de ses mains une bûche au feu.
Elle ne manquait pourtant pas de laquais, mais elle
estimait qu'il ne faut pas les déranger pour si peu.
Je suis bien de son avis.

On doit s'arranger de façon que le service ne soit
pas un fardeau écrasant pour les domestiques, c'est
le moyen d'avoir une maison bien tenue et bien
ordonnée ; c'est surtout une question d'humanité.

Chaque matin, on donne ses ordres pour la journée. Ce système est excellent si l'on n'a qu'une
simple bonne. Il est encore bien plus nécessaire de
l'adopter si on a un nombreux personnel à diriger.
La régularité du service est à ce prix. Il faut de la
mémoire et de la réflexion pour n'oublier aucune
chose nécessaire et ne pas faire naître le désarroi
dans la maison. Au besoin, on note sur un carnet,
dès la veille, à mesure des circonstances, ce qu'on
aura à commander le lendemain. Ce faisant, on
absorbe beaucoup moins de domestiques, ils n'ont
pas sans cesse l'esprit tendu, on leur épargne des
allées et venues. Les gens bien élevés plaignent les
peines de tout le monde, même de ceux qu'ils
payent.

Ces mêmes personnes ne se croient pas déshono-
rées, au contraire, pour remercier un domestique
qui leur apporte quelque chose, qui leur rend un
service direct. Elles savent que le serviteur a

droit à un peu de gratitude, en même temps qu'à ses gages. Le domestique ne remercie-t-il pas lorsqu'on lui remet la somme mensuelle convenue ? Il a pourtant donné son temps et il a eu des ennuis et des fatigues à supporter.

La politesse des maîtres envers les serviteurs ne doit pas dégénérer en familiarité basse. Par exemple, rien n'est aussi vulgaire que d'écouter les cancans de ses gens. Il faut certainement leur parler en dehors du service, mais on fait bien de borner la conversation à certains sujets. On s'intéresse à leur famille, on les conseille pour le placement de leur argent, on les engage à faire des économies, on les guide autant qu'on peut dans toutes les circonstances de la vie.

On doit assurer une retraite aux serviteurs qui ont passé de longues années dans la maison. Cette pension est, naturellement, proportionnée à la fortune des maîtres. Dans les familles de vieille souche, on est très généreux sous ce rapport ; on n'hésite pas à s'y priver de certaines choses pour donner plus de bien-être aux vieux serviteurs incapables de travail.

Nous sommes tenus de faire un cadeau au domestique qui se marie étant à notre service. Ce cadeau est en rapport avec nos moyens.

Le maître peut très bien servir de témoin à ses domestiques, et [toute la famille assiste à la bénédiction nuptiale. Une femme du plus haut rang ne

se déshonore pas, en embrassant, après la cérémonie, la nouvelle mariée qui est sa cuisinière ou
la femme de son cocher.

Tout événement heureux, qui se produit, dans la
maison où il sert, est signalé, pour le domestique,
par une gratification de ses maîtres.

Un travail supplémentaire est toujours récom-
pensé.

A moins de motifs extrêmement graves, on donne
huit jours au domestique renvoyé pour se pourvoir d'une place nouvelle. S'il mérite un bon certificat sous le rapport de la probité, on appuie
beaucoup sur cette qualité, qui sera sa meilleure
recommandation.

Dans le cas contraire, on le ménage sur son livret,
c'est-à-dire qu'on n'y inscrit que la durée du temps
où il est demeuré à notre service. Ce procédé ne
trompe pas les gens chez lesquels il se présente et
qui voient immédiatement que cette simple indication est grosse de réticences. Mais on n'a pas le
souci de l'avoir perdu irrémédiablement, dans une
foule d'autres cas, où les indélicatesses signalées
sur le livret témoigneraient contre lui.

Etiquette du service.

Les domestiques parlent à leurs maîtres à la
troisième personne. Ils donnent au maître et à la

maîtresse de la maison la qualification de *Monsieur, Madame,* sans ajouter le nom de famille.

La fille unique ou la fille aînée est appelée, par eux, *Mademoiselle.* Le prénom des plus jeunes filles suit forcément le titre de Mademoiselle, lorsque les domestiques parlent de ces jeunes personnes. Le prénom suit toujours aussi le mot Monsieur, lorsque les serviteurs parlent des fils, même quand le père est mort. La raison de cet usage, c'est que le fils aîné lui-même ne peut être considéré comme le maître de la maison tant qu'il vit avec sa mère.

Un mari, parlant de sa femme aux domestiques, dit : *Madame ;* une femme de son mari : *Monsieur ;* de leurs enfants : *Mademoiselle, Mademoiselle* Suzanne, *Monsieur* Henri. Les enfants, parlant de leurs parents aux domestiques, disent : Mon père, ma mère.

Les domestiques mâles sont toujours découverts dans la maison. Les femmes, au contraire, n'ont jamais la tête nue ; elles portent le bonnet, sauf la femme de chambre, pourtant. Dans les familles riches, la coiffure des femmes employées est confectionnée avec des dentelles blanches, sans ruban. Le tablier, blanc aussi, est encadré de dentelle ou de broderie. La toilette est très simple, mais d'une scrupuleuse netteté.

La tenue des hommes doit être également d'une propreté irréprochable. Si nous écrivions pour des millionnaires, nous parlerions de la livrée, du costume porté à la maison, de celui des grands jours, des jours de gala. Nous indiquerions comment différemment sont vêtus le maître d'hôtel et le chef de cuisine, etc. Disons seulement que, n'eût-on qu'un domestique cumulant diverses fonctions : jardinier et cocher, par exemple, il faut s'attacher à ce qu'il soit toujours très convenablement habillé. Ses habits de travail ne seront jamais ni sales, ni déchirés et on exigera qu'il prenne soin des vêtements dont on le pourvoit pour son service du dehors et celui de l'intérieur.

Les enfants de la maison ne doivent pas vivre trop familièrement avec les domestiques. Cela n'empêche pas du tout d'inspirer à ses enfants une sorte de déférence pour les serviteurs qui ont vieilli dans la famille, ou dont on n'a qu'à se louer.

Les filles ne sortent pas sous l'escorte d'un domestique mâle. On les fait accompagner par une femme d'un certain âge, au caractère sûr, qui a donné des garanties de principes.

Jamais, non plus, un homme n'entre dans la chambre d'une jeune fille, je dirai même d'une femme d'un certain âge, pour les besoins du service. Si on n'a pas de femme attachée à sa personne, on se sert soi-même, on fait soi-même le ménage de sa chambre et de son cabinet de toilette.

Les domestiques étrangers

On n'a pas du tout le droit de donner leur prénom tout court aux domestiques étrangers, c'est-à-
dire à ceux qui ne font pas partie de nos gens.

Un dit très bien *Mademoiselle* Colette à la femme
de chambre d'une personne de connaissance;
mais, alors, si cette personne n'est pas mariée,
on se garde de lui donner son prénom; en parlant
d'elle à sa femme de chambre, à ses domestiques,
on ne la désignera pas mademoiselle *Louise*, mais
on lui donnera son nom de famille : mademoiselle
Durand.

On observe la même règle à l'égard des domestiques mâles, à moins d'une très grande familiarité dans la maison, et, dans ce cas, pour atténuer l'air de maître que l'on prend ainsi vis-à-vis
des domestiques qui ne sont pas à notre ser ice,
on sourit à demi et d'un air aimable, en les appe-
lant tout uniment par leurs prénoms.

Lorsqu'un domestique étranger nous apporte
un présent de son maître, on est dans l'habitude
de lui donner un pourboire. Il est des maisons
où l'on enjoint aux serviteurs de ne rien recevoir, mais on a de la peine à établir cet usage nouveau : personne n'ose se dispenser du pourboire
et, d'autre part, les maîtres du domestique envoyé

n'ont aucun moyen de savoir s'il a obéi à leurs instructions. On continue donc à offrir « une pièce » à ces domestiques, pour les dédommager de leur peine, de leur dérangement ; nous devons dire, en conséquence, qu'il ne faut pas donner une somme équivalente ou supérieure à la valeur de l'objet apporté. Le donateur, s'il venait à être instruit de cette « générosité » exagérée, la consi dérerait à juste titre comme une impertinence.

Il me souvient que l'une de mes amies envoya, un jour, une « brioche de pain bénit » à l'une de ses connaissances. Le gâteau valait bien trois francs, on en donna quatre à la bonne qui l'avait apporté. Celle-ci voulait refuser l'argent, selon les recommandations de sa maîtresse. On lui mit de force les pièces blanches dans sa poche. Au retour, elle conta la chose et le procédé fut traité d'impolitesse.

On ne doit jamais questionner un domestique sur son maître, l'exposant ainsi à commettre une indiscrétion, une délation. Il est également honteux de faire prendre un rôle d'espion à ses propres serviteurs, dans les maisons où on les envoie et en toutes circonstances, du reste.

LA CARTE DE VISITE

Etiquette de la carte.

L'usage de s'adresser réciproquement un petit morceau de carton, en témoignage de souvenir, au renouvellement de chaque année, cet usage, qui a ses détracteurs, se répand de plus en plus dans les classes moyennes de la société.

Les célibataires masculins et les veufs préviennent toujours, pour l'envoi de la carte, au jour de l'an, les hommes de leur connaissance qui sont mariés, et, ce, à cause de la femme de ceux-ci. Cependant le mari *seul* leur retourne une carte, la femme ne leur en doit pas. — Ces mêmes célibataires et veufs n'ont pas, non plus, à attendre d'échange de cartes avec les femmes non mariées ou veuves ; néanmoins, ils mettront encore plus d'empressement à leur envoyer le morceau de carton, qu'ils ne l'ont fait pour les ménages de leurs relations.

Les personnes jeunes devancent les personnes

13

âgées. C'est-à-dire qu'une demoiselle de trente
ans (avant cet âge elle n'a pas de cartes) enverra la
première sa carte à une femme de quarante ; un
jeune ménage à un ménage mûr; un jeune homme
à un homme d'un certain âge ou à un vieillard.

Les gens mariés, — même âgés, — adressent les
premiers leur carte à une femme, — même très
jeune, — qui vit seule. Celle-ci leur retourne la
sienne, *puisqu'il y a une dame dans la maison.* —
Une demoiselle, une veuve, écrivent bien, direz-
vous, à un célibataire du sexe fort ? Ce n'est pas
du tout la même chose. Elles peuvent écrire à un
homme qui vit seul, mais elles ne mettent pas les
pieds chez lui. Or, une carte équivaut à une visite.

Il y a des cas d'exception; ainsi une femme peut
très bien envoyer une carte de visite à un homme
très âgé qui vit seul, en retour de celle qu'il lui a
adressée. La raison de cette dérogation à l'usage
vient de ce qu'on peut faire une visite à un vieillard sans se compromettre et que la carte ne représente qu'une visite.

Une femme catholique envoie aussi sa carte à
un prêtre de sa religion, le prévient même. Pour
une croyante, le prêtre n'est pas un homme.

Beaucoup de gens envoient (sous une seule enveloppe), autant de fois de leur carte qu'il y a de personnes dans une même famille. Pourtant lorsqu'on
se présente dans une maison et qu'on n'y trouve
pas les gens du logis, on ne laisse qu'une seule

carte cornée, et non une carte pour Madame et une pour Monsieur. Il est certain que cette surabondance ou cette superfétation n'a rien de contraire au savoir-vivre, mais peut-être est-elle due à un manque de raisonnement et devrait-on reviser cette façon de faire. Lorqu'on va en visite, on ne se dédouble pas pour être un et entier à chacun des membres de la famille ; la carte unique représenterait ce visiteur indivisible.

La carte s'insère dans une enveloppe *ouverte* et affranchie de 5 centimes. Si l'on ajoutait quelques mots sous son nom, il faudrait mettre un timbre de 15 centimes, comme pour une lettre, et, alors, on aurait le droit de fermer l'enveloppe. Dans le cas d'affranchissement à 0,05 la carte portant quelques lignes manuscrites serait taxée par l'administration des postes, — si même elle ne donnait lieu à un procès pour intention de fraude.

Rien n'est plus impoli, en ce temps-ci, que de ne pas affranchir suffisamment les objets de correspondance. En ce qui concerne la carte dont nous venons de parler, comme ce serait amusant, pour le destinataire, de payer 25 centimes pour recevoir votre nom et un compliment banal, — ou d'être appelé au bureau de poste pour donner les renseignements exigibles sur l'envoyeur et délinquant !

On doit prendre toutes les précautions possibles, au besoin demander l'avis des agents de l'administration, pour que pareille chose ne puisse jamais arriver.

Si les fonctionnaires, officiers ou magistrats habitent la même ville que leurs supérieurs directs, ils font, à ceux-ci, une visite de corps de bonne heure dans la journée du 1er janvier. Mais s'ils sont éloignés de cette ville, ils envoient leur carte assez tôt pour qu'elle arrive au supérieur le 30 ou le 31 décembre.

L'administration des postes est si encombrée, à cette époque, qu'il faut s'arranger pour que la distribution de cette carte ait lieu en temps voulu — Il est bien entendu que le supérieur retourne une carte à son inférieur.

Rédaction de la carte.

La carte de visite doit être extrêmement simple. Voici comment on la libelle, dans les différents cas :

RENÉ ESPALET

et vers le bas, à droite, l'adressé :

20, *rue Drouot.*

DOCTEUR RENÉ ESPALET

oujours l'adresse au bas.

RENÉ ESPALET
Capitaine au 8ᵉ dragons

Vendôme.

RENÉ ESPALET

Président du tribunal de commerce
de et à Thiers.

MADAME RENÉ ESPALET

(Pas d'adresse au bas d'une carte de femme.)

MONSIEUR ET MADAME RENÉ ESPALET

20, *rue Drouot.*

(L'adresse pour cette carte collective.)

Une veuve. mettra tout bonnement :

MADAME ESPALET

La qualification de veuve ne s'emploie que pour les actes civils ou notariés.

Une demoiselle de trente ans, au moins :

MADEMOISELLE ESPALET

Si elle a une sœur également célibataire, pour se distinguer de celle-ci, il lui faudra faire précéder son nom de l'initiale de son prénom :

MADEMOISELLE B. ESPALET

Plusieurs femmes vivant ensemble (très étroitement unies) ne feront pas rédiger leurs cartes de la façon suivante :

MESDAMES ESPALET ET RENARDET

ce qui ressemblerait à une raison commerciale, mais

MADAME ESPALET ET MADAME RENARDET

Deux sœurs non mariées :

MESDEMOISELLES ESPALET

Les gens titrés ne font pas précéder ce titre du mot monsieur ou madame.

COMTE ET COMTESSE DE LORÉDAN

Le carton est aussi beau que possible, sans aucun enjolivement, les dimensions sont raisonnables (ni trop petites ni très grandes) et les caractères n'ont pas de fioritures.

Se bien donner la peine de lire le nom porté sur les cartes qu'on reçoit, pour ne pas l'estropier sur l'adresse de la carte de retour, le manque d'attention constitue une grossièreté. C'est montrer aux gens le peu de cas que l'on fait de ce qui les concerne.

On libelle la suscription d'après les renseignements donnés par la rédaction des cartes.

Quelques personnes pourraient se trouver dans une situation de fortune assez précaire pour reculer devant la dépense d'une centaine de cartes. Dans ce cas, elles achèteraient des petits morceaux de carton blanc, dimensions des cartes (se trouvent chez les papetiers), et écriraient leur nom, proprement, lisiblement et d'après les indications données plus haut. Le prix des enveloppes et celui de l'affranchissement à 5 centimes peuvent aussi paraître excessifs, dans certaines positions. Alors, nous conseillerions de mettre la carte sous une bande assez large pour que le carton ne puisse être maculé. Port, un centime.

Bien des gens vont se récrier et dire que, dans ces conditions de parcimonie, il faudrait s'abstenir. Ils ne comprennent pas la véritable politesse. Mieux vaut laisser soupçonner sa médiocrité que de manquer à un devoir social ou de voir mettre sa sympathie en suspicion. — J'ajouterai, après cela, que, *s'il est possible* de s'imposer un sacrifice, une privation pour envoyer sa carte dans toutes les conditions d'*enclosure* et autres généralement adoptées, on fera bien de se conformer au coûteux usage. On doit, autant qu'on peut, dissimuler sa pauvreté, éviter la critique et le dénigrement.

Par exemple, *tout le monde* peut et *doit* faire cette économie de ne pas envoyer sa carte à tort et à travers, sans raisons ou relations suffisantes. Si ce n'est pour soi, ce sera pour les autres, qui, sous peine d'insolence, sont forcés de répondre à cette politesse importune.

Les cartes s'adressent du 15 décembre au 31 janvier.

De quelques autres emplois de la carte.

Il y a d'autres circonstances que le jour de l'an, où la carte de visite joue un rôle important.

Nous ne parlerons pas de l'échange de cartes entre hommes qui viennent de s'insulter, pas plus que nous n'avons à parler du duel.

Lorsqu'on vient faire une visite dans une famille et qu'on ne trouve personne au logis, on laisse sa carte entre les mains d'un domestique ou du concierge, à défaut de l'un ou de l'autre, on la glisse sous la porte. Cette carte est cornée, la corne signifie qu'on est venu en personne et, dans ce cas, elle équivaut à une visite, qui doit être rendue comme si elle avait été reçue.

On joint sa carte à tout présent que l'on n'apporte pas soi-même, afin d'en indiquer la provenance.

Apprend-on qu'un ami ou une personne de son cercle de connaissances vient d'être affligé par un malheur, on lui adresse *immédiatement* sa carte, avec quelques mots de condoléance, en attendant, si on a des rapports d'amitié, qu'on lui écrive ou qu'on aille le voir.

On fait usage de la carte, de la même façon, en cas d'événement heureux.

La carte de visite peut encore s'employer pour une communication insignifiante, parce qu'elle

nécessite moins de frais épistolaires que le billet.
Exemples :

Le commandant Roger (imprimé) « présente
ses hommages à Madame de T... et lui retourne,
avec ses remerciements, le livre qu'elle a bien
voulu lui prêter et qui lui a beaucoup plu ».
(manuscrit).

« Madame Z...

« Remercie beaucoup Monsieur X... du bon accueil qu'il a bien voulu faire à son protégé, et lui
envoie ses meilleurs compliments. »

« Madame R...

« Ravie et reconnaissante, remercie Mademoiselle X... de ses magnifiques roses, et lui adresse
ses affectueux compliments et ses meilleurs souvenirs. »

« Monsieur B...

« A l'honneur d'accréditer, par cette carte, Monsieur C... auprès de Monsieur A... »
Etc., etc., etc.

Voir aussi aux chapitres, lettres de faire-part
et d'invitation, pour l'emploi de la carte.

_____

LA CORRESPONDANCE

Règles générales.

Pour écrire à ses amis, à ses connaissances, à ses fournisseurs, il n'est pas du tout indispensable d'avoir le talent de Fénelon ou celui de la marquise de Sévigné ; toutefois, il est bon de posséder sa langue et de connaître l'orthographe. Lorsqu'on a reçu une bonne instruction primaire, il suffit d'un peu de pratique et d'attention pour donner à son style la clarté et la correction nécessaires.

Une belle écriture n'est pas de rigueur, non plus ; mais on doit se donner la peine de former ses lettres pour être lu sans fatigue et sans ennui. « Une mauvaise écriture, dit Grotius, est une des formes du mépris qu'on a pour autrui, car elle prouve qu'on attache plus de prix à son propre temps qu'à celui des autres. » De cette maxime du célèbre Hollandais vient, sans doute, cette excuse que font si souvent les Anglais au bas de leurs lettres : « *Excuse this bad writhing.* » (Je vous demande pardon d'écrire si mal.) Une bonne écriture est donc requise. J'ajouterai que, si l'on peut, avec du travail, acquérir une écriture élégante, cela préviendra en faveur du correspondant.

Le papier, — dont nous déterminerons plus tard le format, selon les circonstances, — doit toujours être d'une netteté irréprochable. On affranchit les lettres que l'on envoie par la poste ; il faut même s'assurer qu'elles ne dépassent pas le poids fixé, pour ne pas les exposer à recevoir une surtaxe : de 15 en 15 grammes, on mettra un timbre de 15 centimes.

Nous parlerons aussi, tout à l'heure, des cartes postales et des cartes-lettres. Mais toute lettre est enclose dans une enveloppe ; cette petite recherche coûte peu de chose.

On n'attend pas que nous donnions des formules pour écrire à ses parents, à ses amis ; le cœur est le seul maître à consulter, le meilleur conseiller à prendre pour exprimer ses pensées, peindre son affection, son respect, sa reconnaissance. Il faut écrire comme on pense, sans phrases, ce qui ne veut pas dire qu'on soit dispensé de certaines formes de la politesse, de la bienveillance, de l'amabilité qui peuvent parfaitement glisser leur note, même, — et surtout, — dans les correspondances entre parents. Nous nous bornerons à ces données générales, sans pouvoir préciser davantage; les habitudes familiales ou amicales variant avec chaque lecteur.

Nous dirons pourtant que, si un de nos amis venait à monter quelques degrés de l'échelle sociale, au-dessus du nôtre, après l'avoir chaudement félicité, soit de vive voix, soit par écrit, nous observerions dans nos relations ultérieures, — lettres ou visites, — une réserve un peu fière. Il serait de bon goût d'attendre, de cet ami, une manifestation nous indiquant qu'il n'a pas changé à notre égard, dans la position élevée qu'il a atteinte.

Lorsqu'on écrit à une personne de connaissance, on peut la traiter de « Cher Monsieur » ou de « Chère Madame », « Chère Mademoiselle ». Bien que ces façons de s'énoncer semblent pécher contre la grammaire, il serait tout à fait contraire à l'élégance d'écrire « Ma chère Dame », « Ma chère demoiselle ». Quant à « Mon cher Sieur », il ne viendrait à personne l'idée de s'exprimer de cette manière logique, mais inusitée et..... grotesque.

Pour ces mêmes personnes, on peut terminer sa lettre ainsi : « Veuillez recevoir l'expression de mes sentiments les meilleurs », « de mes affectueux sentiments », « de toute ma sympathie », etc., etc., selon le degré, la durée, l'attrait des rapports établis. Plus familièrement, on finira : « Au revoir, cher monsieur, ou chère madame, croyez à mon vif attachement. »

Depuis quelque temps, on considère comme *très chic* de glisser un mot ou deux d'anglais dans les correspondances entre connaissances. On fait précéder sa signature du mot « *Yours* », qui signifie « Votre », « Tout à vous », etc. Cette locution britannique est souvent la manière d'achever, — sans autre cérémonie, — un court billet ou une carte postale. (Ce n'est qu'une mode.)

Un homme ne manque pas à sa dignité, lorsqu'il introduit un mot de respect en écrivant à une femme, fût-il de beaucoup son aîné : « Mes sentiments respectueux », « mon attachement respectueux », « ma respectueuse sympathie », « mon respectueux dévouement » — pour une personne avec laquelle il a des relations mondaines.

A une étrangère, il dira : « Veuillez, madame, recevoir l'expression de tout mon respect. »

Lettres à des personnages.

On donne leur titre aux étrangers auxquels on écrit, ou leur qualité : Madame la marquise, monsieur le principal, madame la directrice.

Pour un militaire, on commence : « Monsieur le colonel, monsieur le général. » Dans le cours de la lettre : « colonel, général ». Ne craignez pas de commettre d'impolitesse et, même, si vous avez quelques relations avec cet officier supérieur ou général, ou commandant, dispensez-vous, dès le début, du mot monsieur avec la désignation du grade.

C'est la belle langue militaire, concise et simple, qui plaît au soldat. Dans le cas où vous auriez appartenu à l'armée, il serait de bon goût d'écrire : « Mon capitaine, mon colonel, mon général. » Pour un maréchal de France, pour un amiral, l'étiquette est tout autre. Il faudrait « Monsieur le maréchal ». « Monsieur l'amiral, » — même quand c'est un militaire ou un marin qui écrit. — Le chef de l'Etat lui-même dit : « Monsieur le maréchal », « Monsieur l'amiral ». La raison de cette distinction est que le grade suprême de l'armée pourrait être confondu avec celui d'un simple sous-officier, — du maréchal des logis — et que celui d'amiral pourrait être pris pour celui de contre-amiral ou de vice-amiral. A ces derniers on dit « amiral ».

A un prêtre : « Monsieur le curé, » « Monsieur l'abbé », « Monseigneur », selon les cas. Si l'on est catholique, on termine toujours cette lettre par l'expression du respect, même si l'on est femme.

Il est reçu (comme on dit) que la plus grande dame du monde, du moment qu'elle est catholique, introduira le mot *respect* dans une lettre adressée au plus humble desservant de village.

Un homme ou une femme catholique et pratiquante qui écrit, pour une cause *quelconque*, à un prêtre revêtu d'une haute dignité ecclésiastique, à un évêque ou à un cardinal, par exemple, terminera ainsi :

« Je suis avec le plus profond respect,

« Monseigneur,

« De votre Grandeur (ou de votre Eminence, pour un cardinal),

« La très humble et obéissante servante. »

Si l'on avait à écrire à un prince royal on mettrait le mot « Prince » en vedette, sans le faire précéder du mot « Monsieur » ; à une femme de maison souveraine « Madame ». Dans le cours de la lettre, « Votre Altesse ».

A un roi « Sire », à une reine « Madame », au cours de la lettre : « Votre Majesté ».

On termine :

« Je suis avec le plus profond respect,

« Sire (ou Madame ou Prince),

« De Votre Majesté (ou de Votre Altesse),

« Le très humble et obéissant serviteur (ou sujet).»

Au chef de l'Etat (chez nous et dans les pays qui vivent sous le régime républicain), « Monsieur le Président ».

A la fin :

« Je suis avec le plus profond respect,

« Monsieur le Président,

« Votre très humble serviteur. »

Même protocole, s'il s'agit d'un ministre, d'un ambassadeur, etc... auquel on adresse une supplique, une pétition ou une simple demande de renseignements.

Une femme, en ces circonstances, se soumet à l'usage, comme les hommes.

Celui qui adresse une réclamation ou une demande, n'ayant pas le caractère d'une pétition ou d'une supplique — à un fonctionnaire civil (directeur d'une administration publique, receveur, inspecteur, etc.) ou à un préfet, termine sa lettre de cette façon :

« Veuillez, monsieur le préfet (ou le directeur), recevoir l'expression de ma considération distinguée. »

Lettres diverses.

Nous avons encore à donner quelques formules destinées à terminer les lettres. Une femme finit de la sorte, en s'adressant à un homme avec lequel elle n'a pas de rapports mondains, auquel elle

écrit pour affaires ou pour un cas exceptionnel :
« Veuillez, monsieur, recevoir l'expression de
mes sentiments distingués. » Même formule pour
une femme de son âge. Elle change ses « sentiments distingués », en « sentiments respectueux »,
pour une dame âgée ou notoirement son aînée
d'un assez grand nombre d'années.

D'homme à homme : « Veuillez, monsieur, recevoir l'expression de ma considération distinguée. »
Un homme à un supérieur : « Veuillez *agréer l'expression* de mon respect et de mon dévouement. »
Le supérieur à son inférieur : « *Recevez,* je vous
prie, *l'assurance* de ma considération distinguée
ou de ma haute considération. »

On a saisi la nuance : d'inférieur à supérieur de
junior à *senior,* ou d'égal à égal, on ne donne pas
l'assurance de ses sentiments de respect ou même
d'affection, on *l'exprime.*

Les élèves qui écrivent à leur professeur emploient les formules respectueuses de l'inférieur au
supérieur et, ce, quelle que soit la position sociale
de ces élèves.

Les parents qui adressent une lettre au professeur de leur enfant s'expriment avec une extrême
politesse, même quand il s'agit du simple « maître à danser ». En ce cas, l'assurance ni même
l'expression d'une froide considération ne sont de
mise. Nous devons à ceux qui enseignent à nos
enfants leur science ou leur art un sentiment de

gratitude dont l'argent ne peut nous décharger. Et ce sentiment, nous devons saisir toutes les occasions de le témoigner.

Une lettre à un fournisseur, à un ouvrier, à un domestique sera conçue avec toute la politesse et la bienveillance possibles. On ne dit pas à un marchand : « Envoyez-moi telle chose » ; à un ouvrier : « Faites ceci, exécutez cela » ; mais : « Je vous prie de vouloir bien m'envoyer » ; « Veuillez faire ceci ; je vous serai obligé d'exécuter ce travail ».

On donne parfois son nom de famille à l'ouvrier qu'on fait travailler depuis de longues années, au fournisseur chez lequel on s'approvisionne depuis longtemps : « Monsieur Gautruche, mon cher monsieur Gautruche. » On termine les lettres de ce genre de la façon suivante : « Veuillez recevoir mes meilleurs compliments, mes salutations empressées. » Il est même loisible, et nullement contraire à la dignité, d'introduire un mot affectueux, cela dépend des rapports... et des personnes.

Quand on s'adresse à un domestique, les nuances plus fines, sont plus difficiles à bien observer. On peut commencer : « Veuillez, Joseph, ou mon brave Joseph, ou mon bon Joseph, chercher, aller, etc. » et finir : « Je compte sur vous, au revoir. »—« Croyez à mes bons sentiments pour vous. » Cette dernière phrase de maître masculin à serviteur mâle ou de maîtresse à domestique du sexe féminin. — Lorsque le domestique est éprouvé ou âgé, lorsqu'on l'a depuis longtemps à son service et qu'il mérite l'affection, il est clair qu'on peut se départir de la réserve que nous avons indiquée et le traiter selon son dévouement, comme faisant partie de la maison, de la famille.

La signature, la date, etc.

Comment doit-on signer ses lettres ?

Une femme qui écrit à des étrangers ou à de simples connaissances signe de l'initiale de son prénom suivie de son nom. (Le nom de baptême d'une femme ne doit être connu que de sa famille et de ses amis intimes.)

Jeune fille, c'est le nom de son père, qui suit cette initiale; mariée, c'est celui de son mari. Jamais plus une femme mariée ne signe : « Née une telle. » Titrée, elle signe : « Froulard (nom de son père), ou F., initiale de ce nom, marquise de Créquy (nom et titre de son mari).

Un homme peut signer de son prénom et de son nom. Lorsqu'il écrit à des étrangers, il fait précéder son nom de son titre ou de sa qualité : comte de L..., le général S..., le docteur B..., etc.

Celui qui porte un grand nom, écrivant à ses amis, néglige souvent et son titre et sa particule. Rohan suffit... non seulement pour les gens de connaissance, mais pour tout le monde.

Où se place la date ? En haut de la lettre, après l'adresse. Par exemple : « Paris, 42, avenue des Champs-Elysées, le... » — « Morsang, par Savigny (Seine-et-Oise), le... » Cette habitude de donner son adresse et de *la répéter* dans toutes ses lettres (sauf bien entendu pour les amis de cœur et la famille) est vraiment excellente et absolument conforme aux lois du savoir-vivre. Cela signifie : Je ne me crois pas un personnage assez important pour que mon adresse puisse se graver, dès la première fois, dans votre mémoire, ni pour que vous gardiez mes lettres. C'est encore une façon d'épargner le temps d'autrui ; on a parfois besoin de conserver votre adresse et on serait obligé de la rechercher dans des lettres antérieurement reçues.

Pour une pétition, on daterait au haut de la lettre :

Paris, le   , 188

L'adresse se placerait sous la signature :

Joseph Durand

A Paris.

Rue Gît-le-Cœur, n° .

L'adresse, le papier.

Comment doit-on écrire l'adresse, placer le timbre-poste ? On prend une seule ligne pour la qualification ou le titre suivi d'un nom, ou le nom seul.

MONSIEUR LOUIS ROBEL
rue 18
PARIS

MONSIEUR LE DOCTEUR MOREL
A ÉTAMPES
Seine-et-Oise.

COMTE GAÉTAN DE BANVILLE

(La mode supprime le mot « monsieur » ou
madame » devant un titre, entre gens du même
monde.)

Si l'on écrivait à des personnes d'autrefois...
personnes formalistes, imbues des coutumes dis-
parues, âgées, ayant droit au respect, on mettrait deux fois monsieur ou madame sur l'adresse.

Monsieur,
Monsieur le général de C.,

L'habitude, l'obligation de répéter cette qualification sur l'adresse d'une lettre vient, assurément,
de l'ancien usage de la formule latine *Dominus
Dominus,* qui indiquait la supériorité d'un seigneur
féodal sur de simples feudataires. C'est comme
si on disait à son correspondant : « Je reconnais
votre supériorité sur moi. »

Le timbre-poste s'applique très régulièrement à
l'angle droit de l'enveloppe.

Quel papier doit être employé ? Son plus ou

moins d'élégance dépend des ressources que l'on possède. Mais il faut se garder de tomber dans le mauvais goût, comme lorsqu'on se sert de papier allemand, de qualité si inférieure et d'ornementation si criarde, si vulgaire. Le papier anglais est trop lourd, trop glacé. Le papier français, au contraire, répond à toutes les exigences ; à double et triple titre, encourageons donc l'industrie de notre pays.

Le format dépend des relations. Pour écrire à un supérieur, on ne prendra pas une feuille de proportions minuscules, ni couleur d'azur. Pour demander un service à un personnage, pour une supplique, une pétition, format assez développé, papier ministre. Dans tous les cas, des enveloppes assorties.

On peut faire porter à son papier ses initiales, son monogramme, ses armoiries (correspondance sérieuse); son emblème, sa devise de fantaisie, son prénom, le diminutif de ce prénom, etc., etc. (correspondance familière).

On ne doit jamais écrire en travers sur une page déjà couverte de caractères. Cette habitude est à réprouver même pour l'intimité. On impose, ce faisant, une trop pénible fatigue aux yeux qui nous lisent. Il faut ajouter une autre feuille si la première est insuffisante.

Avant de répondre à une lettre, il est bon de la relire. Il serait extrêmement impoli de demander un renseignement déjà donné, de poser une question à laquelle il a été répondu ou au-devant de laquelle le correspondant est allé, etc.

Une autre impertinence, c'est d'écrire incorrectement le nom des gens qui ont signé lisiblement ou avec lesquels on est en relations. En ces circonstances, on ne leur donne pas non plus uniquement leur qualité... lorsqu'ils en ont une. Par exemple :

« Monsieur le percepteur de » ; il faut : « Monsieur un tel, percepteur à ».

Le billet, la carte-lettre, la carte postale.

Le billet n'est qu'une courte lettre. On y observe toutes les règles du savoir-vivre que nous avons indiquées.

Entre amis intimes, en famille, la carte-lettre s'emploie fort bien, quand on a peu de lignes à s'écrire. Ces cartes sont extrêmement commodes pour les personnes dont le temps est précieux, en ce sens qu'elles vous offrent à la fois le papier, l'enveloppe, la fermeture, l'affranchissement.

Les cartes postales suffisent fort bien, également, pour demander un objet ou un renseignement à un marchand. Il est interdit d'y attacher aucun échantillon, et d'écrire, du côté réservé à l'adresse, toute autre chose que cette adresse.

Timbres-poste joints à la lettre.

En quelles occasions doit-on joindre un timbre-poste à une lettre, à laquelle on demande une réponse ?

Lorsqu'on *réclame* ou *sollicite* un renseignement d'une personne inconnue et qu'on met cette personne dans l'obligation de répondre *directement,* on lui envoie toujours un timbre-poste, afin de ne pas l'induire en dépense, si minime que soit cette dépense.

Ce procédé ne peut aucunement blesser celui vis-à-vis duquel il est employé.

Il ne faut pas joindre de timbre-poste quand on s'adresse à un fonctionnaire, qui peut répondre *par voie administrative* et, en conséquence, employer la franchise. (S'il s'agit du service, bien entendu.)

Non plus, dans une pétition ou dans une lettre par laquelle on demanderait une protection, où l'on ferait appel à la pitié, à la charité.

Mais si on écrivait à une duchesse ou à un sénateur pour avoir des renseignements sur une personne qu'il aurait eue à son service, on joindrait un timbre-poste à sa lettre, et la duchesse ou le sénateur devrait employer ce timbre et *non pas le retourner.* La raison en est que le correspondant veut bien demander un léger service (qui est dû, en ce cas et en beaucoup d'autres), mais qu'il ne saurait accepter que l'on dépensât la moindre des sommes pour le lui rendre.

Lorsqu'on demande à un marchand des renseignements sur ses produits, on n'est pas obligé de lui envoyer un timbre pour sa réponse. La somme qu'il dépensera pour satisfaire le client en expectative est comprise dans les frais généraux de son commerce.

Un point délicat.

Quelqu'un vous confie une lettre pour la remettre à une autre personne ; naturellement, cette lettre n'est pas fermée, ainsi que l'exigent l'usage et la plus élémentaire politesse. Le messager choisi doit-il cacheter la lettre immédiatement, en présence de celui qui l'a écrite? Oui, car on ne saurait exagérer les procédés délicats, et j'ai toujours remarqué que les gens honnêtes sont ceux qui donnent le plus de garanties contre eux.

Il y a encore une autre raison. On peut égarer la lettre (c'est le moment de dire qu'il faut en prendre autant de soin que d'une dépêche d'État), et, si elle est fermée, il y a chance qu'elle ne soit pas lue par ceux entre les mains desquels elle peut tomber.

Du reste, la chose doit se faire simplement, rapidement. L'auteur de la lettre ne fera aucune obser-

vation, et celui qui cachette n'expliquera rien non
plus. — L'usage étant établi, il n'y a pas de danger
que le destinataire s'étonne de recevoir une lettre
fermée des mains d'un tiers. Il ne s'agit donc pas
ici de la lettre de recommandation, qu'on remet
ouverte à celui qui l'a sollicitée, parce qu'il est entendu, convenu, qu'il doit en prendre connaissance,
mais d'un autre cas très particulier et rare où une
lettre est remise à un tiers, afin qu'elle arrive
sûrement entre les mains de celui à qui elle est
destinée.

Aphorismes littéraires.

Je terminerai ce chapitre par quelques apho-
rismes puisés à haute source et qui sont bons à
méditer, lorsqu'on va écrire la plus simple lettre.

« Ce qui n'est pas clair en matière de style n'est
pas français. » (Rivarol.)

« Le Français ne trouve jamais la phrase trop
courte ni trop claire. »

« Ce que le rythme est à la musique, le verbe
l'est à la prose. Cervantès, Bossuet, Molière, de
Maistre, avares d'adjectifs, abondent en verbes. »

« L'abus des épithètes affadit le style, celui des
adverbes l'éreinte.

« Molière se moque de l'adverbe et il a raison. »

« Toutes les fois que vous le pouvez, remplacez

le substantif par le verbe, l'adjectif par le substantif, l'adverbe par l'adjectif. *Ordonner* vaut mieux
que *donner des ordres. Préciser un ordre* vaut mieux
que *donner des ordres précis.* »

Clarté, concision, deux qualités qui s'obtiennent
en réfléchissant un peu ou beaucoup avant d'écrire
et qui donnent, par surcroît, l'élégance.

LES PRÉSENTS

Présents de Noël. — Étrennes.

Chez nous, l'usage des présents de Noël n'est pas universellement répandu, — sauf en ce qui concerne les enfants, dont le « Petit Jésus » remplit le mignon soulier, — mais il gagne du terrain, d'année en année et c'est une bonne chose, puisque cette coutume septentrionale permet d'être agréable à ses amis une fois de plus. On peut sans inconvénient s'en dispenser, mais ceux qui voudraient prendre cette habitude seront, sans doute, bien aises de savoir que les présents de Noël sont de même nature que les cadeaux du jour de l'An, à savoir : fleurs, bonbons, bijoux, porcelaines, objets de toilette, etc., etc.

Les supérieurs seuls (par l'âge, la position, l'ascendance, etc.), font des *cadeaux* de Noël et du jour de l'An. Les inférieurs n'en rendent pas. Mais ces derniers peuvent offrir un *présent* à leurs supérieurs, à l'occasion du jour de fête ou du jour de naissance de ceux-ci. — Les gens du même âge, de la même situation, du *même sexe* peuvent échanger des *présents* à Noël et au jour de l'An.

Un célibataire, qui a dîné plusieurs fois dans une maison, *doit* envoyer des *fleurs* ou des *bonbons*, voire des *livres*, à la maîtresse de ce logis, le 31 décembre au plus tard. La femme à qui ce présent est adressé remercie par l'intermédiaire de son père ou de son mari. Si elle vit seule ou sans parent masculin auprès d'elle, elle écrit un court, un aimable billet. Il est bien entendu que *jamais* elle n'offre rien en retour.

Les cadeaux que l'on se fait entre parents ou entre amis si intimes que les relations ont couleur de liens de famille, si même il n'y a supériorité, ces cadeaux peuvent affecter la forme la plus ordinaire ou la plus splendide : on donne fort bien une douzaine de mouchoirs de poche, ou un fil de perles de 100,000 écus; de l'argent monnayé : pièce d'argent, louis, billet de mille francs, ou un humble bouquet de violettes; un sac de bonbons ou une paire de chevaux. Tout dépend des fortunes réciproques. Il n'y a qu'une règle à observer : à une personne riche, il faut offrir une inutilité, ou, du moins, une chose dont elle puisse se passer : bronzes, fleurs extrêmement rares, porcelaines anciennes, dentelles précieuses, bonbons exquis ou... si l'on est pauvre, soi-même, un bouquet très simple. A une personne de position moyenne, un

14.

objet qui puisse, à la fois, lui servir et satisfaire une de ses fantaisies. A une personne pauvre, une chose utile, qui lui épargne une dépense.

Pour bien faire un présent, il faut encore étu_ dier les goûts de celui à qui on le destine. Il y a des gens, au contraire, qui ne consultent que leurs préférences. Ainsi, un de mes oncles, qui adorait les mandarines et détestait les pralines, envoya un jour une caisse de ces petites oranges à nne amie qui ne pouvait les souffrir, tandis qu'elle raffolait des bonbons inventés par le sommelier du maréchal du Plessis-Praslin. Cette amie sut gré à mon grand-oncle de l'intention qu'il avait eue de lui être agréable, mais son présent ne lui apporta pas d'autre plaisir. C'était un peu maigre. Mon grand-oncle ! — Dieu ait son âme ! — avait agi en égoïste, — qu'il me pardonne de le dire ; — en cette circonstance, il n'avait écouté que son *moi*, lequel devait faire silence, car il ne s'agissait pas de lui. Notez que mon oncle avait vu son amie grignoter des pralines et refuser des mandarines.

Les œufs de Pâques.

C'est une coutume très gracieuse, que celle des cadeaux de Pâques, autrement dit des *Œufs de Pâques*.

A qui doit-on donner des œufs de Pâques ?

Aux femmes et aux enfants, aux personnes jeunes... sans réciprocité.

C'est une occasion, pour un célibataire, de s'acquitter des politesses qu'il a reçues dans une maison ; occasion que Noël et le jour de l'An n'ont pu toujours lui fournir. Pour les femmes, c'est un présent quelconque enfermé dans un coffret ou un simple carton, auquel on a donné la forme de l'œuf, qui peut aller jusqu'à la grosseur de celui de l'autruche et plus.

Nous venons de dire un présent quelconque, en quoi nous avons eu tort. Un homme de son monde, une simple connaissance, enfin, ne peut offrir à une femme qu'un livre, des fleurs ou des bonbons. Ces *œufs de Pâques*, cependant, peuvent aller du plus simple au plus magnifique. Dans une situation modeste, on enverra un livre nouveau broché, un bouquet de violettes (un peu gros), ou des pralines dans un sac ovoïde (ce détail est de rigueur). Un homme très riche priera d'agréer un livre nouveau sur papier du Japon (tiré à dix exemplaires), enrichi d'eaux-fortes, à couverture de satin, ou un volume ancien, introuvable ; son bouquet sera composé d'orchidées exotiques et entouré d'une collerette de vraie dentelle ; les bonbons seront contenus dans un œuf de porcelaine ou de faïence artistique ouvert et volontairement ébréché, comme l'œuf à la coque, pour servir de vase ensuite, voire de potiche.

Les *œufs de Pâques* ne sont pas seulement des présents d'obligation. Ce sont aussi des cadeaux faits avec joie par les parents à leurs enfants, les oncles et tantes à leurs neveux et nièces, etc., etc. Ces *œufs de Pâques*-là sont en général des choses agréables ou utiles, ou l'un et l'autre. Le père apporte à sa fille un joli chapeau, une robe en pièce, dans un gros œuf de carton_blanc. Un oncle envoie à sa nièce un œuf de la poule aux œufs d'or : c'est-à-dire qu'il a fait vider un œuf véritable (de pigeon, de poule, de dinde... ou d'autruche) et qu'il l'a empli de pièces d'argent ou d'or, après quoi il a recollé la partie enlevée. Un frère aîné donne à sa sœur une loge à l'Opéra (ou un billet de théâtre) dans un œuf en chocolat.

Pour les enfants, on les contente à peu de frais. Rien ne les amuse comme de chercher les œufs dans les coins de l'appartement ou dans les plantes au jardin. En Saxe, on leur fait accroire que ce sont les lièvres, au service du bon Dieu, qui les ont apportés. Egarez donc, pour leur plus grande joie, ces doux produits de la confiserie ou les simples œufs dorés, ou peints ornementés de leur nom ou d'une devise. Ils sauront bien les retrouver où vous les avez cachés.

Les enfants mariés vont *chercher* leurs œufs de Pâques chez leurs parents.

Le poisson d'avril.

Il y a encore les présents du 1ᵉʳ avril, **car cette**
date n'est plus seulement consacrée aux mauvaises
plaisanteries. Elle donne lieu à des cadeaux...
comiques. Par exemple, on envoie un poisson de
carton à une femme, en la prévenant qu'il doit être
vidé sur l'heure. D'abord dépitée, furieuse, elle
s'avise d'ouvrir le monstre et elle découvre, dans
ses flancs, une botte de fleurs parfumées. A un
ami, vous adressez un panier de coucous, il regarde
ahuri, en haussant les épaules, mais enfin il enlève
les fleurettes et il trouve les huîtres qu'il aime
tant.

A une fillette, vous donnerez une pelote de fil à
crochet, en lui recommandant de l'utiliser de
suite ; elle fait la moue, mais quand elle arrive au
bout de ce fil, elle s'aperçoit qu'il recouvrait un
petit écrin, la bague de ses rêves. On offre encore
des vases en forme de poisson, des poissons en
chocolat, en pâte fine, en pain d'épices. Ce sont
les seules plaisanteries de bon goût, les seules per-
mises.

Ces cadeaux ne s'échangent qu'à la condition
d'une certaine intimité.

Quelques recommandations importantes.

Une femme ne doit jamais faire de présents à un homme, fût-il son fiancé, avons-nous dit.

A ce propos, nous ajouterons que la coutume d'offrir une chemise à son fiancé — encore en usage dans quelques pays — est complètement tombée en désuétude à Paris, toute princière qu'ait été son origine. Au temps où le linge était si coûteux qu'il était un luxe rare, les princesses donnaient une chemise à leur fiancé la veille du mariage. Aujourd'hui ce présent, qui n'a plus aucun mérite d'élégance, paraîtrait ridicule, et... presque choquant, car nos idées ont beaucoup changé sur une foule de points, et nous avons une certaine réserve et une retenue que nos aïeux ignoraient.

Quand le présent est un objet acheté dans un magasin, il faut avoir grand soin d'enlever le prix qui peut y être attaché ou collé, sous peine d'indélicatesse ou d'énorme maladresse. Il est bon aussi de donner à tout cadeau un emballage *relativement* élégant. Si on l'enveloppe d'un simple papier, ce papier sera immaculé, les ficelles sans nœuds de rattache, etc.

Si le donateur apporte lui-même le présent, on déballe, — s'il y a lieu, — dans tous les cas, on regarde ce présent avec empressement, et on témoi-

gne sa gratitude, sa satisfaction, son plaisir ou sa
joie, selon le cas. Et si l'objet offert déplaît, va-t-on
dire ? Il faut quand même se montrer heureux ;
heureux de l'attention et de l'intention, heureux du
désir que le donateur a eu de vous être agréable
ou utile. N'est-ce pas, du reste, ce qu'il y a de
meilleur dans un présent ? On ne doit donc pas
être avare de remerciements, et on met une cer
taine effusion dans l'expression de sa reconnais
sance.

On va *chercher* soi-même son *cadeau* chez ses
père et mère, ses grands-parents, etc., car si l'on
demeure avec eux, on leur souhaite la bonne
année dès les premières heures du jour, et si on
n'habite pas leur maison, on leur doit une visite
matinale le 1ᵉʳ janvier.

Si une personne de laquelle vous n'aviez pas
à attendre d'étrennes s'avisait de vous en donner,
et si vous ne vouliez pas être en reste avec elle, il
ne faudrait pas, cependant, lui renvoyer un cadeau
immédiatement. Ce serait de mauvais goût ; cela
signifierait : Je ne veux rien vous devoir. Saisissez
la plus prochaine occasion pour vous libérer :
Pâques, son jour de fête ou son jour de naissance, etc., ou encore un gâteau d'Épiphanie, dans
un plat plus ou moins beau.

Avez-vous reçu un de ces services qui se paye
avec de l'argent et pour lequel on n'en a pas voulu

accepter ? Acquittez-vous au jour de l'An. Un présent utile si le service a été rendu par une personne dans une position inférieure. Avez-vous affaire à un médecin ? Des fleurs à sa femme, des bonbons à ses enfants, etc., etc. En cette circonstance, *faites grand* autant que possible.

Il ne faut jamais rien offrir, rien promettre, qu'on ne soit assuré de pouvoir exécuter ou tenir; il faut réfléchir auparavant et être bien certain aussi qu'on ne regrettera pas de s'être avancé, parce qu'après s'être imprudemment engagé, on ne peut plus reculer, à moins de manquer à la probité mondaine et à la bonne grâce du gentleman.

A combien de personnes n'arrive-t-il pas de dire : « Je vous donnerai cette plante (ou autre chose), je vous prêterai ce livre. » Après, elles font des réflexions. « Si je donne cette plante, je dépouillerai mon jardin ; si je prête ce livre, on me le rendra peut-être en mauvais état. » Et elles gardent plante ou livre.

Mais elles ont eu affaire parfois, à des gens naïfs, confiants, qui prennent tout au pied de la lettre, qui se disent : Si on m'a offert, promis cela, c'est que l'on avait du plaisir à le faire. Et ne voyant venir ni livre, ni plante, ils pensent : On aura sans doute oublié. Alors, s'autorisant de l'offre qui leur a été faite librement, spontanément, ils se croient le droit de vous rappeler qu'ils attendent toujours le livre ou la plante promise. C'est là où cela devient comique

Le visage de l'oublieux volontaire s'allonge, devient maussade, presque sévère, semble dire : Quel être indélicat, inconvenant ! J'avoue que, si les relations ne sont pas intimes, il aurait mieux valu ne pas réclamer, laisser la promesse tomber dans l'oubli. Mais le véritable coupable envers le savoir-vivre, c'est celui qui manque à sa parole, même dans ces toutes petites choses.

Assurément, vous n'êtes pas tenu par la loi d'être obligeant ou généreux envers tout le monde; mais alors, ne promettez, n'offrez rien. Vous n'avez pas le droit d'infliger une déception; on comptait sur la plante pour orner son jardin, sur le livre pour passer une heure agréable, vous *volez* le plaisir que vous aviez fait espérer.

LA JEUNE FEMME

Comme elle devrait être.

Ce n'est pas le type de Paulette (*Autour du ma-riage et du divorce*). Cependant nous la prenons dans une position analogue, avec des différences de caractère.

Elle a beaucoup d'aisance aussi, encore plus de simplicité *vraie*. Je ne sais si sa grâce est innée ou acquise par l'éducation (c'est-à-dire par une sur-veillance exercée — sans pédanterie — sur ses gestes et ses mouvements), mais elle est parfaite.

Elle suit la chasse par complaisance, mais elle ne chasse pas. La chasse *pour le plaisir* l'a toujours révoltée ; sans tomber dans la sensiblerie, elle n'a jamais pu se décider à détruire des vies innocentes.

Elle a appris à manier une arme, pour se défendre au besoin, mais elle n'aime pas à faire parade de son adresse au tir, encore moins tient-elle à passer pour une habile escrimeuse.

Elle sait conduire son poney-chaise, ce qui est

fort commode, mais vient-elle à sortir en compagnie de son mari, elle lui abandonne les rênes.

Au bal, elle ne se décollète pas outrageusement, quoiqu'elle soit la mieux faite du monde. Vous sentez, après cela, qu'elle ne se rend pas de sa cabine au flot et de celui-ci à celle-là, moulée dans certains costumes de bains. Elle jette un manteau sur ses épaules.

Elle va aux courses, mais elle n'engage pas des paris, elle ne tient guère à se montrer au pesage et elle ne se passionne pas, outre mesure, pour les *favoris.*

Pour aller à pied, dans la rue, sa toilette est très *effacée,* dans le monde, ses ajustements sont du plus haut goût, ainsi que sa situation l'exige et *parce que* sa fortune le lui permet.

Elle n'aime pas à faire la charité à grand fracas, à coups de tam-tam, pour faire retourner le gros public ; tout en acceptant d'être dame patronesse, par convenance, elle a ses propres œuvres, nombreuses et secrètes.

Sa maison lui ressemble. Charmante, d'un luxe harmonieux, avec une pointe de haute fantaisie. Très confortablement moderne, mais ni bazar, n atelier, très personnelle, très jolie, très accueillante ; sans aucune trace du cherché, ni du voulu ni de l'effet. L'hospitalité y est aussi cordiale que sincère.

On en sort toujours charmé. La dame **du** lieu

n'est ni dénigrante, ce qui est de si mauvais ton,
ni jalouse, n'ayant pas de sot orgueil, ni facile à
l'engouement, ce qui lui épargne les ruptures toujours pénibles et parfois douloureuses.

Sa maison est la mieux tenue de Paris et,
tout en sachant être magnifique lorsqu'il le faut,
elle ménage la fortune de ses enfants.

Elle trouve du temps pour veiller à la santé de
ses chers petits, elle s'inquiète de leur éducation
et ne traite pas légèrement la question de leur instruction.

Elle n'est peut-être pas entièrement heureuse,
mais elle n'a pas cherché de consolations coupables.
Toutefois, elle ne fait pas parade de sa vertu, et
personne n'est plus qu'elle indulgente aux autres
femmes.

Elle accomplit son devoir simplement, elle sait
que le bonheur complet n'existe pas et elle n'a pas
fait de rêves impossibles ou, du moins, elle les a
étouffés.

Cette femme peut vieillir. Pure, douce, aimante,
elle restera charmante, alors même qu'il aura
neigé sur ses cheveux. Son fauteuil de douairière
sera fort entouré, on saura trouver auprès d'elle de
bons avis, exprimés avec grâce.

Peut-être le compagnon de sa vie — s'il n'a pas
apprécié son trésor autrefois — lui reviendra-t-il,
comprenant enfin ce qu'elle vaut. Un peu désabu-
sée, elle ne le repoussera pourtant pas, et elle pen-

sera qu'il y a encore quelques fleurs dans l'arrière-saison.

Ce n'est pas là, la femme capiteuse, enviée, jalousée. C'est celle qui rend heureux. C'est celle qui pleure, comme les autres, mais des larmes sans remords.

Réserve obligatoire.

Une femme encore jeune ne doit pas sortir en la seule compagnie d'un homme qui n'est ni son père, ni son frère, ni son mari. Ce que nous prohibons absolument pour les jeunes filles devrait être encore plus sévèrement défendu aux femmes mariées. En effet, une jeune fille compromet surtout son propre honneur, son propre bonheur, son propre avenir ; une femme mariée compromet l'honneur, le bonheur, l'avenir de son mari, de ses enfants... de son complice et cela sans réparation possible.

A défaut d'amour pour l'époux, il y a un sentiment d'équité à l'égard de celui dont on porte le nom, il y a la dignité féminine, il y a *surtout* la tendresse maternelle pour nous retenir.

« Il est plus facile de s'abstenir que de se contenir », a dit Fontenelle. Comme c'est vrai. Une femme, une femme mariée surtout, devine *tout de suite* qu'elle est aimée. Alors quelle est la conduite que lui commandent les convenances et l'honneur

féminin? Si sûre qu'elle se croie d'elle-même, elle
éloignera immédiatement ce danger en refusant de
recevoir, — en l'absence de sa mère ou de son
mari, — celui dont elle a pénétré les sentiments ;
elle évitera même de le rencontrer, dans la crainte
de se laisser amollir, émouvoir, et Dieu sait où cela
peut mener! S'il lui est permis de compter sur la
modération et le calme de son mari, elle lui confiera
ses soupçons, elle lui demandera de la protéger par
sa présence. Si le mari était violent, jaloux, il faudrait se défendre seule, et la meilleure manière,
c'est d'ôter tout espoir, dès le premier instant, par
une froideur savante, dans laquelle on ne voie que
de l'indifférence et non de la peur. Pour Dieu! ne
vous flattez pas de rester irréprochable et pure,
tout en vous laissant adorer ; c'est, au reste, un
sentiment égoïste, vaniteux et qui vous est interdit,
sous peine de déloyauté. N'ambitionnez pas le
rôle d'amie, d'Egérie, d'un homme, d'une intelligence d'élite, même en toute innocence, c'est
jouer avec le feu.

Ne donnez jamais prise au soupçon, pour vous-
même, pour les autres. Vous êtes peut-être malheureuse, votre cœur est peut-être meurtri, ne cher-
chez pas de consolations, même idéales, qui sont
dangereuses, qui peuvent devenir coupables. Rési-
gnez-vous. Perdez-vous tout entière dans vos
enfants.

Les femmes de l'autre siècle ne sortaient jamais

seules avant la trentième année et au delà, si elles
étaient restées jolies. Elles se faisaient toujours
accompagner d'une amie plus âgée, en visite, à
l'église, à la promenade. Vous me direz qu'une
amie peut être une complice ; sans doute, mais
d'abord on regarde à se donner une complice,
ensuite certaines scènes ne peuvent se passer en
présence d'un tiers.

Ces mêmes femmes du xviiie siècle avaient
l'excellente coutume, quand elles recevaient un
homme, d'amoindrir l'importance du tête-à-tête,
en laissant ouverte la porte de la pièce où ils se
trouvaient seuls. Le visiteur s'asseyait vis-à-vis de
la dame, à distance, et jamais à ses côtés. Pruderie, dira-t-on. Il y a manière de prendre ses précautions *sans appuyer*, pour rester dans le bon
goût ; mais il vaudrait encore mieux montrer trop
de rigorisme que de laisser-aller, quand on ne
s'appartient plus.

Direction du logis.

Quelle que soit la position et la situation d'une
femme, elle a le devoir et l'obligation de s'occuper
de sa maison. « L'oisiveté est la mère de tous les
vices, » dit la Sagesse des nations, l'oisiveté peut
amener bien des malheurs dans la vie d'une femme
et elle dénote, en outre, une mauvaise éducation.

Il est clair pourtant qu'une femme riche est dispensée de certaines occupations manuelles du ménage. Du reste, un grand état de maison réclamant une grande surveillance, il est certain que la maîtresse du logis a beaucoup à faire, si elle est consciencieuse, si elle a vraiment l'œil à toutes choses. Il lui faut diriger les domestiques, veiller à leur moralité, s'inquiéter des plus infimes détails, afin que les rouages de cette grande machine qu'on appelle un ménage ne s'arrêtent jamais.

Elle doit compter avec la femme de chambre, la cuisinière, le valet de chambre, le cocher, le jardinier, parce qu'elle ne peut autoriser le moindre gaspillage. Possédât-on la fortune d'un Gould ou d'un Vanderbilt (les milliardaires américains), il ne faut permettre le mauvais emploi d'aucune chose, et, sans liarder, il est bon de ne pas souffrir qu'on perde un fétu de paille sans profit pour personne : on n'a jamais trop de superflu pour faire l'aumône, et je me sens prise d'indignation, quand je vois (dans une maison mal surveillée) des viandes se décomposer, du pain moisir, alors que ces viandes et ce pain auraient pu apaiser la faim d'un malheureux.

LE VÉRITABLE GENTLEMAN

Son portrait.

Vous l'avez deviné, le véritable gentleman ne se borne pas aux dehors extérieurs de la politesse ; il cultive en lui les bonnes manières, parce qu'elles sont comme la forme tangible de la bienveillance et du respect qu'il professe pour autrui. Mais cette bienveillance et ce respect, il les a aussi dans le cœur.

La politesse a ceci de beau, c'est qu'elle est née de l'amour de l'homme pour son semblable, de la crainte de le froisser, de le blesser, de l'offenser. C'est une vertu des peuples civilisés. Avec ces rares mérites, elle a aussi d'agréables côtés pour celui qui la pratique ; elle le rend plus gracieux, plus aimable, plus sympathique, fût-il même dépourvu de dons physiques.

Il est clair que si, après avoir salué avec la désinvolture d'un « homme de sport », avoir parlé avec esprit, avoir accompli tous les rites de la politesse mondaine, vous laissez échapper un mot méchant ou seulement mordant, votre belle apparence extérieure n'empêchera pas qu'on ne vous déteste ou, au moins, qu'on n'éprouve, pour vous, un éloignement mérité.

Le véritable gentleman est bienveillant, modeste, courtois, généreux. Il n'offense jamais personne et il supporte certaines attaques, toutes les fois que ce n'est pas incompatible avec sa dignité. Il ne soupçonne pas toujours le mal autour de lui, parce qu'il n'a jamais l'intention de faire le mal et qu'il préfère voir l'humanité en beau. Il va, armé seulement de la conscience du droit et du bien. Il subjugue ses appétits, raffine ses goûts et ses habitudes, il dompte ses défauts et estime les autres autant et même plus que lui-même.

Ce véritable gentleman est un véritable homme de bien. Il a tous les courages : le courage de ses opinions, le courage de ses affections, le courage physique comme le courage moral, parce qu'il hait la lâcheté et sait que, pour chaque être humain, sonne, au moins une fois dans la vie, l'heure du sacrifice et du dévouement. Sa première vertu est le patriotisme, il ne recule jamais devant les devoirs parfois pénibles, douloureux, imposés pour le salut du pays ; qu'il faille défendre l'intégrité du sol ou sauver l'honneur national. Il ne trahit pas davantage sa foi politique, mais il a mûri longtemps les déterminations qui l'entraînent vers un parti ou un autre, et il ne se laisse inspirer que par ce qu'il croit être le bien.

Cet homme est fidèle à ses affections. Quand il a noué des liens de cœur, il ne les brise pas facilement et, si on a tué l'amitié en lui, il conserve, du moins, les formes du culte anéanti. Il fait cela pour lui-même un peu et beaucoup pour celui qui a démérité de sa tendresse, mais pour lequel il est encore plein de pitié et de bonté. Il trouve que, pour avoir été longtemps aimé, son ami a acquis sur lui des droits imprescriptibles et indéniables. Mais aussi le véritable gentleman ne se laisse-t-il jamais guider par l'engouement ni le caprice. Il étudie celui vers qui la sympathie l'attire avant de lui offrir, de lui donner une affection qu'il ne voudrait pas lui reprendre.

Personne n'est aussi attentif que le véritable gentleman à remplir les petites obligations de la vie. Avec ce désir de rendre heureux, cette crainte de blesser, il n'oublie rien, n'omet rien.

Il est plein de respect et de douceur pour les femmes. Pour leur parler, il assouplit sa forte voix ; pour ne pas les effaroucher, il modère la brusquerie des façons masculines ; dans la discussion avec une femme, comme dans la conversation, il introduit toutes sortes de termes mesurés et une courtoisie inaltérable. Il se laisse attaquer, taquiner sans montrer d'impatience ; il ne répond jamais grossièrement à la parole inconsidérée, maladroite ou vive qui peut échapper à la femme. C'est dans ce commerce avec elle, avec ces ménagements pour sa faiblesse, qu'il acquiert ses dons les meilleurs et les plus charmants. Il parle d'elle, même hors de sa présence, avec un respect infini ; il ne la compromet jamais et, au besoin, la défend de sa parole et de son bras.

Grands et petits devoirs du gentleman.

Il arrive que des femmes trop vives et disons le mot, mal élevées, traitent durement un homme qui a commis quelque maladresse à leur égard. Cette conduite blâmable de la femme n'autorise pas l'homme à l'insulter, ni même à lui répondre vertement. Tout au plus peut-il lui faire sentir son tort avec esprit, bonne humeur et convenance. En cas où, dans une discussion, elle perdrait toute mesure il ne se départirait pas davantage de cette respectueuse indulgence... due à son sexe, sinon à elle-même.

Dans les danses et les jeux qui autorisent l'enlacement des mains, de la taille, l'homme ne doit pas saisir sa danseuse ou sa partenaire d'une étreinte trop vive, les convenances lui interdisent de trop la rapprocher de lui.

Il peut très bien, en ces circonstances, ou à table, entamer une conversation avec la plus jeune et la

plus naïve des fillettes, parler de toute autre chose
que de la chaleur et de la beauté de la fête, mais il
veillera sur ses moindres paroles, quel que soit
l'âge de la femme à laquelle il s'adresse, pour ne
pas déflorer cette ingénuité féminine, — que beaucoup de femmes gardent au delà du mariage — par
un mot étourdi, malséant, inconvenant.

A un bal par souscription, à un bal de société,
— comme j'entends dire quelquefois, — un homme
se conduit absolument comme dans une maison
particulière. Pas moins d'égards ni de respect pour
ses danseuses. Comme dans le monde, pour inviter
à danser, il va s'incliner devant la femme choisie,
en lui disant : « Madame, ou mademoiselle, voulez-
vous me faire l'honneur de m'accorder le prochain quadrille ou la prochaine valse ? »

Il ne quitte pas ses gants pour danser. Si le
buffet, où l'on sert les rafraîchissements, est payant
un homme peut offrir à la personne qui accompagne
sa danseuse de leur faire apporter, à toutes deux,
une chose qu'elles désireraient. Si le chaperon
refuse, il n'insistera aucunement. En toutes circonstances et parties, du reste, lorsqu'une femme
s'oppose à ce qu'un homme paye une dépense faite
pour elle, il doit se soumettre immédiatement.

A table, un homme soigne la voisine qui lui a été
assignée, celle qu'il a menée à table. Il ne la laisse
manquer de rien, lui parle pour l'amuser d'une
façon aussi intéressante que possible.

Si une femme laisse tomber son mouchoir, son éventail, un objet quelconque, tout homme bien élevé s'empresse de le ramasser et de le lui remettre, en s'inclinant ou la saluant, si l'incident a lieu dans la rue.

Un homme doit s'effacer en toutes rencontres, tenir le moins de place possible pour laisser le plus d'espace qu'il est en son pouvoir à *toute femme*. Il doit prendre garde d'accrocher ses vêtements avec son parapluie, sa canne, etc.

En vertu du principe qui établit que « c'est la reine qui parle la première », et la généreuse courtoisie française faisant de la femme une reine, au point de vue mondain et malgré la loi salique, un jeune homme, tout homme âgé de moins de soixante ans, ne tendra pas le premier la main à une femme jeune ou vieille. C'est à elle à témoigner de sa confiance, en tendant la main la première, et il n'appartient jamais à l'homme de se croire assez avancé dans l'intimité d'une femme pour se permettre d'aller au-devant d'une marque de sa bienveillance.

Pour les mêmes raisons, un homme attend, pour saluer une femme dans la rue ou tout lieu public, qu'elle l'y autorise d'un regard prouvant qu'elle l'a reconnu et qu'il peut en faire autant.

Un homme ne peut offrir de présents sérieux qu'à sa mère, sa sœur, sa fiancée (à la veille du contrat). S'il a été reçu dans une maison, il peut envoyer aux dames du logis des fleurs, des livres, des bonbons, de la musique, des loges ou des billets de spectacle (lorsqu'il s'agit de représentations convenables). Le choix des livres et de la musique doit être très sévère aussi. Il serait insultant de supposer qu'une femme pût lire ou chanter des choses grivoises ou seulement égrillardes.

Ai-je besoin de dire aux jeunes gens qu'ils ne réussiront jamais dans le monde, — ou du moins pas longtemps — s'ils *affectent* des airs supérieurs, sentencieux ou sombres, fatals, aussi absurdes les uns que les autres ? Qu'ils soient jeunes pendant leur jeunesse. Connaissez-vous quelque chose de plus charmant et de plus attirant que le printemps et la jeunesse ?

La gaieté va très bien à la vingtième année, puis c'est une qualité française qu'il ne faut pas laisser périr.

On aime aussi, chez un jeune homme, une pointe de fougue, d'enthousiasme, de brillant, de poésie. Après lui avoir dit : respectez profondément la femme j'ajouterai : au-dessus d'elle placez encore *la dame* de nos jours, celle à qui vous devez tout votre amour, tout votre sang, *la grande dame*, la patrie, la France

La tenue.

Un peu de coquetterie, indiquant un légitime désir de plaire, est permise et même ordonnée. Vous verrez que vous en serez mieux accueilli partout, parce que ce soin, que vous prendrez d'être agréable aux yeux, flattera l'amour-propre d'autrui. Lord Chesterfield, une autorité, pour ne pas dire un oracle, en matière de savoir-vivre, écrivait à son fils : « Un homme bien habillé a encore plus d'influence sur les hommes que sur les femmes. »

N'allez pas conclure de là que la question de toilette masculine n'est rien aux yeux de la plus faible moitié de l'humanité. Mais, une tenue négligée, dénotant le dédain où l'on tient l'opinion des autres, indispose l'homme contre l'homme et lui donne envie de rendre mépris pour mépris. Souvent aussi, un homme mal habillé est ridicule aux yeux de ses congénères, qui pensent que cette insouciance de l'apparence extérieure l'empêchera de faire son chemin dans la vie, — ce qui arrive souvent, à moins que l'on ne soit génial.

Toutefois, je n'ai pas l'intention d'envoyer tous mes lecteurs se faire habiller chez les *tailors* de la rue de la Paix ou des boulevards. Mais je voudrais leur voir accorder quelque attention à leur toilette et leur persuader, surtout, qu'il faut choisir parmi ses vêtements selon les circonstances. Ainsi rien n'est aussi absurde, d'aussi mauvais goût, que de se rendre à une fête de village, à un déjeûner de campagne, à une partie dans les bois, en redingote et pantalon noirs, en gilet décolleté, en chapeau tuyau de poêle.

En ces occasions, il faut un complet, un feutre ou un melon. Laissez votre redingote dans l'armoire pour les mariages, les enterrements, les visites, etc., ce sera plus conforme à la véritable élégance... et plus économique. Sachez bien que je ne viens pas vous inciter à des dépenses au-dessus de vos moyens et qu'il y a avantage à posséder des habits différents, pour les cas divers, afin de réserver les plus beaux et les plus coûteux pour les événements solennels.

Un homme qui a des aspirations d'élégance, — ce qui est à encourager, quand elles restent contenues dans de justes limites, ne s'habille pas, non plus, dès le matin, comme un notaire appelé à dresser un contrat ou à rédiger un testament ; il sait que la redingote et le chapeau haute forme sont inadmissibles jusqu'à l'heure des visites. Cet homme a grand soin de ses vêtements : souillés, tachés, ils sont comme déshonorés. Il ne se couvrira pas, pour aller au travail, d'un pardessus encore mettable avec une toilette de fête. Un jour de pluie violente, par la neige, il n'exposera pas aux intempéries un chapeau neuf, un vêtement frais. Il faut savoir conserver, pour ces mauvais jours, d'anciens habits qu'on fait nettoyer, réparer et qui rendent d'inestimables services, le soir, par exemple, pour faire des courses.

En se donnant ces petites peines, tout le monde peut arriver à acquérir l'aspect d'un gentleman.

Il y a aussi, il y a surtout les soins de sa personne. Tout homme peut les prendre. On a toujours un peu de temps pour cela; l'eau, le savon, un peigne, une brosse ne représentent pas une dépense dont il faille parler. On n'aura jamais bonne façon avec des ongles en deuil; ces ongles peuvent être rongés par certain travail, on les regardera avec respect, s'ils sont nets et propres.

Il y a des mains rudes, calleuses, rougies, abîmées; croyez-vous qu'on les serre avec moins de plaisir que la main blanche d'un boulevardier « ces mains sanctifiées par le travail », — selon la belle expression de George Sand, — si elles ont été bien lavées, si elles ont été débarrassées, à la sortie de l'atelier ou à la rentrée à la ferme, des taches que leur a faites l'honnête labeur? Pour moi, j'aime leur étreinte *saine*, franche, cordiale, tandis qu'il me déplaît de sentir mes doigts entre certaines mains molles et parfumées.

Une dernière recommandation :

Que votre linge soit beau et même précieux si

vous le voulez, mais sans broderies ni fioritures.
Et surtout ne portez que les bijoux indispensables
et d'une façon très discrète.

Pas beaucoup de bagues aux doigts. et pas d'étalage de breloques sur le gilet; boutons de chemise
imperceptibles.

Il en est de la tenue comme des bonnes manières,
que l'on peut cultiver sans la moindre pédanterie
ni prétention ; le sentiment de la dignité personnelle, le désir d'être agréable aux autres, voilà qui
justifie suffisamment les soins minutieux donnés à
sa personne.

Sans le chercher, le véritable gentleman arrive à
être un modèle de bon ton. Il s'est initié à tous les
petits usages, sans y apporter une importance
énorme, mais en en comprenant les bons côtés.
Très simple, exprimant d'une manière aimable
des choses agréables, on le sent animé de nobles sentiments, d'une sympathie qui lui fait
discerner justement les goûts, les besoins des
autres,

Et il va, dans la vie, entouré de respect, d'estime
et d'affection. Cela vaut bien quelques efforts

LA JEUNE FILLE

Un portrait.

Une jeune fille bien élevée ne se retourne jamais pour regarder quelqu'un dans la rue.

A moins qu'il ne s'agisse d'un ami très âgé, elle ne permet pas à un homme de lui adresser la parole dans la rue, lorsqu'elle s'y trouve seule ou accompagnée d'une bonne.

Si elle vient à rencontrer de jeunes amies dans la rue ou dans un lieu public, elle évite de rire et de causer bruyamment avec elles. Si ses amies oublient ce précepte, elle les rappelle gentiment à l'ordre : « Chut, chut, parlons plus bas, nous allons nous faire remarquer. » L'objurgation est accompagnée d'un sourire comme correctif.

Elle ne braque jamais sa lorgnette au théâtre sur les gens qu'elle ne connaît pas, et elle ne les regarde pas non plus fixément et effrontément n'importe où elle les rencontre.

Au dehors, ni même à la maison, elle ne porte

jamais de vêtements singuliers ou excentriques et répudie toute couleur voyante qui « tire l'œil ».

Lorsqu'elle vient à rencontrer une personne de sa connaissance, elle ne croit pas avoir accompli tous ses devoirs en faisant un petit signe de tête bien sec, avec une expression de figure aussi froide qu'anglaise. Elle s'incline du buste avec grâce et laisse apparaître un demi-sourire sur ses lèvres.

Le ton de sa voix n'est ni fort, ni faible, ni affecté, ni languissant, ni âpre, ni perçant. Elle parle naturellement, d'une voix distincte, ni trop basse, ni trop élevée, aux sons argentins... si elle a bien veillé sur son organe, que la nature a fait doux et dont l'altération ne serait due qu'aux accès d'emportement, de colère ou à une sécheresse de cœur irrémédiable.

Elle se garde bien de toute extravagance dans la conversation, elle ne répète pas à tout propos : « C'est insensé », pour « c'est extraordinaire ou incroyable ». Elle ne dit pas : « Un tel est impayable. » « C'est assommant », je m'embête » ; elle évite un verbe qui est beaucoup trop naturaliste, elle dit : « Cela sent mauvais ». Elle n'abuse pas de : « J'adore cela », « je déteste cela ». Elle n'émaille pas sa conversation de : « C'est splendide, c'est délicieux, c'est adorable, c'est ravissant », quand il s'agit de choses toutes simples et tout ordinaires.

Elle ne prodigue pas à ses amies des démonstrations hyperboliques d'affection, ne leur saute pas au

cou à tout propos, ne les accable pas d'appellations
mignardes, mais elle est d'un commerce fidèle et
sûr, elle apporte dans ses relations une grande
honnêteté de caractère, ne révélant ni les travers,
ni les défauts, ni les fautes de ses amies ; ne jalou-
sant ni leur beauté, ni leur fortune, ni aucun de
leurs avantages ; se plaisant à les faire valoir au
contraire.

Elle ne bâille pas en écoutant un interlocuteur
ennuyeux ; elle a la patience d'entendre deux fois
la même anecdote, de sourire deux fois au même
bon mot, d'accorder son attention aux récits les
plus prosaïques. — Elle s'efforce d'acquérir la mémoire des visages, des noms qui leur appartiennent, des faits qui les concernent, afin d'éviter de
passer auprès d'une personne de connaissance
sans la saluer, ce qui est une offense, ou de
s'incliner devant une inconnue, ce qui est une
sottise... parfois compromettante ; ce petit effort
mnémotechnique l'empêchera aussi de dire, en présence de certaines personnes, des choses qu'il faut
laisser dans l'oubli pour ne pas les froisser, et ainsi
elle ne méritera pas qu'on pense : « Elle vient de
perdre une belle occasion de se taire. »

Elle évite le fou rire, en prenant l'habitude de
dominer ses impressions.

Elle ne chante pas en public et ne joue pas d'un
instrument, qu'elle ne soit sûre de sa voix ou de
l'exécution du morceau choisi ou demandé.

Elle ne prend pas les matières familiales pour texte de ses conversations avec ses amies les plus intimes et même les plus sûres. Les choses du foyer ne se racontent pas. Si elle veut être estimée, elle parlera toujours de sa mère avec respect et tendresse.

Il ne lui est pas défendu de chercher à plaire en se rendant agréable, en paraissant apprécier les autres et en se montrant reconnaissante de ce qu'ils font pour elle.

Elle sera aimée si elle sait faire quelques petits sacrifices, naturellement, de bonne grâce, comme s'ils lui coûtaient peu ; si elle a quelque considération pour les opinions, les sentiments, les préjugés des autres.

En visite avec sa mère, elle attendra qu'on lui parle ; mais alors elle s'efforcera de répondre autrement que par monosyllabes. Il ne lui est nullement interdit de montrer qu'elle est spirituelle, intelligente ; ce qui est à réprimer, ce n'est pas l'aisance qui donne tant de grâce, mais l'aplomb effronté et sot qui indique qu'on est absolument contente de soi-même.

Elle se tient bien, droite mais gracieuse, évitant les attitudes languissantes tout autant que les airs délibérés, garçonniers.

Ce qu'elle doit faire, ce qu'elle doit éviter.

Une jeune fille n'accepte jamais d'un homme un présent de valeur, à moins que cet homme ne soit son fiancé. Et encore, jusqu'au jour du contrat, celui-ci ne doit-il offrir que des livres, de la musique, des fleurs, des bonbons.

Une jeune fille ne fait pas faire sa photographie à chaque instant, et surtout elle ne distribue pas à tort et à travers les exemplaires de cette photographie. Elle peut la donner aux membres de sa famille, — sauf à de jeunes cousins qui, peut-être, la laisseraient traîner çà et là; — à celles de ses amies qui sont douées d'un caractère sérieux et qui sont incapables de laisser aller ce portrait entre les mains de ceux qui ne doivent pas le posséder.

Elle ne porte son monogramme ni en broche, ni sur aucun objet de toilette, sauf son mouchoir de poche. Encore bien moins son prénom. Même prohibition en ce qui concerne le papier à lettres d'une jeune fille, lequel doit être simple, azuré ou blanc. Elle peut signer ses lettres à ses amies de son prénom suivi de son nom de famille ; à un professeur, à une personne de connaissance, à un fournisseur, l'initiale de son prénom précède le nom de son père.

Si un homme lui cède sa place, en wagon, en voi-

ture, en tout autre lieu, ou lui rend un de ces petits services qu'on peut accepter, elle remercie
poliment, d'un air souriant.

Au bal ou dans toute autre fête, si une gaieté
bruyante, des conversations trop prolongées avec
un homme, et une exubérance trop vive lui sont
interdites, il ne lui est pas ordonné, pour cela, de
prendre une physionomie froide et sérieuse. Un
joli rire, un air aimable, certaine spontanéité même,
lui siéront très bien. En un mot, elle choisira le
juste milieu entre le laisser-aller et l'excessive pruderie, et elle peut être certaine qu'elle sera convenable et charmante.

A table, elle ne doit pas manger comme Gargan-
tua, ce n'est pas joli et cela nuirait surtout à sa
santé, mais ce serait encore plus déplaisant de la
voir manger comme un oiseau, — à moins qu'elle
ne soit de constitution délicate ou souffrante, —
parce qu'on supposerait, non sans raison, qu'elle
réprime son appétit, pour affecter des airs éthé-
rés. Quand on est jeune, on a toujours faim aux
heures des repas, et on ne criera pas au réalisme,
parce qu'une jeune personne, encore en croissance,
satisfera un bel appétit. Ce qu'il faut seulement
éviter, c'est la gourmandise qui enlaidit et qui
dénote une mauvaise éducation. Par exemple, une
jeune fille ne boira jamais du vin pur et *trempera*
même fortement son vin. Elle n'acceptera pas de
liqueur. Une femme doit se garder des spiritueux,

16

sa beauté et la bienséance l'exigent. Les Romaines
de l'antiquité ne buvaient jamais de vin en public.
Il faut suivre cet exemple au dehors et à la maison.

Elle évite de railler les autres, de se moquer de
ses amies ou des étrangers. Les blessures qu'on fait
à l'amour-propre d'autrui saignent longtemps. Par
bonté d'abord, par prudence ensuite, elle s'arrangera de façon à ne jamais piquer ni froisser quelqu'un.

Il peut arriver qu'un jeune homme s'adresse
directement à une jeune fille pour lui avouer qu'il
l'aime et la voudrait pour femme. Si elle croit pouvoir répondre à son affection, elle porte immédiatement cette déclaration à la connaissance de sa
mère. Sinon elle lui répondra tout de suite (ou
après lui avoir demandé quelques jours) avec franchise et droiture : « Je regrette de ne pouvoir
accepter vos sentiments, je vous remercie de la
confiance que vous me témoignez en m'offrant de
porter votre nom ; mais je sens que je ne puis vous
rendre que de l'amitié, une bonne amitié. »

Qu'on ait accepté l'amour d'un homme ou qu'on
l'ait repoussé, on ne doit pas en faire confidence
à ses amies, confidence que la vanité inspirerait.
En revanche, on est tenu de mettre sa mère au courant de ce qui se passe.

Comment elle acquiert l'aisance et la grâce.

Pour être gracieux, il faut exercer ses membres. Une mère a raison, — à double titre, — d'obliger ses fillettes à aller et venir par la maison, en s'occupant du ménage, autant que les études sérieuses le leur permettent. Les mouvements naturels et presque inconscients qu'elles sont tenues de faire en accomplissant ces travaux, mesurés à leurs forces, assouplissent leurs articulations au moins autant que la danse et la gymnastique, où les gens nerveux se raidissent quelquefois, par suite d'une tension ou d'une préoccupation de l'esprit. Une jeune fille qui ne fait qu'étudier ses livres et son piano, pour qui tout est leçon et enseignement didactique, ne sait pas marcher... avec grâce.

On ne doit pas faire entrer brusquement sa fille dans le monde. Il vaut mieux la préparer peu à peu en la faisant assister à de petites soirées dans la maison paternelle, en lui enseignant, *par l'exemple,* à y prendre un rôle actif de bienveillance et d'amabilité.

Il ne faut pas lui faire trop de leçons mondaines, on l'effraierait en donnant trop d'importance à de petites choses, et la crainte de manquer à de puérils détails du cérémonial lui enlèverait ce grand charme de la jeunesse : la grâce timide, les

etonnements candides. Elle se trouvera bien d'apprendre « le monde » petit à petit, par elle-même.
On l'aidera en faisant devant elle, comme par
hasard, de ces observations exemptes de dénigrement, mais judicieuses, de ces réflexions sen-
sées qui en disent plus long qu'un sermon ou un
cours de belles manières.

Pour lui donner de l'aisance, on lui persuadera
que les jeunes filles passent inaperçues lorsqu'elles
sont simples, modestes et ne pèchent pas contre les
convenances. Elle sera bien plus heureuse que si
on l'épouvante de la crainte du ridicule, que si on
appuie tant sur la nécessité de se soumettre à une
foule d'usages insignifiants, ce qui lui ferait croire
que tout le monde aura les yeux fixés sur elle
pour noter les moindres manquements, les plus
légères irrégularités.

Ce système d'éducation lui laissera un peu de
cette délicieuse gaucherie qui sied bien aux très
jeunes filles, chez lesquelles on n'aime pas à rencontrer un aplomb imperturbable, mais elle ne
sera certainement ni contrainte ni guindée.

LETTRES DE FAIRE PART
ET D'INVITATION

Faire part de naissance.

Quinze jours après la naissance d'un enfant, ses parents adressent à toutes les personnes qu'ils connaissent, quel que soit le genre de leurs relations, un billet de faire part de cet événement.

Voici plusieurs modèles de ces billets — où la fantaisie s'admet fort bien.

« Madame C... est heureusement accouchée d'une
« fille, qui portera le nom de Germaine.

« Monsieur C... a l'honneur de vous en faire
« part. »

Papier uni, blanc, sans chiffre.

Ou :

« Le petit Jean a fait une heureuse entrée dans ce
« monde, le quinzième jour de mars, ses père et
« mère, M. et Mme G. de N..., ont la joie de vous en
« faire part. »

16.

La carte et l'enveloppe — ornées du monogramme paternel — sont couleur d'azur, les caractères bleu foncé.

Autre : « La marquise B. de l'E... est heureuse-
« ment accouchée d'une fille.

« Le marquis B. de l'E... a l'honneur de vous en
« faire part.

« Paris, le..... »

A l'angle gauche de la carte rosée, la couronne héraldique du père et, s'élançant du milieu des perles et des feuilles d'ache, celui des signes du zodiaque qui dominait dans le ciel, au moment de la naissance de l'enfant.

Enfin, un quatrième modèle : « J'ai l'heur de vous
« apprendre que mon fils est sorti du cloître ma-
« ternel, pour commencer mortelle vie, le vingtième
« jour de mars. — J'ai choisi pour parrain à ce
« mien enfant, Messire Jean, duc de... et, pour
« marraine, gracieuse dame Arlette, marquise de..
« qui lui bailleront, pour nom baptismal, Jean-
« Hughes.

« Louis, comte de..... »

Voilà pour les connaissances ordinaires. Le billet des intimes porte cette addition : « Je vous convie
« à venir partager joies et liesse de ce baptême, en
« mon château de...

« ... le ...ᵉ jour de... »

Cette lettre de faire part et d'invitation est im-

primée sur parchemin en caractères gothiques
et enluminés. Au bas, les armes accolées du père
et de la mère.

On retourne une carte pure et simple aux père
et mère, ou on leur écrit pour les féliciter, ou on
trace quelques mots sur sa carte, tout dépend des
rapports établis.

Lettres d'invitation au mariage religieux.

On adresse les lettres d'invitation à la bénédiction
nuptiale de son fils ou de sa fille, dix jours avant
la cérémonie. Il n'y a pas non plus uniformité
dans le modèle adopté. Mais il est un usage universel et des plus recommandables, aujourd'hui,
c'est de faire figurer les grands-parents des futurs,
en tête de la lettre de faire part, ou d'invitation.

« Monsieur A..., Monsieur et Madame B... ont
« l'honneur de vous faire part du mariage de Made-
« moiselle Marcelle B..., leur petite-fille et fille, avec
« Monsieur Gaston C..., lieutenant au 100ᵉ dragons.

« Et vous prient d'assister à la bénédiction nup-
« tiale qui leur sera donnée le jeudi..... 1889, en
« l'église de... à midi très précis. »

La lettre est chiffrée d'un B... et d'un C...

Les titres, les grades, les qualités s'énoncent dans
ces lettres de faire part et d'invitation.

Voici un deuxième modèle. Celui-ci est timbré des armes des deux familles :

« M.

« Vous êtes prié d'assister à la célébration du ma-
« riage entre M. Amaury de G..., vicomte de..., et
« Mlle Louise de B..., lequel aura lieu le... du présent
« mois (ou du mois prochain), en l'église de... (ou
« dans la chapelle de...) à midi.

« De la part du général de G..., du vicomte de..., de
« la vicomtesse de..., aïeul, père et mère (du futur) ;
« de la comtesse douairière de..., du comte et de la
« comtesse de..., aïeule, père et mère (de la future.) »

Si la cérémonie est suivie d'un *lunch* (collation
au vin de Champagne entremêlée de danses), les
lettres destinées aux connaissances intimes portent
la mention : « Madame (la mère de la mariée) recevra chez elle après la bénédiction nuptiale. » Quant
aux amis, ils sont invités quinze ou vingt jours
d'avance, par lettre autographe ou de vive voix.

Les gens qui sont empêchés d'assister à la cérémonie envoient leur carte aux parents qui les ont
invités et non aux fiancés. Cette carte n'est pas due
aux parents du futur, si on ne connaît que ceux de
la future, et *vice versa*. Il pourrait se faire que, ne
connaissant ni les parents de la fiancée, ni ceux du
fiancé, l'invitation eût été adressée par le fiancé,
lui-même ; dans ce cas, et si on n'assiste pas à la cérémonie religieuse, c'est à lui qu'on envoie sa carte.

Faire part du mariage.

C'est huit jours après la célébration du mariage
religieux, que les lettres de faire part sont envoyées
à ceux qui n'ont pas été invités à cette cérémonie
pour cause d'éloignement. Car il est bon de dire ici
qu'on peut avoir à sa bénédiction nuptiale les plus
infimes de ses connaissances, et que c'est faire
preuve de bon goût de n'éliminer personne en cette
circonstance. On doit faire part du mariage de sa
fille ou de son fils aux fournisseurs, aux serviteurs
qui ont pris leur retraite, etc., etc., aussi bien
qu'aux gens de son monde. Au dernier siècle, le
billet de faire part à l'adresse d'un prince du sang,
d'un supérieur dans l'ordre hiérarchique, était écrit
à la main ; c'était un raffinement de politesse à
l'égard de ces personnages, un raffinement enseigné
par l'art des nuances.

La rédaction adoptée le plus récemment pour la
lettre de faire part est celle-ci :

« Le vicomte et la vicomtesse de ... ont l'honneur
« de vous annoncer que le mariage de leur fille
« Germaine avec le comte Adalbert de ... a été célé-
« bré le ... (jour du mariage religieux). — « Le comte
« et la comtesse de ... ont l'honneur de vous an-
« noncer le mariage de leur fils Adalbert » — ici
son nom de race, comme aîné, puîné ou cadet,
tous les fils ne portant pas le même nom dans les

grandes familles — « avec Mlle Germaine de... a été célébré le... »

Mais le billet n'est plus envoyé en double. Les père et mère de la mariée font part de leur côté, et les parents du marié du leur, à leurs connaissances respectives. Cela est très rationnel.

S'il y a superfétation à annoncer séparément le même événement à des connaissances communes, il était tout à fait absurde que les parents du marié ou ceux de la mariée fissent part du mariage de leur fils ou de leur fille à des gens qui leur étaient totalement inconnus : ce soin n'incombe qu'à celle des deux familles qui est en relations avec le destinataire du billet.

Les écussons accolés des deux familles figurent sur les lettres d'invitation et sur celles de faire part.

A défaut d'écusson, le monogramme. Les armoiries aux couleurs héraldiques, le monogramme aux couleurs sportives,

Les personnes qui reçoivent une lettre de faire part renvoient — dans les huit jours — leur carte de visite aux parents qui la leur ont adressée, non aux jeunes époux, à moins qu'elles ne connaissent les parents ni de l'un, ni de l'autre et que ce soit le marié qui leur ait envoyé la lettre. Dans ce cas, tout d'exception, c'est aux nouveaux mariés qu'on adresse sa carte.

Lettres d'invitation à un convoi et faire part de décès.

En ce qui concerne une mort, il y a aussi les lettres d'invitation à la cérémonie funèbre et les lettres de faire part.

Dans le grand monde (comme on dit), — et voilà que l'usage se répand dans tous les mondes (comme on dit encore), — les lettres d'invitation au convoi sont rédigées au nom des seuls parents masculins ; les femmes de la famille n'y figurent pas, même la veuve, même la mère, même la fille !

Pour ces lettres d'invitation, les parents masculins prennent leur titre, s'il y a lieu, mais n'y étalent pas toutes leurs qualités et dignités. Ainsi on dira très bien : « Le colonel S... du 250e de ligne » — car il s'agit de faire connaître par des désignations claires, tous ceux qui invitent et font part, afin qu'il n'y ait pas d'erreur dans l'envoi des cartes de retour, mais il serait de mauvais goût d'ajouter : « Commandant le 250e de ligne, officier de l'ordre de la Légion d'honneur, chevalier de ceci, grand'croix de cela. »

Par exemple, on n'observe pas la même réserve en ce qui concerne le défunt; tous ses titres, grades, dignités sont énoncés.

On n'a invité à l'enterrement que les personnes

habitant la même ville, ou au moins les villes ou villages limitrophes. On ne peut imposer un voyage, même court, une perte de temps à ses connaissances, pour leur offrir un spectacle de tristesse et de désolation. Au delà du rayon que nous avons indiqué, on adresse des lettres de faire part où, cette fois, les femmes de la famille figurent et où les parents masculins énoncent tous leurs titres. La raison en est que ces lettres ne s'envoient qu'après les funérailles et qu'alors, on a eu le temps de se reconnaître, de se reprendre.

On répond à cette lettre par l'envoi de sa carte pure et simple, ou par quelques mots de condoléance, ou par une lettre émue, cela dépend du degré d'intimité.

La carte ou la lettre de réponse n'est adressée qu'à ceux qu'on connaît parmi tous les parents qui font part de la mort.

Les amis du défunt sont avertis par lettre autographe, émanant d'un membre de sa famille.

La lettre de faire part est *due* à tous ceux qui ont eu quelque rapport avec le mort.

Quelques jours après l'enterrement, la famille du mort envoie une carte collective à toutes les personnes qui ont assisté aux obsèques.

Une superfétation.

J'ai entendu poser ces questions :

« 1° Lorsqu'on reçoit une lettre d'invitation à un mariage ou à une cérémonie funèbre, doit-on envoyer une carte, même si l'on a l'intention d'assister à la bénédiction nuptiale ou au convoi ? »

Non, l'envoi de la carte serait une véritable superfétation. En saluant les mariés à la sacristie, ou la famille du mort au cimetière, on est vu et reconnu de celui qui a adressé l'invitation et, en conséquence, il sait qu'on a assisté à la cérémonie.

« 2° Si, le jour de la cérémonie, on est empêché d'y assister, que reste-t-il à faire? »

Selon le degré d'intimité des relations, on envoie une simple carte, ou on ajoute sous son nom quelques mots de regrets.

Invitations au bal, à un dîner, etc

On invite à un bal *au moins* quinze jours d'avance. Il faut bien ce temps à une femme pour préparer, combiner sa toilette, aujourd'hui que tout est si compliqué dans l'ajustement.

Pour un bal, voici la teneur de l'invitation — sur une large carte imprimée et parfois enguirlandée

17

de la fleur choisie, quand il s'agit d'un bal floral.

M. et Mme X... prient Monsieur et Madame Z... (le nom écrit à la plume) de leur faire le plaisir d'assister au bal qu'ils donneront le..... »

Si c'est un bal particulier, on le mentionne : « au bal blanc », « au bal des roses », « au bal costumé », « au bal masqué », etc. Ainsi on est averti que les célibataires des deux sexes danseront seuls (à un bal blanc) ; que l'on doit garnir sa toilette ou orner sa boutonnière de la reine des fleurs (à un bal des roses), que l'on doit se costumer, se masquer, etc.

Pour une soirée, l'invitation est toute simple, c'est encore une carte :

« M. et Mme X... resteront chez eux, jeudi soir... avril. On dansera — ou on fera de la musique,... ou on jouera la comédie — ou on dira des vers.

Les invitations au réveillon s'adressent par cartes, toujours. On les illustre de rouges-gorges et de branches de houx, elles peuvent être rédigées d'une façon fantaisiste : « Nous mangerons du boudin, le soir de Noël, et nous vous réserverons une part. Messe (en telle église). »

L'invitation à une fête d'Epiphanie exige une carte timbrée d'une étoile d'or et portant ces mots : « On découpera, chez nous, le gâteau de la fève, le 6 janvier, venez vous faire élire roi (ou reine). » Cette invitation est signée, comme celle du réveillon.

Pour un garden-partie : « Nous danserons, en notre jardin, le... à... heures du soir et nous espé-

rons bien vous voir à notre fête champêtre »,
etc., etc.

Lorsqu'il s'agit d'un dîner, on invite par lettre
manuscrite ou de vive voix. Le nombre des convives étant relativement restreint, on peut bien
prendre la peine d'écrire à chacun ou d'aller leur
formuler soi-même l'invitation.

Réponse à une invitation.

Lorsqu'il s'agit d'une soirée, il n'est pas de nécessité absolue que les amphitryons soient fixés sur le
nombre des invités qui acceptent. En conséquence,
on peut se borner à envoyer sa carte, dès la réception du billet d'invitation et ensuite assister ou non
à la réception. Voilà la stricte obligation. Toutefois,
il serait plus aimable d'ajouter quelques mots sous
son nom :

Monsieur et Madame X... « remercient Monsieur
et Madame Z... d'avoir pensé à eux et espèrent que
rien ne les empêchera de profiter de la gracieuse
invitation qui leur est adressée ». Ou « sont désolés
(pour telle cause) de ne pouvoir profiter, etc. ». On
exprime toujours des regrets et on ne manque jamais de remercier.

Pour un dîner, on répond par un court billet :
« Cher Monsieur et chère Madame, nous acceptons
avec un très grand plaisir, mon mari et moi (ou ma
femme et moi), l'aimable invitation que vous avez

bien voulu nous adresser et nous vous remercions d'avoir pensé à nous. » Ou : « Nous regrettons très vivement que (telle chose) nous prive du plaisir d'accepter, etc. »

Après avoir refusé une invitation, on ne se ravise pas, on n'avertit pas que, les circonstances nouvelles le permettant, on peut assister à ce dîner auquel on avait été convié. Cela pourrait gêner les maîtres de la maison, qui ont peut-être offert à un autre la place qu'ils vous avaient réservée à leur table, en premier lieu. La réponse doit être adressée immédiatement, afin que les amphitryons sachent à quoi s'en tenir, au plus tôt, et puissent remplacer, dans les délais exigés par la politesse, les convives qui font défaut.

FUNÉRAILLES

Premières dispositions, formalités.

Voici un triste chapitre. Mais hélas ! il n'est personne qui échappe au malheur de perdre l'un des siens. Et l'étiquette et la coutume, qui n'abdiquent leurs droits en aucune circonstance, règlent la façon dont nous devons porter ou, tout au moins, manifester notre douleur.

Quand la mort entre dans une maison, les plus forts, parmi les amis ou les parents, rétablissent autour de celui que la vie vient d'abandonner une sorte de calme et d'ordre, qui sont de décence rigoureuse. On ferme les volets, les persiennes, les portes; on allume des bougies dans la chambre mortuaire. Le corps est gardé jusqu'au moment et après qu'on l'a mis au cercueil, et on lui fait subir une toilette, sur laquelle il n'est pas besoin d'insister, car tous les peuples du monde et toutes les classes de ces peuples ont eu l'idée de parer le cadavre pour le tombeau.

On va à la mairie de l'arrondissement, de la ville ou de la commune, faire la déclaration du décès.

La municipalité envoie alors un médecin au domicile du défunt, pour constater le décès, et déterminer, sur le certificat, la maladie qui a amené la mort. On doit présenter, pour l'établissement du certificat, les ordonnances du médecin qui a soigné le défunt.

Il reste ensuite à s'entendre avec l'église ou avec l'administration des pompes funèbres, selon les lieux, pour les service, convoi et enterrement.

Si on désirait transporter le corps dans un autre cimetière que celui de l'arrondissement ou dans une autre ville, il y aurait lieu d'en demander l'autorisation au maire, qui en réfère au préfet.

Étiquette du convoi.

Six ou douze heures après le décès, il arrive que la chambre du mort soit transformée en chapelle ardente, où ceux qui l'ont aimé sont admis à le revoir. Plus rarement, le cercueil ouvert est descendu dans un salon tendu de draperies funèbres et illuminé comme une église. Cette décoration dépend absolument de la situation de fortune du défunt ou de ses héritiers. Ceux-ci, en tenant compte, bien entendu, de leur position pécuniaire, ne doivent ni lésiner ni marchander, quand il s'agit de dépenses de cette espèce. Ils sont tenus de faire honorablement les choses cela ne veut pas dire qu'ils soient obligés d'étaler un faste ruineux, tout relatif qu'il peut être, mais qu'il est de bon goût, en ces tristes circonstances *surtout*, de ne commettre aucune mesquinerie.

On éloigne les jeunes enfants de la maison mortuaire, où il faut faire régner le silence, où l'on doit marcher doucement, parler bas, où la vie ordinaire est, pour ainsi dire, suspendue.

Le jour de l'enterrement, le cercueil est exposé sous la porte de la maison. On l'entoure de lumières, on le couvre de fleurs, dernier hommage, dernier présent à celui qui va disparaître à jamais ! Chaque ami apporte son bouquet, sa couronne. On se souvient des imposantes funérailles du grand tribun et du grand poète, où les fleurs s'entassèrent par monceaux énormes. L'antiquité donnait aussi des fleurs aux morts. Elle leur avait consacré le pavot et la primevère. Elle couronnait de roses sauvages les jeunes vierges enlevées par la « noire voleuse ».

Les domestiques en deuil, un nœud de crêpe à l'épaule, — à leur défaut une garde, — sont rangés sous le porche, autour de la bière.

Les invités qui se rendent à la maison mortuaire sont reçus par les parents masculins. On se serre la main. Des conversations ne s'établissent jamais entre les personnes présentes. Ce serait une inconvenance suprême. Si on est forcé de se dire quelque chose, on parle bas, à demi voix. Les parents du mort sont en habit, en grand uniforme, ou en autres vêtements de deuil, s'ils n'ont pas droit à l'uniforme ou ne possèdent pas d'habit. Dans tous les cas, la tenue est d'une scrupuleuse propreté et très soignée.

Si le mort est un personnage officiel, il faut prendre des dispositions, réglées d'ailleurs par un cérémonial d'Etat. Certaines positions entraînent aussi certaines cérémonies, arrêtées d'avance.

Le cercueil, — sur lequel on dispose les insignes qui distinguaient le mort pendant sa vie, soit qu'il ait appartenu à l'armée, à la magistrature ou au corps des grands fonctionnaires, — le cercueil, déposé sur un corbillard ou porté à bras, cela dépend des lieux, est suivi de toute « la maison » du défunt. Si c'est un militaire, son cheval revêtu d'une housse noire, si c'est un personnage politique, sa voiture stores baissés, lanternes allumées, s'avance au milieu des domestiques. Puis, viennent les parents masculins les plus proches, tête nue. Les invités peuvent se servir des voitures de deuil, des voitures du mort, des fiacres ; mais, en général, ce ne sont pas les hommes qui y montent, on les laisse aux femmes.

Quant à celles de la famille, elles n'assistent pas

ostensiblement aux funérailles. Elles se font conduire à l'église ou au cimetière avant le départ du cortège. Elles suivent l'office d'une chapelle voisine, maîtrisant leur douleur de leur mieux ; au cimetière, elles se dissimulent jusqu'à ce que le dernier assistant étranger ait disparu.

A Paris, l'office terminé, les hommes qui mènent le deuil se placent au bas de l'église, où les invités qui n'accompagnent pas le corps au cimetière viennent les saluer ou leur serrer la main. La même cérémonie se renouvelle au cimetière quand tout est fini.

Les choses ne se passent pas de la même façon partout. Dans une partie des Ardennes, on reconduit les parents du mort jusqu'à leur demeure ; un des assistants prononce une prière, la famille remercie et on se sépare. Ailleurs, nous avons vu le mort entouré jusqu'au dernier moment par ses parents, entre lesquels les invités venaient asperger le cercueil ; il n'y avait ni remerciements, ni serrements de main à la porte du cimetière. Il est donc indispensable, en ces circonstances, de se conformer aux usages de la localité qu'on habite, fût-ce passagèrement.

Chez les protestants, le service religieux a souvent lieu à la maison mortuaire. Après que l'office est terminé on accompagne le corps au cimetière, où les choses se passent, à peu de chose près, comme chez les catholiques.

17.

Chez les Israélites, on va souvent aussi directement du logis au cimetière. Pendant toute la cérémonie, même à l'arrivée dans la maison mortuaire,
en présence du cercueil, les hommes restent couverts. Habitude difficile à prendre pour ceux qui
ne pratiquent pas la loi de Moïse et qui ont, au
contraire, un si profond respect de la mort.

A la campagne, on est souvent obligé d'offrir un
repas aux personnes qui se sont dérangées pour
assister à l'enterrement. C'est encore aux parents
masculins seuls qu'incombe le devoir de présider
la table. Le menu sera simple, quelle que soit,
d'ailleurs, la position de fortune des amphitryons.
On fera bien de méditer le menu du repas des funérailles qui s'offre après la cérémonie, chez les
paysans de la Creuse, et qui est invariable, dans
toutes les maisons riches ou pauvres : betteraves
au lait, haricots au lait, fromage à la crème, eau
ou cidre.

Toujours, en ce même pays, le dîner terminé,
tout le monde se lève et on récite la prière des
morts.

LE DEUIL

Le deuil, qui est une marque extérieure de la douleur, — dont il a, du reste, tiré son nom, — le deuil
a des règles, qui doivent être très sévèrement observées. Tous les peuples civilisés l'ont porté, le
portent, d'une manière différente, c'est possible,
mais inspirés par la même pensée de témoigner,
ostensiblement, de leur affliction.

Autrefois, le deuil était très long, chez nous. La
duchesse de Berry, fille du régent, fit diminuer de
moitié la durée de tous les deuils. Mais, malgré
l'insertion dans les *Colombats* de la réforme ima-
ginée par cette fille de France, la vieille noblesse
provinciale eut bien de la peine à l'accepter.

Alors, on portait le deuil de père à la mort de
l'aîné de sa famille, du chef de sa maison, le degré
de parenté fût-il assez éloigné.

Deuil de veuve.

Le deuil de veuve, le plus long de tous, dure deux ans. Le grand deuil austère toute une année : robe de laine unie ou couverte de crêpe anglais ; chapeau à long voile *tombant sur le visage ;* châle *en pointe ;* bas noirs, fil ou laine ; gants pareils ; à la maison, un bonnet ou coiffe de veuve (les cheveux doivent être couverts) ; les bijoux sont interdits, même ceux de bois durci. Pendant les six premiers mois de la seconde période, le crêpe est remplacé par la gaze, le mérinos par des étoffes moins sévères : grenadine *unie,* voile, lainages légers ; les garnitures sont encore simples ; on prend des gants de soie ou de peau ; au lieu du châle, une jaquette, un mantelet de même étoffe que la robe ; bijoux de jais. Les derniers six mois admettent les divisions suivantes : la dentelle noire, la soie, les ruches, les broderies de jais, pendant trois mois ; les étoffes blanches et noires, les dentelles blanches, pendant six semaines ; puis, jusqu'à la complète expiration, le gris, le prune, le pensée, le lilas (il faut bien observer la gradation des nuances) ; dans les derniers quinze jours, des fleurs : scabieuses, violettes, pensées, pervenches ; des bijoux : perles et améthystes.

Le deuil terminé, il y aura encore une légère transition avant de s'habiller comme tout le monde : on commence par des nuances discrètes, neutres ou foncées; les hyacinthes et les diamants sortent des écrins, et on peut placer dans ses cheveux le chrysanthème (de toutes les couleurs), car c'est une fleur de veuve (?).

Une veuve fait quitter la livrée à son cocher particulier pendant la durée de son deuil. — Il est vêtu de noir avec cocarde de crêpe au chapeau.

. Une femme qui a perdu son mari ne prend la qualification de veuve que dans les actes notariés. Ses cartes de visite restent les mêmes, sauf qu'elles sont bordées de noir.

Les gens avec lesquels elle est en relations mondaines n'ajoutent jamais non plus ce mot de veuve à son nom, en aucune circonstance, ni sur l'adresse d'une lettre, ni en parlant d'elle, ni en la présentant à une autre personne. Hors de sa présence, on dit à ceux qui ne la connaissent que peu ou pas : « Madame une telle, qui est devenue veuve. »

Les femmes de la noblesse qui ont un fils, font suivre leur titre de la désignation *douairière;* et ce n'est pas manquer à l'élégance, au contraire, que de se servir du même terme, pour indiquer le veuvage d'une femme de qualité, comme on disait autrefois.

Deuils divers.

Le deuil de père ou de mère, celui de frère ou de
sœur se portent de la même façon, avec les mêmes
gradations, seulement ils diffèrent de durée : le
deuil de père et de mère, dix-huit mois ; de grand-
père et de grand'mère, un an ; de frère ou de sœur,
dix mois ; d'oncle ou de tante, six mois ; de cousin
germain, de parrain, trois mois. Ces deux derniers,
moins sévères, n'exigent ni laine, ni crêpe, même
au début. — On prend aussi le deuil à la mort
d'un cousin éloigné, d'un ami. Ce sont les deuils
dits de courtoisie, parce que l'usage ne les impose
pas. A notre avis, ils sont mal désignés : un
deuil d'ami est un deuil de cœur.

Mais la première désignation prévaudra par la
raison qu'on n'est tenu à porter le deuil que de ses
ascendants et de ses aînés. Le deuil est un signe de
respect autant que de douleur. Aussi, pendant
longtemps, les père et mère ne prenaient pas le
deuil à la mort de leur enfant ; un oncle se dispen-
sait de porter celui de son neveu. Aujourd'hui, les
relations familiales sont devenues plus étroites,
plus tendres ; on pense moins à la dignité de l'âge
et de l'autorité ; on porte le deuil quand le cœur est
atteint. Les mères ne quittent plus celui qu'elles

prennent à la mort de leur fille ; les grand'mères portent le deuil de leur petit-fils.

Il va sans dire que les deuils de beau-père et de belle-mère, de beau-frère et de belle-sœur sont les mêmes que ceux de père et de mère, de frère et de sœur. Chaque perte subie par le mari est également ressentie par la femme, si ce n'est en réalité, du moins en apparence et convenance extérieures.

Le deuil des hommes passe souvent inaperçu à une époque, où ils sont si tristement vêtus. Il consiste, pour eux, en gants noirs, crêpe au chapeau, drap d'un noir plus mat. On ne le remarque un peu que dans le costume négligé, le complet, qui n'est jamais noir qu'en cette circonstance. Ils le portent aussi longtemps que les femmes, sauf... dans le cas de veuvage où ils s'en affranchissent, le plus souvent, bien avant les deux années d'obligation, ayant contracté un nouveau mariage.

Tous les serviteurs mâles en livrée portent le nœud de crêpe flottant à l'épaule. Les domestiques du sexe féminin sont pourvues d'un deuil aussi rigoureux que celui de leur maîtresse et soumis aux mêmes gradations.

Convenances à observer.

On ne reçoit aucune visite, avant que six semaines, au moins, se soient écoulées, depuis la mort de celui qu'on pleure.

On ne rend les visites de condoléance que six semaines après les avoir reçues : soit trois mois pendant lesquels on reste enfermé chez soi. Lorsqu'au bout de ce temps on rompt sa clôture volontaire, il est admis qu'on arrivera chez les gens qu'on doit voir, le jour où ils reçoivent, naturellement, de très bonne heure, afin de ne rencontrer personne dans leur salon.

Une veuve, une mère, peuvent fort bien même se borner à déposer une carte, mais en personne et en grand équipage... s'il y a lieu.

Durant la première moitié du deuil, on s'abstient de tous plaisirs, de toutes distractions. Dès le commencement de la seconde période, on se permet des conférences sérieuses, les expositions ; on fait des visites, on reprend son jour. Vers la fin du deuil — deux mois avant son expiration — on rétablit son *five o'clock tea,* on donne à dîner, on assiste à un concert. Le deuil terminé, on commence à reparaître dans de petites soirées, sans danser encore ; on va au Théâtre-Français, puis à l'Opéra.

Peu à peu, on rentre dans le train de la vie ordinaire.

Nous ajouterons encore quelques lignes sur ce lugubre sujet. Les ambassadeurs des nations étrangères prennent le deuil à la mort de l'un des membres de la famille royale de leur pays. Dans ce cas, les jours de réception à cette ambassade, les invitées, étrangères à la nationalité de l'ambassadeur, et, à Paris, les Françaises surtout, porteront des toilettes entièrement blanches. C'est affaire de politesse internationale.

L'HOSPITALITÉ

Celui qui la donne.

Il y a une hospitalité fastueuse, nous ne voulons pas parler de celle-là. Non seulement elle n'est pas à la portée de tous, mais certaines recherches sont inutiles. Toutefois, lorsqu'on invite les gens à faire un séjour chez soi, il faut être sûr de pouvoir leur procurer le confort et les distractions auxquels ils sont habitués.

On doit connaître le jour exact de l'arrivée de ses invités, pour préparer leur appartement avec les soins les plus minutieux. Qu'on reçoive une personne d'humble condition ou un prince, on doit le traiter avec tous les égards possibles et lui donner tout le bien-être compatible avec la situation où l'on est placé.

La maîtresse de la maison inspecte donc l'appartement qu'elle destine à l'invité. Une propreté scrupuleuse est de rigueur absolue ; on débarrasse les armoires de ce qu'elles peuvent contenir, on les époussette et on procède de même pour les tiroirs de commode. Sur une table on dispose tout ce qu'il faut pour écrire, du papier à lettres, des enveloppes, etc.; à côté, quelques livres, choisis d'après l'idée qu'on a toujours des goûts et des tendances littéraires de ses amis.

Sur un plateau, on prépare de l'eau, du sucre, un flacon d'eau-de-vie (pour les hommes), ou d'eau de fleur d'oranger (pour les femmes) et une boîte fermée contenant des biscuits. Il y a des gens qui, pendant la nuit, ont besoin d'un léger réconfort et qui n'oseraient rien demander. Il est donc indispensable d'établir ce léger en-cas.

Les flambeaux doivent être garnis de bougies neuves, avec le petit écran indispensable à certains yeux. Les pelotes sont couvertes d'épingles et on placarde, bien en vue, une petite carte bristol, où l'on indique l'heure des trains aux stations les plus voisines, celles des courriers (arrivée et départ) du bureau de poste qui dessert la maison.

Le lit doit être très soigné, et le cabinet de toilette ou la simple table de toilette tout autant. Beaucoup de personnes, d'une délicatesse extrême, ont des répugnances insurmontables; il faut leur épargner le supplice de vaincre, chez vous, celles que certaines négligences leur inspireraient. On place une pile de serviettes sur la toilette et une boîte de savons intacte. Il est probable que l'invité ne l'ouvrira pas, qu'il apportera ce qui lui est nécessaire,

mais s'il venait à oublier de se munir de quelques
menus objets, il ne faut pas qu'il ait l'ennui, la
gêne de vous les demander.

En général, on va au-devant de son invité et, à
l'arrivée du train ou de la voiture, on s'inquiète de
ses bagages, pour lui épargner l'embarras de
retrouver ses malles.

Parvenu à la maison, après qu'il a serré la main
de ceux qui n'étaient pas venus à sa rencontre, on
le conduit à sa chambre, où il rétablit un peu
d'ordre dans sa toilette, si même il ne change pas
de costume.

Au cas où l'heure du repas serait encore éloignée,
on lui ferait porter quelque chose chez lui : un
bouillon, une tasse de thé ou de chocolat. C'est ce
moment qu'on choisit pour lui demander ce qu'il
prendra tous les matins. En effet, les uns sont
habitués au lait, d'autres au café, au thé, etc. Il faut
prendre soin de satisfaire les goûts de chacun.

Ces détails matériels ne sont rien en comparaison
des autres devoirs de l'hospitalité. Il faut, à tout prix,
distraire, amuser, charmer l'invité. Les gens indo-
lents font donc mieux de se refuser la satisfaction
de recevoir leur amis. C'est qu'on est tenu d'organiser des promenades, des excursions intéres-
santes; en ville, des visites d'églises, de musées,
etc. ; à la campagne, des parties de pêche, de
chasse, des plaisirs d'intérieur pour les jours
pluvieux. On doit à ses invités son temps, ses pen-

sées ; ils sont l'objet des plus constantes préoccupations.

Si on a des chevaux, des voitures, des domestiques, on les met à la disposition de l'invité. A la rigueur, on se prive de leurs services pour qu'il puisse en user largement.

Les gens de goût ne commettent pas la faute de conduire leur invité de fleur en arbre, de champs en vergers, de bois en prés, pour étaler les richesses ou les charmes de leur propriété. Cette revue, si intéressante pour l'hôte, est assommante... pardon ! pour l'invité, qui est contraint d'admirer, de s'extasier, quand tout cela lui est peut-être indifférent, quand, dans son par-dedans, il critique peut-être l'ordonnance des jardins, la culture des terres, etc. Il jouirait de tout beaucoup mieux, il admirerait plus sûrement, si on le laissait découvrir tout seul les beautés du domaine. — On en agit de même pour les galeries de tableaux, les collections, etc., qu'on peut posséder.

Avant l'arrivée de l'invité, on a tout revisé dans l'organisation du logis pour que, durant la visite au moins, tout marche sur des roulettes. Les moindres accidents matériels sont insupportables pour l'invité, qui peut les attribuer au surcroît de besogne apporté par sa présence. Il est encore plus essentiel que le bon accord règne dans la maison, ou, alors, que le visiteur ne puisse se douter de ces troubles affligeants qui agitent trop souvent les

familles. C'est pour son repos qu'on dissimulera,
qu'on se contraindra. Que voulez-vous qu'il de-
vienne, par exemple, entre mari et femme mécon-
tents l'un de l'autre? Son rôle est épineux, difficile, on le condamne à un malaise qui lui fait
abréger sa visite.

Si l'on reçoit dans sa maison plusieurs personnes
à la fois, on s'occupera de toutes également. Attirer
les gens chez soi pour les délaisser, en faveur de
quelques privilégiés, c'est une singulière hospitalité, on en conviendra. Il est entendu, toutefois,
qu'à l'égard de très jeunes invités, il peut y avoir
un peu de relâchement dans ce principe ; mais s'il
est naturel d'entourer de plus de soins et d'attentions les invités âgés, on s'arrange de façon à prouver aux autres qu'ils sont aussi l'objet de notre
sollicitude.

Pour en finir avec les devoirs de ceux qui offrent
l'hospitalité, n'oublions pas de mentionner une
tentative de quelques fières et généreuses maisons,
pour abolir le *pourboire* de l'invité aux serviteurs.
Ce sont les maîtres du logis qui indemnisent les
domestiques du surcroît de besogne qui leur a été
occasionné par le séjour des invités et, alors, on
les oblige à refuser la gratification de ceux-ci. C'est
très bien pensé. On doit se préoccuper de rendre la
visite de ses amis, dans sa maison, aussi peu oné-
reuse que possible et même pas du tout.

Il y a encore une autre cause à cette supression.

Tous les invités ne sont pas dans la même position
de fortune et tous ne peuvent, en conséquence,
reconnaître de la même façon les services qui leur
ont été rendus par les domestiques. De là, un
dédain à peine dissimulé de ces derniers, pour les
visiteurs les moins riches, les moins brillants. Cela
est à éviter à tout prix, et l'on ne pouvait prendre
de meilleur moyen que la désuétude de cette
coutume du pourboire, pour obtenir à chacun la
même dose de respect et la stricte égalité dans le
service

Celui qui la reçoit.

L'hospitalité impose œ tres sérieux devoirs à
celui qui l'exerce; celui qui la reçoit n'en est pas
exempt.

Il doit arriver en dispositions gaies, agréables et
bienveillantes. Si on apportait à son hôte un visage
morose, une humeur acerbe ou dénigrante, le rôle
de celui qui reçoit serait, en vérité bien pénible.
L'invité n'est pas obligé à faire montre d'une gaieté
folle, mais il lui faut être aimable et souriant. Il
n'est pas tenu d'entasser louange sur éloge, mais
il ne doit pas être désobligeant.

Sa discrétion sera extrême. Il peut user de toutes
choses, la plus élémentaire délicatesse lui défend
d'abuser et cela quelles que soient les circons-

tances. Il ne réclame des serviteurs que le nécessaire et il les traite très poliment. Sa réserve serait
encore plus grande, s'il recevait l'hospitalité dans
une maison où il n'y aurait pas de domestiques.
Avant d'accepter une voiture, un cheval, il tâche
de savoir si son plaisir n'imposera pas une privation, une gêne, aux gens de la maison. S'il est
capable de rendre un service quelconque aux
maîtres du logis, il y met un empressement sincère, heureux.

Sans mentir, sans flatter bassement, il découvre
tous les côtés agréables de la maison où il est reçu
et en fait des compliments à ses hôtes. Ces choses
aimables, sans exagération, sont toujours écoutées
avec plaisir, si modestes que soient ceux auxquels
on les adresse.

Il arrive que les habitants d'un pays le voient à
travers un prisme qui l'embellit singulièrement...
à leurs yeux. On ne peut pas toujours partager
leur admiration; sans se laisser aller à louer avec
la même exagération... qui ne serait pas de bonne
foi, on dissimule poliment son sentiment d'étonnement.

Rien n'annonce un caractère grossier, un naturel désagréable, comme l'air de mépris avec lequel
on accueille trop souvent l'expression de ce naïf
orgueil, peu motivé si vous voulez, mais touchant,
parce qu'il a le caractère du patriotisme, un peu
plus étroit, voilà tout. On se gardera donc de bles-

ser son hôte, en manifestant un dédain supérieur pour ce qui fait sa joie ou sa fierté.

Est-il nécessaire de dire qu'en plus d'un cas l'invité ne doit avoir ni yeux ni oreilles? Il y a des choses qu'il ne faut ni voir ni entendre. Non seulement on les garde pour soi, mais encore on fait tout ce qu'on peut pour les oublier.

Il est aussi inutile, sans doute, de recommander à l'invité de quitter immédiatement la maison de son hôte, s'il y survient un trouble quelconque et que sa présence puisse devenir une gêne. Dans le cas, au contraire, où il pourrait être de la moindre utilité, il reste et ne marchande ni ses peines ni son temps pour le service de ceux qui l'avaient reçu sous leur toit.

Tout aussi superflu encore, cet appel à une réserve extrême dans le langage et les manières, s'il y a des femmes dans la maison.

L'invité doit encore se montrer aussi gai que son caractère le lui permet; il tâche de réprimer toute susceptibilité mal placée; — en général, les gens bien élevés ne sont pas susceptibles, par la bonne raison que, n'ayant jamais l'intention de blesser personne, ils ne croient pas qu'on veuille leur être désagréable.

Enfin l'invité se pliera à tous les usages, à toutes les habitudes de la maison. Il y a de vieilles coutumes qu'on ne doit pas railler, parussent-elles absurdes; il est de vieux amis ennuyeux de l'hôte

qu'il faut traiter avec politesse et bienveillance.
L'invité enregistre soigneusement dans sa mémoire l'heure de tous les repas ; il ne se laisse pas
entraîner à prolonger une promenade qui pourrait retarder le dîner de son hôte.

Il s'arrange pour laisser un peu de liberté à
celui-ci, pour ne pas l'accabler de sa présence,
mais il ne montre pas non plus un trop grand
esprit d'indépendance, — qui serait une forme de
l'égoïsme : il fait jouir les gens de sa conversation
ou il écoute la leur. Il est toujours prêt pour
servir de partenaire au jeu ; il n'éloigne pas les
enfants, il daigne parler aux personnes plus
jeunes que lui ; s'il est emmené dans une excursion un peu lointaine et qu'il en résulte pour lui
une fatigue à laquelle il n'est pas accoutumé, il ne
se plaindra pas amèrement d'avoir été *éreinté*, et
si on s'excuse de ne pas l'avoir ménagé, il répondra gaiement :

— Que voulez-vous, c'est la faute de mes jambes,
du manque d'habitude, etc.

Il est très indélicat de prolonger sa visite au
delà du terme fixé. Si on vous a dit : « Venez
passer huit jours, une quinzaine, un mois avec
nous, » partez dès que ce temps sera expiré. Ne
cédez pas aux instances qu'on fait pour vous
retenir, elles peuvent être dictées par la simple
politesse, par la bienveillance, on cherche peut-
être à vous être agréable plus qu'à soi-même, et

il vaut beaucoup mieux se faire regretter que de lasser les gens. On sera donc bien éloigné d'amener son hôte à demander la prolongation d'un séjour chez lui.

Dans les huit jours qui suivent son départ, celui qui a reçu l'hospitalité écrit à celui qui la lui a donnée et le remercie encore des soins dont il a été l'objet. Il lui avait déjà exprimé sa gratitude en le quittant.

Encore quelques légers détails.

L'invité est astreint à une tenue très soignée pendant toute la durée de sa visite, et il doit s'arranger pour ne pas bouleverser, mais au contraire pour maintenir tout en bon ordre et en état de propreté dans l'appartement qui lui est affecté.

N'oublions pas non plus de recommander à l'hôte de pourvoir l'invité de quelques provisions au départ, surtout s'il s'agit d'une femme. Quelques gâteaux, des sandwiches ; un flacon de sirop étendu ou d'eau rougie; un peu d'eau de fleur d'oranger, etc. C'est le dernier mot de l'hospitalité. Il y a des maîtresses de maison qui se font un plaisir de préparer des paniers de voyage très confortables, très complets.

DIVERS

En voyage. — Aux eaux.

Parmi ceux qui nous font l'honneur de nous lire, beaucoup vont au bord de la mer ou dans une ville d'eaux pour cause de santé ou pour y dépenser leurs vacances. Il nous semble donc utile de traiter le chapitre des voyages.

Avant toute chose, il nous faut prendre le train et recommander aux hommes jeunes et aux jeunes femmes de toujours céder et même offrir la meilleure place, le coin, aux personnes âgées, si inconnues que leur soient celles-ci.

On n'est, bien entendu, tenu à pareille déférence qu'à l'égard des vieillards. Cela s'applique également au transport par omnibus, bateau ou diligence, — il y en a encore. Il arrive parfois que toutes les places de ces véhicules publics soient prises et qu'une femme âgée, un vieil homme tremblotant soient debout sur la plate-forme ou le pont, balancés par les cahots ou par le roulis,

exposés au froid, etc. J'estime *qu'il est du devoir*
des jeunes gens de leur céder la place confortable
qu'ils occupent à l'intérieur, et j'ajouterai qu'un
homme qui n'est pas septuagénaire *doit* offrir sa
place à toute femme, fût-ce une fillette, qu'il voit
debout.

Un homme se découvre partout où il entre.
Tant pis... pour ceux qui sont assez grossiers pour
ne pas toucher leur couvre-chef, en réciprocité de
de sa politesse. Il demande pardon aux femmes
dont il froisse la robe, dont il effleure le pied, en
gagnant la place à occuper. Si le wagon ou la voiture n'était remplie que d'individus du sexe fort et
que ceux-ci n'eussent pas répondu à son salut à
l'entrée, il s'en irait sans prendre, une seconde
fois, garde à eux. Mais si la voiture renfermait des
femmes, même une seule, en vertu des principes
chevaleresques, il se découvrirait au départ comme
à l'arrivée.

Il est certains soins qu'un voyageur peut, doit
rendre à une voyageuse. Ouvrir une portière,
passer un paquet, l'aider à descendre, etc., etc. La
voyageuse remercie poliment, et même *gracieusement*.

Mais en wagon ou tout autre lieu public, les
gens bien élevés n'engagent jamais de conversation avec des inconnus. On peut demander ou
donner un renseignement et cela d'un ton poli,
aimable, avec une vraie bonne grâce; mais ensuite

on fait bien d'ouvrir un livre, un journal pour ne pas continuer l'entretien.

La prudence, toujours entièrement d'accord avec le bon goût, exige qu'on ne parle pas de ses affaires intimes, aux parents, aux amis qui voyagent avec nous, en présence d'inconnus. On ne sait jamais devant qui l'on s'épanche et cet abandon peut avoir de graves conséquences.

Cette réserve n'abandonnera pas le voyageur dans le lieu qu'il a choisi pour se soigner ou pour s'amuser. On peut bien échanger quelques banalités polies avec les gens qu'on rencontre chaque jour au bain, à la table d'hôte, etc., etc.; mais leur accorder immédiatement sa confiance, se lier avec eux, c'est une spontanéité que l'on doit blâmer.

Il ne faut pas que ces personnes rencontrées, et dont on ignore le passé et même le présent, puissent, plus tard, venir à vous avec des allures d'amis et vous faire rougir, — cela arrive, hélas! — rougir de les connaître. Il est entendu qu'il n'y a lieu de rougir que si les gens connus aux eaux manquent d'honorabilité. On peut tendre la main à tout honnête homme, si mince que soit sa fortune et si humble sa position sociale.

Craignez de former des relations à la légère, comme il arrive si souvent dans les villes d'eaux et à la mer. On doit prendre des informations exactes sur la situation et le passé des gens, avant de les admettre dans sa maison.

« Quand on s'entoure de connaissances d'une considération douteuse, dit je ne sais plus qui, on risque fort (si l'on n'est pas de leur espèce) d'être couvert de calomnies injustes lorsqu'on vient à les expulser de chez soi, lassé de leur vice. Mais, dans ce cas, on n'est sali par la boue que pour s'être exposé à ses maculatures. »

C'est pour avoir été mises en garde contre une trop grande facilité d'accueil, ou pour avoir subi d'amères déconvenues, que tant de personnes, d'ailleurs aimables, laissent si malaisément forcer leur intimité. Il est de bon goût d'attendre un peu avant de se jeter dans les bras des gens. On n'a jamais à se repentir de s'être montré circonspect et réservé. D'autre part, il n'est pas défendu d'être bienveillant et affable pour tous ; mais toute autre chose est d'ouvrir son cœur et sa maison au premier venu.

Aux eaux, pas plus que dans la ville que vous habitez, ne vous permettez pas un laisser-aller qui nuit toujours aux yeux des gens corrects.

Ne croyez pas, non plus, devoir arborer des toilettes excentriques et tirant l'œil. Un homme ne se fait pas remarquer par le débraillé ou le pittoresque de son costume, quand il a reçu une bonne éducation; une femme n'a vraiment de charme que si, par sa toilette et ses manières, elle cherche à passer inaperçue. — Au casino, les femmes gardent leur chapeau pour danser.

La timidité et l'aisance.

Vous vous désolez d'être timide, vous sentez que le manque d'aplomb vous rend gauche et contraint, vous retire toute l'élégance native dont vous êtes doué, et dont on ne s'aperçoit que dans le sanctuaire de la famille.

Consolez-vous, cela passera, surtout si vous ne vous préoccupez pas outre mesure du jugement que l'on peut porter de vos manières, si vous pouvez vous persuader que beaucoup de maladresses passent inaperçues, parce que l'attention des autres n'est pas constamment fixée sur vous. Continuez à aller dans le monde, peu à peu vous vous sentirez moins gêné, moins intimidé.

Vous êtes dans la situation d'un jeune soldat qui va au feu. Une balle siffle à son oreille, il se jette en arrière ou de côté ; un obus éclate... loin de lui, il courbe la tête. A la seconde bataille, il frissonne un peu moins fort. A la troisième, il tressaille à peine. Puis le voilà qui s'aguerrit, au point de plaisanter les boulets, en leur ôtant son képi, et de narguer la Mort qui fauche auprès de lui. Il est crâne, il est gai, l'habitude en a fait un vrai troupier.

Il en sera ainsi du jeune homme, de la jeune fille qui affrontent les feux des salons. La timidité, qui

n'est pas sans charme chez les personnes jeunes,
se change vite en aisance gracieuse, par l'usage du
monde... comme on dit si justement.

Les gens sympathiques ne se font jamais remarquer par l'*aplomb* — qui a toujours quelque chose
de désagréable et d'insolent pour les autres. Mais
ils ont de l'*aisance*, ce que les êtres modestes et
timides finissent par acquérir en se raisonnant un
peu et par la fréquentation ininterrompue des gens
du monde.

Les emprunts.

Lorsqu'on prête un livre, on doit bien se garder de donner une enveloppe à la couverture du
volume, si luxueuse qu'elle soit. Ce serait dire,
presque en propres termes : Je crains que vous ne
preniez pas soin de mon livre, que vous ne me le
rendiez souillé, taché, et je me mets sur mes gardes
autant que possible. — Si l'emprunteur était notoirement connu pour une personne négligente, il
vaudrait mieux trouver un prétexte pour ne pas
lui confier le livre.

Voilà pour le prêteur. L'emprunteur est tenu de
respecter dans un livre, fût-il simplement broché
et déjà fané, la propriété, le bien d'autrui. C'est
lui qui mettra les couvertures du volume à l'abri
des souillures, en les revêtant d'une enveloppe. Il

tournera les pages avec des doigts très nets,
afin de ne laisser aucune trace sur le papier. Il ne
pliera pas le volume en deux, comme cela se fait
si souvent et ce qui a pour résultat de casser le
dos du livre ; enfin il prendra les précautions les
plus minutieuses pour rendre l'ouvrage prêté
dans l'état où on le lui a remis. S'il arrive un accident à ce livre, — ce qui peut se produire indépendamment de la volonté et des soins, — il réparera le dommage de son mieux, au besoin il
rachètera le volume.

Cela n'est pas toujours possible, il est des ouvrages tirés à un nombre restreint d'exemplaires
qui sont vite épuisés.

C'est pour cette raison qu'il ne faut pas emprunter ni souffrir qu'on vous prête, — à moins de
cas très exceptionnel ou de besoin très pressant,
— des livres de cette rareté ou des éditions de
grand luxe.

Nous n'avons parlé que des livres, mais la règle
est applicable à toutes choses. Une femme ne doit
pas emprunter à une personne de sa connaissance,
voire à une amie, un mantelet de riche dentelle, —
par exemple, — pour en prendre le patron. L'amie
n'osera peut-être pas refuser, mais, au fond, ce ne
sera pas sans inquiétude qu'elle verra s'en aller de
chez elle ce vêtement précieux. Et si on déchirait
la dentelle, — ce qui est facile à faire, — si, en
dépit des précautions, on faisait quelque dérange-

ment au bel objet de toilette, pourrait-on toujours y remédier?

Il vaudrait bien mieux ne jamais rien emprunter, même les objets les plus insignifiants. Combien d'ennuis, de brouilles, de désagréments sérieux sont résultés d'un emprunt !

Quant à la question d'argent, c'est encore beaucoup plus grave, mais la vie a, parfois, de terribles nécessités qui nous forcent à recourir à la bourse des autres. A moins d'amitié bien étroite et bien sûre, on offrira toujours une reconnaissance de la somme prêtée, on insistera même un peu pour la faire accepter. Il est des personnes auxquelles on doit sérieusement proposer de payer l'intérêt de la somme empruntée, tout cela dépend des situations et des relations. Il faut réfléchir avant de fixer la date à laquelle on s'engagera à rapporter l'argent prêté. Mieux vaut prendre un délai un peu plus long et ne pas manquer à sa parole, pour soi-même ou pour le prêteur qu'on pourrait mettre dans l'embarras.

Celui qui prête, — du moment qu'il a consenti, — doit apporter beaucoup de bonne grâce à rendre le service qu'on lui a demandé, et il fera bien de se souvenir du proverbe : « C'est obliger deux fois que d'obliger vite. » Et toutes les fois qu'on a confiance en quelqu'un, il faut aller au-devant de sa demande, pour lui épargner tous préliminaires pénibles.

Il y a des gens riches qui se lèvent et prennent la fuite si on parle, en leur présence d'économies à faire, de privations à s'imposer, d'embarras pécuniaires, même momentanés, à surmonter. Souvent, cela a été dit gaiement, d'un ton de bonne humeur, sans arrière-pensée de celui dont la fortune ou la position subit une éclipse et dont la fierté se révolterait à l'idée qu'on eût l'intention de lui venir en aide.

Il faut dire qu'en ce cas, l'homme riche et l'homme gêné ont agi aussi maladroitement l'un que l'autre. Il ne fallait pas que le dernier prêtât à des suppositions par un discours... déplacé en cette compagnie. L'homme riche a encore plus manqué de savoir-vivre. En s'esquivant brusquement, il a montré la crainte qu'il avait d'une demande de fonds ou d'appui. Il devait mieux dissimuler sa pensée ; au besoin, attendre de pied ferme une sollicitation indiscrète ou importune, et y répondre carrément par un refus... poliment motivé, bien entendu. Cette façon d'agir eût été moins mortifiante.

La susceptibilité.

La susceptibilité est, certes, un travers bien insupportable et nous engageons ceux qui en sont affligés et qui en affligent les autres à se corriger, pour leur propre bonheur et celui des êtres qui les entourent.

Mais il y a susceptibilité et susceptibilité, comme il y a fagots et fagots.

Vous dites un mot méchant ou seulement désobligeant et vous prétendez que je vous sourie? Vous m'attaquez sur un point sensible et vous voulez que je reste calme et sans riposte? Et si je ne me laisse pas faire, moi, l'offensé, on m'accusera de susceptibilité!

Savez-vous quels sont ceux qui se plaignent le plus de la susceptibilité des autres? Ce sont les gens qui se refusent à subir toute gêne, qui supportent impatiemment toute chaîne imposée par le devoir, qui placent leur liberté au-dessus de tout; les gens qui disent : « Il faut me prendre comme je suis », ne voulant s'astreindre à aucune loi mondaine, à aucune obligation familiale et qui, cependant, réclamant toutes les concessions, n'en font aucune et brisent net au premier tort que l'on peut avoir envers eux, s'entêtant dans une brouille sans retour, et cependant jurant qu'ils ne sont pas susceptibles, eux, tandis que les autres !...

La susceptibilité condamnable, la susceptibilité sotte, c'est celle qui dénonce un amour-propre outré, une opinion de soi trop avantageuse. Il y a, en effet, des gens qui exigent des égards extraordinaires, qui ne tolèrent pas un oubli, un défaut d'at-

tention, qui font vivre leurs amis sur un qui-vive
perpétuel.

Un mot, un geste imprudent, une minute de dé-
tente peut faire naître des reproches, une querelle
ou un silence boudeur. Et ce qu'il y a de drôle,
c'est que ces mêmes personnages se permettent
tout ce qu'ils défendent aux autres. Ils s'accordent
le droit de tout dire, et ils ne consentent à entendre
que des louanges ou des approbations. Ils ne veulent pas se gêner ni qu'on les gêne, mais ils prétendent qu'on leur sacrifie ses aises.

Ils sont au-dessus des usages, des lois du savoir-
vivre, mais il ne faut pas les oublier à leur égard.
Vous ne devez omettre aucun de vos devoirs envers eux, mais ils s'affranchissent, eux, de toute
obligation. Et si vous venez à vous plaindre du
manque de réciprocité de leur part, ils vous
accusent d'être susceptible, car, bien entendu, ils
ne croient pas l'être, ils ont pour cela une trop
excellente idée d'eux-mêmes.

Les gens bien élevés, aimables, ceux qui sont
pleins d'attentions et de politesse pour les autres
ne sont guère susceptibles ; désireux de plaire, ils
ne supposent pas à autrui l'intention d'offenser ; ne
se dérobant à aucune obligation, ils attribuent
tout manque d'égards à une distraction, et il faut
qu'on les atteigne vraiment dans leur dignité pour
qu'ils se retirent sous leur tente.

Lorsque quelqu'un vous a offensé, ne vous enté-

tez pas dans une rancune orgueilleuse ou vindica-
tive, surtout lorsqu'on vient vous apporter des
excuses. L'offense a peut-être tué l'amitié dans
votre cœur, il n'est pas en votre pouvoir de faire
revivre cette affection ; mais la courtoisie exige
que vous receviez les excuses offertes. La haine, le
ressentiment empoisonnent la vie. Eloignez-vous
de ceux dont la vue excite votre courroux ou
un mauvais ressouvenir, essayez de les chasser de
votre pensée. Méditez, puis mettez en pratique ce
beau conseil de Musset :

Si l'effort est trop grand pour la faiblesse humaine
De pardonner les maux qui nous viennent d'autrui,
Epargne-toi, du moins, le tourment de la haine ;
A défaut du pardon, laisse venir l'oubli.

Un orgueil que je conseillerais, parce qu'il est
très noble, très généreux, ce serait de faire du bien
à ceux qui nous ont fait du mal, quand nous en
trouvons l'occasion. Ce sont choses qui font dire
aux esprits élevés — qui sont témoins du fait ou
qui l'apprennent : C'est très beau cela. Celui qui a
dit le premier : « Rendez le bien pour le mal, »
n'était pas seulement un grand maître en morale,
c'était un grand maître en savoir-vivre, et tenez
pour certain que, dans les rapports journaliers
de l'existence, il était d'une politesse exquise.

Les photographies.

Il est ridicule de vulgariser *son image* en pro-

diguant sa photographie, en l'offrant aux pre
miers venus, aux connaissances banales. Cette
facilité témoigne d'un naïf amour de soi-même,
de l'importance qu'on accorde à sa personne.

Mais si un ami, ou une personne de vos relations intimes ou presque intimes, vous demandait
votre photographie d'une façon pressante, il y
aurait mauvaise grâce, ridicule presque aussi
grand et certainement plus déplaisant à la lui
refuser obstinément, ou à la lui faire attendre
trop longtemps.

On donne alors une carte ordinaire, qui se glisse
aisément dans l'album, avec toutes les autres. Une
grande photographie peut embarrasser le dona-
taire : il faut la faire encadrer, l'exhiber, ce n'est
peut-être pas ce qu'il souhaitait. Cependant, si on
a sollicité une photographie de grande taille, vous
pouvez l'offrir dans ces dimensions, pour être
agréable, pour faire plaisir.

D'autre part, il y a des personnes qui ont une
certaine répugnance à se faire photographier. Dans
ce cas, on n'insistera pas pour obtenir leur portrait. On les mettrait à la gêne, elles hésiteraient
entre votre déplaisir et le leur. Ne demandons jamais de sacrifices aux autres.

Une femme bien élevée, à moins qu'elle n'ait
l'âge des aïeules, n'accorde jamais la demande
qu'un homme peut lui faire de sa photographie.

Un homme de tact se garde bien de montrer à ses

amis les photographies féminines qu'il peut posséder. Si une femme a été assez imprudente pour lui donner son portrait, il le dérobe soigneusement aux regards. Au cas où les relations viennent à être rompues entre elle et lui, il brûle loyalement cette photographie, qui peut compromettre celle qu'elle représente.

Les photographies (portraits) encadrées sont à leur place dans les chambres à coucher et les salons intimes. En guise de fronton, le cadre qui contient des portraits de bébés ou de jeunes femmes est souvent surmonté d'un joli nœud papillon en ruban de nuance tendre.

La monnaie de la gratitude.

Vous appelez un médecin, ce n'est pas assez de le payer, il faut encore le remercier, lui témoigner une certaine gratitude et l'estime où vous tenez son savoir.

En certains cas, on apprête pour le médecin une cuvette très nette, remplie d'eau propre, une serviette blanche et souvent de l'eau de Cologne.

Si le médecin est forcé de rester plusieurs heures auprès du malade, on lui offre des rafraîchissements, un réconfort, à dîner ou à déjeuner selon l'heure.

Un ouvrier vous rapporte un objet qu'il a confectionné pour vous, ou vous présente sa facture, vous payez et vous dites « Merci ».

Pour demander votre chemin ou un renseignement à un gardien de la paix ou à toute autre
personne, vous devez soulever votre chapeau... si
vous appartenez au sexe fort.

Beaucoup de gens entrent dans un bureau de
poste, de banque, de chemin de fer, etc., etc., et
s'adressent au receveur, à l'employé, au sous-agent,
sans daigner faire aucune démonstration de politesse ; ils sortent de même. Ils découvrent ainsi
que leur éducation a été des plus défectueuse et
que leurs dons naturels n'ont pu suppléer aux
enseignements qui leur ont manqué.

Les personnes bien élevées salueront toujours
en entrant, les hommes du chapeau, les femmes
de la parole. Elles se serviront toujours d'expressions polies : « Voulez-vous bien me dire » ou
« me donner, monsieur ». Elles remercieront
lorsqu'elles auront obtenu le renseignement ou la
chose et salueront encore, en sortant.

Soyez certains que ces gens polis ne rencontre-
ront jamais d'employé raide, grincheux, désobligeant.

A l'église.

Une femme bien élevée ne fait pas une toilette
tapageuse pour aller entendre les offices ou prier
à l'église.

Nous n'irons pas jusqu'à lui conseiller les « robes d'Avent et de Carême », ce sont exagérations mon daines et dévotieuses, mais exhiber une robe rouge aux Ténèbres du vendredi-saint, par exemple, serait manquer de goût.

Une attitude décente et recueillie est encore bien plus recommandée. Quels que soient les sentiments religieux, fût-on athée, lorsqu'on met le pied dans un temple quelconque, serait-ce une pagode bou dhique, le respect des croyances d'autrui exige que l'on garde un maintien convenable, que l'on parle à voix basse et que l'on réprime toute expression de moquerie ou de pitié blessante.

Quand un devoir social vous appelle dans un temple — à l'occasion d'un mariage, d'un enterrement, etc., — la condescendance aux sentiments d'autrui oblige à accomplir toutes les formalités du rituel adopté. C'est-à-dire qu'on s'agenouille lorsqu'il le faut, qu'on va à l'offrande, qu'on bénit les cercueils, etc., que chez les protestants, les israélites, les grecs orthodoxes, etc., on se conforme aux agissements des fidèles.

Une personne qui quête, dans une église ou ailleurs, ne doit jamais regarder dans la bourse qu'elle tend, au moment où les gens y déposent leur offrande. Ses yeux se porteront un peu plus haut, elle jettera un regard à celui qui donne, en remerciant de la parole et du sourire.

Agir différemment serait tout à fait contraire aux

lois de la politesse. En effet, on aurait l'air de con-
trôler le don et cela pourrait gêner les gens dont
la position de fortune ne répond pas à la position
sociale. Si dénué de vanité que l'on soit, on se
sent humilié, — en certains cas, — de laisser
tomber une pièce de cuivre, au milieu des pièces
d'argent ou d'or, qui peuvent remplir la bourse
de la quêteuse.

En toutes circonstances, l'homme doit *prévenir*
la femme. Lors donc qu'un individu du sexe fort
accompagne à l'église sa mère, sa sœur, sa femme,
sa fiancée ou son amie, il lui offre l'eau bénite,
même quand il ne s'astreint, pour son propre
compte, à aucune des pratiques du culte.

Les rôles changent si une femme entre à l'église
avec un ecclésiastique. Un prêtre n'est pas considéré comme un homme ordinaire par les
croyantes ; il est, pour elles, le représentant de
Dieu. C'est pour cette raison qu'elles lui témoi-
gnent un respect dont elles ne pourraient, sans
ridicule, entourer un mondain. Toutefois, dans le
cas où le prêtre serait très jeune, on ferait bien
de s'abstenir si, soi-même, on n'était pas arrivée
à la vieillesse. Du reste, on s'efface pour laisser
entrer l'ecclésiastique le premier et, alors, il
arrange les choses comme il l'entend. S'il exige
qu'on prenne le pas sur lui, on observe les
nuances indiquées.

Entre femmes, c'est la plus jeune qui offre l'eau

bénite à la plus âgée. Des deux parts, on s'incline légèrement, en se souriant du regard.

Lorsqu'on rend le pain bénit dans sa paroisse, il est d'usage d'offrir, à ses amis, une brioche d'une certaine taille, bénite à la messe.

Ces brioches, — accompagnées de la carte de l'envoyeur, — sont portées, *à l'issue de l'office,* dans les familles auxquelles elles sont destinées par le bedeau de l'église, par un domestique ou par un commissionnaire. La personne qui donne ce gâteau peut encore fort bien l'apporter elle-même, à ses intimes, dans l'après-midi.

Il serait excessivement impoli d'envoyer la brioche le lendemain ; toute pâtisserie devant être mangée fraîche. Un tel retard indiquerait une négligence et un sans-gêne blessants pour ceux qui en seraient l'objet. Il vaut beaucoup mieux s'abstenir de tout présent que d'offrir la moindre chose d'une façon incorrecte et de froisser autrui, pour n'avoir pas pris la peine d'être *complètement* aimable.

Au nombre des brioches destinées à être offertes il s'en trouve toujours une pour le curé de la paroisse.

C'est, en général, une jeune fille de la famille qui va à l'offrande, au nom de ses parents. Elle est désignée d'avance au bedeau qui vient la prendre, en lui présentant un cierge allumé. Cette jeune fille quête également à la messe.

Indications concernant la toilette.

Ne vous parfumez pas à outrance, car cela peut incommoder sérieusement vos voisins.

Une jeune femme fut gravement indisposée pour avoir reçu une lettre fortement imprégnée d'un parfum violent. Le mélange des odeurs est d'un effet encore plus désastreux sur les personnes délicates. Quoique les Grecs de l'antiquité eussent un parfum différent pour chaque partie du corps, j'oserai m'élever contre cet usage. Le bon goût et le désir de ne causer aucune gêne à autrui sont d'accord pour prescrire l'emploi d'une senteur unique et douce. L'iris, la violette sont à recommander. Les roses séchées dans les tiroirs donnent aux vêtements y contenus un parfum très délicat.

Les hommes font aussi bien de proscrire les odeurs de leur toilette.

On peut presque définir le caractère d'une femme d'après son parfum favori. Sur ce point, comme en toutes choses, la modération décèle une nature bien équilibrée.

Les femmes se maquillent, c'est un fait... bien regrettable. Le maquillage est tout à fait contraire à la beauté, à la santé ; toutefois, nous prêcherions en vain, celles qui « font leur visage ». Mais voici que les jeunes filles s'en mêlent, et, cette fois, il

faut bien leur dire qu'elles donnent d'elles la plus
triste idée, faisant absolument douter de leur bonne
éducation et de leurs sentiments de loyauté et
d'honnêteté. Un homme sérieux ne se détournera-
t-il pas d'une jeune personne qui couvre ses joues
de blanc et de rouge, qui avive ses lèvres, allonge
ses yeux, porte de faux cheveux et a recours à mille
artifices... pour se rendre laide? Ces jeunes filles
se vieïllissent par toutes les additions qu'elles font
maladroitement aux charmes dont elles étaient
naturellement douées, oubliant que le plus grand
attrait, c'est la jeunesse et la candeur. Une mère
soucieuse de faire bien juger sa fille et de se faire
bien juger elle-même, ne souffrira pas qu'un pot
de carmin entre dans le cabinet de toilette; au
besoin, elle exercera une surveillance rigoureuse,
pour soustraire son enfant à cette déplorable pratique du maquillage.

Ne nous accusera-t-on pas de minutie, si nous
parlons de la couleur des chaussettes? Quelques
aspirants-gentlemen nous en remercieront peut-être.

La chaussette blanche est devenue vulgaire,
hideuse, pourquoi? Parce qu'elle est tombée dans
le domaine public. C'est absurde, mais c'est ainsi.
Autrefois, les hommes élégants ne portaient que la
chaussette blanche, ils avaient horreur de la chaussette cachou, bleue ou autre, réservée à ceux qui
pouvaient recevoir des maculatures sur ce vêtement

des extrémités inférieures sans avoir la facilité de
le changer immédiatement. Aujourd'hui, tout le
monde a adopté la chaussette blanche, la haute
gomme n'en a plus voulu; il faut bien dire qu'elle
offre parfois un aspect déplaisant. Suivez la mode
nouvelle (on dit que les fous la créent et que les
sages la suivent), portez des chaussettes à la couleur en vogue, elles sont jolies, tant qu'elles plaisent.
— Tous ces petits détails ne coûtent qu'un effort
d'attention. Observez donc autour de vous, et, sans
vous laisser aller à des folies, faites quelques sacrifices légers pour ne jamais paraître ridicules... aux
yeux des gens qui attachent du prix à ces petites
choses.

On se demande, parfois, quand doit-on se ganter
et se déganter? quand doit-on être ganté?

On se gante pour sortir dans la rue; pour aller
à la promenade, à l'église, au jardin, en visite, en
voyage, en soirée, au bal, au théâtre. Lorsqu'on va
dîner en ville, on quitte, en arrivant chez l'amphy-
trion, son chapeau et son manteau, mais on garde
ses gants jusqu'à ce qu'on soit assis à table. Alors,
seulement, on les retire et on les glisse dans sa poche.

On se dégante pour prêter serment, pour signer
un acte public, notarié, etc.

Beaucoup d'hommes affectent d'aller dans la rue,
de paraître à l'Opéra les mains découvertes, c'est
une espèce de protestation, une sorte d'opposition,

depuis que le gant s'est démocratisé. Autrefois, les hommes de l'aristocratie seuls portaient le gant, cachant ainsi des mains blanches et bien faites. Puis le prix de cet objet de toilette s'étant abaissé, les travailleurs eurent l'idée d'en faire usage, pour dissimuler les callosités et les difformations infligées à leurs mains par un rude labeur. Au début, avant que cette élégance leur devînt familière, leurs gants trop étroits éclataient de toutes parts ou étranglaient leurs poignets jusqu'à arrêter la circulation. Voyant cela, les hommes qui cherchent à se distinguer, rejetèrent leurs gants au fond des tiroirs et étalèrent leurs mains fines, répétant partout qu'il faut cinq siècles d'oisiveté dans une race pour acquérir une belle main. Sottise et prétention ! Les ouvriers ont raison de porter le gant, ils le choisiront large et « aisé ». Les hommes du monde doivent le reprendre pour conserver leurs mains en état de parfaite netteté.

On peut choisir des gants de fil pour le matin, en été, fourrés en hiver. En peau de Suède, nuance foncée, ils ont plus de chic. Pour les visites de l'après-midi, même peau, mais teinte plus claire. A un mariage (dans le cortège) gants mastic. Le marié, ses garçons d'honneur, gants blancs. En toilette de dîner, encore mastic. Blancs en tenue de bal.

A l'audience d'un souverain, d'un chef d'Etat, un homme se présente les mains nues.

Le rôle du mouchoir de poche.

Il a fallu une civilisation avancée pour nous doter du mouchoir de poche. Les races inférieures, les sauvages l'ignorent Peut-être leur est-il moins qu'à nous nécessaire.

Au Japon, par contre, on le comprend d'une autre et plus raffinée façon que nous ne faisons, nous autres Parisiens de cette fin de siècle. Les habitants de l'Empire du Soleil-levant transportent cet utile objet de toilette par douzaines, dans les larges manches qui leur servent de poche, quasi d'armoire, déambulant avec eux. C'est qu'au pays du Mikado, le mouchoir ne sert qu'une seule fois ; — il est vrai qu'on le taille dans l'admirable, solide et soyeux papier de riz ; les délicates *mousmés* nous verraient, avec étonnement et horreur, remettre, en notre poche, un mouchoir qui aurait déjà servi, fût-il bordé de fine dentelle et parfumé à l'oppoponax.

Autrefois, — et pour faire supposer, peut-être, qu'on était exempte des infirmités humaines, — la femme portait prétentieusement à la main, au bal, en visite, dans la rue, son mouchoir fleurant l'ambre ou la verveine, et encadré d'une broderie féerique ou d'un point précieux — mais on avait, en sa poche, un second mouchoir destiné aux usages vulgaires. Aujourd'hui, on n'a qu'un seul mouchoir, il est d'une élégance plus discrète, mais charmante, ce qui me fâche, c'est qu'on néglige parfois de l'employer.

Oui, vraiment. Tenez ne vous est-il pas arrivé plus d'une fois en omnibus, en wagon ou ailleurs, d'être frappé de l'air de distinction d'un nouvel arrivant ? Vous éprouviez pour lui une espèce de sympathie, née de ses manières gracieuses, de sa belle tenue, de tout son maintien et vous vous amusiez à bâtir des suppositions sur la condition sociale de ce voisin de grande allure. Tout à coup, le héros de votre petit roman se penche en avant et... crache entre ses jambes. C'est fini, votre prince charmant n'est plus qu'un vilain homme vulgaire et vous lui en voulez de vous avoir détrompé sur son compte. Que dire, quand c'est une femme qui vous inflige cette désillusion, qui fait naître ce mouvement de dégoût répulsif?

Certes, on ne peut se flatter d'échapper aux misères inhérentes à l'espèce humaine, en certains cas, il faut cracher, mais il y a manière d'obéir à l'injonction de la nature, sans faire bondir le cœur des autres, sans manquer à cette élégance dont un homme chic, une femme distinguée ne se départit pas un instant. Le mouchoir, que la civilisation a mis dans notre poche, devait nous servir à dissimuler notre imperfection physique; nous pouvions approcher le mouchoir de nos lèvres et... personne ne se fût aperçu de rien — ou si peu, en nous rendant cette justice que nous songions à ménager les justes répugnances d'autrui.

Je m'étonne bien souvent aussi que le mouchoir sauveur ne serve pas plus souvent, dans les salons, à *étouffer* la convulsion ridicule de l'éternuement. Vous sentez venir le titillement que vous savez, vite vous appliquez le mouchoir sur vos narines et on n'entend rien ou si peu de chose, qu'une personne imbue des façons d'autrefois, ne pourrait vous souhaiter les cent mille livres de rente, qui sont le terme des ambitions mesurées à notre époque; souvent même l'application du mouchoir sert à prévenir, à empêcher l'éternuement, surtout si on serre un peu fortement les deux narines, sous le morceau de batiste.

D'autre part, il arrive qu'on se serve trop ostensiblement de ce mouchoir, dont l'emploi n'éveille aucune idée poétique, dont l'usage n'a rien d'olympien. C'est quand, dans un salon, on déploie ce mouchoir comme un drapeau et qu'on se mouche avec un bruit de fanfare éclatante, comme si l'on était chargé d'appeler les morts dans la vallée de Josaphat. Toutes ces opérations, qui rappellent désagréablement à l'esprit l'empire de la matière, doivent se faire rapidement, *discrètement, clandestinement.*

Au théâtre.

Les femmes qui vont au spectacle ne doivent pas se faire de visites entre elles, de loge à loge. Le bon goût exige qu'une femme reste à sa place pendant toute la durée de la représentation.

Les hommes qui l'accompagnent lui font apporter ce dont elle peut avoir besoin : bonbons, fruits glacés, gâteaux. Nous l'engageons, en cette circonstance, comme en toute autre, à faire preuve de sobriété : un gâteau pour apaiser ou prévenir un tiraillement d'estomac, un fruit pour se rafraîchir, c'est tout ce qu'il faut.

Une femme ne doit, sous aucun prétexte, lorgner dans la salle.

Si elle emmène avec elle une parente, une amie, une simple connaissance, elle lui cède la place d'honneur dans sa loge.

Les hommes ne quittent pas, tous à la fois, la loge où ils sont avec des femmes. L'un d'eux reste toujours auprès d'elles. Les hommes ne saluent pas non plus, de l'orchestre (ou d'une loge), les femmes qu'ils reconnaissent dans la salle. Ils vont leur offrir leurs hommages à la place où elles se trouvent.

Bienséances de voisinage.

A Paris, les rapports du voisinage se bornent à peu de chose. On veille seulement à ne pas désobliger, ennuyer ceux qui vivent au-dessus, au dessous ou à côté de soi, par un sans-gêne trop absolu. On tâche de ne pas piétiner sans raison au-dessus de leur tête, on ferme quelquefois sa fenêtre pour épargner au voisin de côté le supplice d'entendre, pendant des heures, le pianotement hésitant d'un enfant, on prend soin de ne pas lancer d'eau, de pot de fleur ou de ne pas secouer la poussière de ses tapis sur le balcon du dessous, etc. Bien souvent, presque toujours on ne connaît pas ceux qu'on ménage ainsi. Des voisins qui se sont rencontrés plusieurs fois, ouvrant leur porte sur le même palier, se saluent sans se parler. Toute femme est saluée dans les escaliers par un homme, qu'elle habite ou non la maison.

En général, on va à l'enterrement d'une personne décédée dans la maison où l'on demeure, alors même qu'on ne l'a jamais vue.

Si un voisin a besoin d'aide ou de secours, on n'hésite jamais à se déranger, à sacrifier un peu de son temps et de son argent, à donner de sa personne.

A la campagne, en province, les rapports de voi-

sinage sont plus étendus. On a beaucoup d'occasions de donner des preuves d'obligeance, de
bienveillance, de facilité de caractère. On a aussi
beaucoup plus à supporter des autres. Il faut être
aussi tolérant que possible. Il est presque obligatoire de saluer tous ses voisins et, s'ils vous
adressent la parole, de répondre avec courtoisie.

Mais, pour mériter le nom de *bon voisin*, on
n'est pas tenu d'ouvrir sa porte à ceux qui vivent
auprès de soi. Je crois même que moins *on voisine*,
plus on mérite l'estime et la considération de ceux
qui vous entourent. Tout le monde voudrait vivre
dans une île déserte, si le voisinage obligeait à
laisser pénétrer chez soi des êtres ennuyeux ou
antipathiques. Dans les petites villes et les villages, on assiste au convoi d'une personne qui
habitait la même rue que soi.

Le bras à offrir.

Beaucoup d'hommes prétendent que le cavalier
doit offrir le bras droit à la femme qu'il accompagne dans la rue, au bal, qu'il mène à table, etc.
Ils trouvent qu'il est moins respectueux de présenter le bras gauche.

Le cavalier offre le bras gauche pour garder
libre son bras droit, qu'il doit consacrer, au besoin, au service de la dame, — qui est « sa
dame », selon la vieille expression chevaleresque,

tout le temps qu'elle est sous sa protection. — En
effet, il peut avoir à écarter la foule devant elle, le
cas peut se présenter où il aurait à la dégager...
ou à la défendre. Ainsi que le dit la vieille ro-
mance des Porcherons, il faut « un bras pour la
défendre »; le bras droit remplit cet office beaucoup mieux que le bras gauche. Quant aux officiers, portant l'épée à gauche, ils sont forcés
d'offrir le bras droit lorsqu'ils sont armés. Quand
ils ont déposé leur épée, ils offrent le bras gauche,
à moins que l'habitude ne les emporte..., et alors
cela ne peut guère prêter à la critique.

Quelques cas embarrassants.

Quand un homme et une femme ont un escalier
à monter ensemble, quelle conduite doit tenir
l'homme en cette circonstance ?

Lorsqu'un homme et une femme gravissent ensemble un escalier, l'homme précède la femme.
Lorsqu'ils le descendent, l'homme suit la femme.
On nous dispensera de commentaires. Voilà ce qui
se fait, c'est assez dire : il est rare que ce ne soient
pas de bonnes raisons qui créent l'usage.

Une personne de notre cercle de connaissances
nous posait un jour cette question :

« J'ai perdu ma femme depuis trois mois. Ma
fille aînée dirige ma maison. En parlant de moi aux

domestiques, elle dit : « Monsieur », comme faisait
sa mère. Il y a là quelque chose qui me choque ; il
me semble qu'elle devrait dire : « Mon père », qu'en
pensez-vous ? »

Oui, la jeune fille doit dire « Mon père », cela est
beaucoup plus naturel, plus respectueux à l'égard
du père, plus convenable dans les rapports avec les
serviteurs. A cela, on a objecté que les domestiques, parlant du maître de la maison à sa fille,
pourraient dire : « Votre père. » L'inconvenance
serait beaucoup moindre et, du reste, on pourrait
les prier de dire « Monsieur ».

Les riens qui rendent insupportable.

Beaucoup de personnes, excellentes du reste, se
rendent désagréables. — et même odieuses aux
gens très nerveux, — par un manque d'esprit
d'observation qui leur nuit presque autant que
de véritables défauts. Du reste, certaines petites
infractions aux prescriptions du savoir-vivre, le
peu de souci qu'on a de plaire et d'être agréable,
indiquent l'absence d'une finesse, d'une délicatesse que de très estimables qualités ne sauraient
pas toujours remplacer.

Ainsi, ces personnes cureront leurs dents, se
nettoieront les oreilles, couperont leurs ongles,
s'essuieront le cou en votre présence, oubliant

qu'on ne peut se livrer à ces soins de sa personne que loin des regards, dans l'inviolable
cabinet de toilette. Elles ne comprennent pas qu'il
faut le moins possible étaler les imperfections ou
les infirmités humaines, pour ne pas se rapetis-
ser. J'approuve certainement et de toutes mes
forces bains et débarbouillages, mais je n'admets
pas qu'on parle dans le monde de ces soins de
propreté. Cela éveille des idées trop réalistes.

D'autres s'étendent de tout leur long sur leur
chaise, ce qui n'est pas gracieux, ni révéren-
cieux pour les personnes avec lesquelles on se
trouve ; ils battront une marche ou une retraite
sur les vitres ou sur la table ; ils se balanceront
sur leur siège ; à temps réguliers, ils lèveront
leurs mains et en rabattront la paume sur le bras
de leur fauteuil

Ces petites choses horripilent les gens nerveux.

Le bâillement caverneux est chose atroce pour
celui qui l'entend. Un tic insupportable, c'est de
ricaner après chaque remarque, même quand la
réflexion ne prête pas à rire. Un bavard intéressant lasse à la fin, que dire de ceux qui nous
racontent des choses insignifiantes ? Il y a des
femmes qui fredonnent et des hommes qui sifflent
sans cesse et à demi voix, cela produit un bour-
donnement exaspérant.

La politesse du foyer.

La courtoisie du mari envers sa femme, la politesse de la femme à l'égard du mari sont, peut-être, les meilleurs garants de la paix conjugale.

Le mari et la femme peuvent avoir un avis différent ; ils discuteront, même avec une certaine chaleur, — ce qui est à éviter, du reste, si le tempérament le permet, — mais s'ils savent retenir tout mot blessant ou simplement impoli, le bon accord ne tardera pas à se rétablir, le débat n'aura pas eu plus d'importance qu'un nuage léger flottant dans un ciel serein, et l'un des conjoints, — le mieux doué, — ne tardera pas à céder.

Au contraire, un mot piquant, une parole injurieuse appellent l'orage et souvent le maintiennent à jamais au firmament conjugal.

Dans tous les cas de la vie, — sauf dans les affaires où la femme serait incompétente, dans les petites questions de ménage auxquelles le mari n'entend rien, — c'est une preuve de déférence des époux, l'un envers l'autre, de se consulter avant de prendre aucune décision. C'est de cette façon qu'on établit l'union dans un ménage. « Deux avis valent mieux qu'un, » est un proverbe très vrai. Il va sans dire que le mari et la femme, qui agissent comme nous venons de l'indiquer, ne combattent pas l'idée soumise pour le plaisir de la combattre, de parti pris, ou que celui dont elle vient ne la soutient pas, envers et contre tous, quand on lui en a démontré clairement les inconvénients. Les gens affligés de ces défauts, l'orgueil ou l'obstination, ne seront jamais véritablement polis et n'auront jamais le sens de la vie pratique.

Dans la conversation ordinaire, c'est surtout avec les siens qu'il faut se garder des duretés inutiles des *pointes* désagréables. Il est certain qu'il ne faut pas flatter bassement ceux qu'on aime le mieux, mais lorsqu'on peut leur adresser un compliment agréable et mérité, pourquoi se refuserait-on et leur refuserait-on ce plaisir ?

Les femmes aiment les bonnes manières, les gracieuses attentions. Une politesse à laquelle une habileté recommandable ordonne de ne pas manquer, c'est le soin de sa personne pour la plus stricte intimité, — qu'il s'agisse du mari ou de la femme. Une propreté rigoureuse est une coquetterie qui ne coûte rien qu'un effort de goût, un désir légitime de plaire à l'être aimé. On m'a raconté une histoire charmante : une femme était en grande parure du soir, elle allait partir pour le bal et son mari s'extasiait sur sa beauté et sur sa toilette.

— Tu me trouves belle ainsi habillée ? Eh bien ! ce triomphe me suffit. Il fera meilleur au coin de notre feu, je vais commander une tasse de thé, je

garderai cette robe qui te plaît, et je n'aurai jamais
passé de soirée plus belle qu'auprès de toi, tête à
tête.

Il est inutile de vous dire ce que répondit le
mari.

A mon humble avis, voilà de la politesse raffinée. Cette politese qui naît de l'amour, qui vient
du cœur.

Les enfants d'un tel ménage doivent être charmants. Ces petits êtres si imitateurs prennent le
tour d'esprit du logis. Lorsque la pelote échappe
aux doigts de la mère et que le père se baisse avec
empressement pour la ramasser, il y a de grands
yeux candides qui voient, de petits cerveaux qui
notent ce simple acte de politesse, lequel dit beaucoup de choses.

Par l'exemple, mille fois mieux et plus vite que
par le précepte, on enseigne aux enfants à se parler gentiment l'un à l'autre, à reconnaître les
bons procédés, à être doux, généreux, à se sou-
cier du confort de la famille. Les façons courtoises du père envers la mère incitent les plus
turbulents garçons à prendre des manières chevaleresques à l'égard des sœurs. Ils leur offrent
leur aide, veillent à leur sûreté et ne leur disent
jamais de mots grossiers ou seulement déplaisants. Les filles imitent la mère; elles sont, pour
leurs frères, douces, patientes, vraiment obli-
geantes.

20

Rien de délicieux comme une maison où les
enfants sont toujours prêts à s'entr'aider, à se soutenir, à accomplir quelque acte de politesse ou
d'obligeance pour leurs aînés. C'est peu de chose,
semble-t-il, d'avancer le fauteuil de sa mère à une
place préférée, de découvrir un coussin pour les
pieds d'une tante, de se mettre à la recherche des
lunettes de son père, mais ce bon vouloir, cette
politesse établissent les meilleurs rapports dans
les familles et solidifient beaucoup les affections.

Ces toutes petites actions dénotent des cœurs
ouverts, aimants. Mais il est obligatoire, pour maintenir ces attentions, de les reconnaître par un :
« Merci, ma chérie », avec un sourire : « Tu es bien
gentil, mon ami », et autres paroles aimables.
Les enfants ne perdront pas alors les bonnes habitudes acquises ou naturelles.

Ce qui détruit souvent aussi l'harmonie, c'est
l'inégalité d'humeur. On n'oserait, à propos de
rien, se montrer tout à coup froid, raide, désagréable à l'égard d'étrangers, et on ne se gêne pas
pour infliger ce supplice à ceux qui nous entourent. Voilà une des plus graves infractions à la
politesse familiale.

Même dans la plus stricte intimité, même dans
le sanctuaire de la famille, ne laissez jamais
échapper de ces bâillements sonores et prolon-
gés, qui peuvent impressionner désagréablement
les personnes nerveuses qui vous entourent.

La fatigue, le besoin de sommeil ou l'ennui que dénoncent ces bâillements gagnera immédiatement celui ou ceux qui les entendront, s'ils ont les nerfs délicats et il vous sauront mauvais gré d'avoir fait passer en eux votre état de malaise physique ou moral.

Par égard pour autrui, dissimulez donc de votre mieux les bâillement irrésistibles, que la plus soigneuse politesse et la plus parfaite amabilité ne peuvent faire réprimer entièrement, je le sais, mais qu'on doit dérober de son mieux à l'oreille et même à l'œil de ceux auprès desquels on se trouve, proches comme étrangers.

Il y a encore une autre raison qui oblige à porter la main devant sa bouche, quand on bâille ou quand on tousse. Je n'en parlerai pas, on la devine facilement. Une coquetterie bien entendue explique encore cet usage.

Que de femmes parlent pour parler ! Leur mari est plongé dans une lecture sérieuse, elles diront à demi voix : « Il faut que j'aille chercher mon dé. » L'attention du mari aura été distraite : — « Qu'est-ce que tu dis ? — Je dis qu'il me faut aller chercher mon dé. » Et cela se répète pour des choses de même importance. Puis on pleure quand le mari s'éloigne, va lire tranquillement dans son cabinet... ou à son cercle.

L'affection n'autorise jamais à dire des choses dures ou désagréables à ses parents, à ses amis.

Plus près on est du cœur de quelqu'un, plus on besoin de tout son tact et de toute sa courtoisie pour faire entendre des vérités utiles, nécessaires. On emploie mille circonlocutions, on fait usage d'une foule de précautions oratoires, pour ne pas blesser un étranger, et on négligerait ces ménagements quand il s'agit de ceux qu'on aime et qui vous aiment ! Du reste, la douceur, seule, sait persuader et, au premier moment, on ne veut jamais se laisser convaincre par les hommes aux manières brusques, aux paroles brutales, au caractère rude. La politesse est indispensable au foyer, aussi bien et plus encore que dans le monde.

Sollicitude familiale.

Je n'approuve certes pas ceux qui réservent pour les étrangers leurs paroles les plus aimables, leurs sourires les plus doux, leurs empressements de toutes sortes, tandis qu'ils n'ont, pour leur famille, que des mots brefs ou désagréables, un visage ennuyé et une totale indifférence, accompagnée d'une répugnance visible à rendre le plus léger service, Si l'on veut faire de sa maison un paradis, c'est aux siens qu'il faut donner les meilleurs sourires, c'est autour du foyer qu'il faut faire entendre les mots les plus affectueux et les plus tendres, c'est là qu'on doit prodiguer sa grâce, son esprit, son cœur.

Mais est-ce à dire qu'il faille tomber dans l'excès contraire, qu'il ne soit pas permis, en dehors du cercle familial, de traiter autrui avec bienveillance et bonté, de s'intéresser aux autres, ni de leur témoigner certains égards? Nullement; nous ne préconisons pas l'exclusivisme, qui annonce toujours une nature sèche, égoïste.

Il y a temps et place pour tout, comme on dit. On peut être, dans l'intimité de l'intérieur, la mère et la femme la plus dévouée, le mari ou le père le plus affectueux, en présence d'étrangers, chez soi ou dans le monde, si l'on est bien élevé, on n'étalera pas pour les siens une sollicitude, qui s'exerce au détriment du bien-être ou du plaisir de ceux qui ne nous appartiennent pas par d'aussi étroits liens.

Qui n'a connu un jeune ménage amoureux et... insupportable. L'univers n'existait pas pour ces nouveaux époux et c'était bien en chantant un véritable duo, dans un perpétuel tête-à-tête, qu'ils traversaient les salons sans rien voir, sans rien entendre, souriant devant les catastrophes et les douleurs. On leur pardonnait en faveur de leur jeunesse, parce que la vue de ce bonheur évoquait des souvenirs chez les uns et des espérances chez les autres, parce que les cœurs généreux se réjouissaient de rencontrer des heureux; mais

20.

leurs mines, les choses tendres et bébêtes, qu'ils se débitent parfois en public, crispaient les êtres envieux, les gens souffrants ou les délicats, qui n'admettent pas qu'on ait de ces effusions-là devant un tiers.

Mais que dire d'un mari quinquagénaire et d'une épousée mûre qui ne s'occuperont que d'eux, se souriront coquettement, s'enverront des baisers d'un bout de la pièce à l'autre... devant témoins ?

D'autres, à table, s'inquiéteront l'un de l'autre d'une façon excessive et ridicule.

— Mon Dieu, mon amie, est-ce que vous allez manger du homard, vous savez qu'il ne vous réussit pas ?

Ce disant, le mari, effrayé, se dresse sur sa chaise, interrompant une réponse ou une question de sa voisine.

— C'est vrai, répond la femme, mille grâces, chéri.

Et elle renonce docilement à sa tranche de homard.

Un instant après, c'est elle qui s'écrie :

— Mon amour, je vous recommande ces morilles, elles sont exquises.

Et le dialogue conjugal ne tarit plus d'un bout de la table à l'autre, — on a eu la barbarie de séparer ce couple, — amusant les esprits moqueurs, agaçant les gens de bon sens, dont ces sottises troublent la conversation et qui pensent judicieusement, que le mari aurait dû faire ses recommandations avant de se mettre à table, que la femme devait savoir son mari assez grand garçon pour apprécier lui-même les plats qu'on lui présente; enfin que les petits noms, les appellations mignardes doivent être réservés au strict tête-à-tête.

On voit aussi des pères et des mères ayant des invités à leur table servir à leurs enfants les plus délicats morceaux. Ils ont sans cesse l'œil sur cette trop choyée géniture et en conséquence de cette inquiétude, négligent leurs hôtes. Si les enfants sont petits, faites-les manger avant les grandes personnes, car il faut bien veiller au bien-être des babies et *diriger* leur appétit. S'ils sont grands. déjà, associez-les au rôle plein d'abnégation et de générosité qui est celui des maîtres du logis. Enseignez leur que si nous devons tous nos soins à ceux qui nous tiennent de près, l'hôte, même l'hôte de quelques instants, est en quelque sorte un être sacré, parce qu'il vous donne une preuve de confiance honorable en venant sous votre toit, et que tout ce qu'il y a de meilleur et de plus beau doit lui être offert, fût-ce au prix d'une privation, d'un sacrifice. Si vous pouvez leur faire prendre de l'hospitalité, même passagère, une idée antique, orientale, tant mieux.

Partout, chez vous et dans le monde, apprenez-leur qu'on doit s'oublier pour les autres, et cela sans attendre aucun retour. Et quand ils auront

été froissés, attristés par les égoïstes, mais non
découragés, c'est alors que le foyer, pour lequel
on aura gardé les plus radieux sourires, les plus
vives tendresses, le meilleur de son esprit et
de son cœur, leur paraîtra doux et qu'ils ne vou-
dront le quitter qu'autant que le devoir le leur
commandera.

Événements divers.

Quand la mort frappe un adversaire politique,
un ennemi, le bon goût commande qu'on se taise,
si ce n'est qu'on s'incline devant son cercueil. Il
est ignoble d'injurier un mort. A défaut de générosité, notre dignité personnelle exige le silence en
face de la tombe ouverte ou, au moins, beaucoup
de mesure et d'impartialité.

Lorsqu'un événement heureux, — promotion,
avancement, distinction, etc., — arrive à l'un de
nos amis ou à une personne de notre cercle de
connaissance, nous lui devons des félicitations,
soit que nous lui écrivions, soit que nous allions,
en personne, lui porter nos compliments.

C'est assez l'habitude de célébrer cet événement
heureux par une fête. Dans ce cas, le favori de la
fortune y convie toutes ses connaissances. *Par
exemple*, lorsqu'un officier marié est promu à un
grade supérieur, sa femme offre un dîner ou une

soirée à tous leurs amis, et surtout aux officiers du régiment et à leurs femmes. Au cas où l'officier passerait dans un autre régiment, avec son nouveau grade, la soirée ou le dîner serait à deux fins, il servirait encore de fête d'adieu. A l'arrivée dans l'autre régiment, nouvelle réception, d'avènement, celle-là, pour se mettre en rapport avec les officiers du nouveau corps et leurs familles.

Cet exemple est applicable dans toutes les circonstances analogues, qu'il s'agisse de magistrats, de fonctionnaires, etc.

Quant à l'officier non marié, il sait ce qu'il a à faire. *C'est écrit* au règlement des divers services, aussi n'avons-nous pas à en parler. Un magistrat, un fonctionnaire célibataire offrira à dîner à ses collègues.

Un fonctionnaire, un officier, un magistrat mis à la retraite invitent à dîner, avant de quitter le service, ceux qui ont été placés sous leurs ordres, et leurs chefs si leur position ou l'autorité dont ils jouissent est de nature à leur permettre de prendre cette liberté.

Lorsqu'on quitte une ville, on doit une visite à toutes les personnes avec lesquelles on a eu des relations, même de pure convenance.

Quand le chef d'une manufacture, d'une maison de banque ou de commerce se marie ou marie l'un de ses enfants, il fait bien d'associer à sa joie tous ses employés, tous ses ouvriers. Les employés sont

reçus au salon ; pour les ouvriers, à cause de leur
nombre, on organise une fête particulière ; toutefois, le plus âgé d'entre eux, le plus ancien,
les représente à la table des patrons, à une place
honorable. On les appelle tous en un jour de funérailles, il ne faut pas les éloigner aux jours de bonheur. Le marié et la mariée passent un instant
dans la salle du banquet des ouvriers pour échanger un toast avec eux, en touchant leurs verres.
Ces preuves de solidarité et d'estime gagnent le
cœur du peuple honnête.

On doit prendre part au bonheur, à la joie de
ses amis ; on doit, encore plus, leur témoigner sa
sympathie, lorsqu'un malheur tombe sur eux.
Viennent-ils à subir une ruine, un échec, une disgrâce, la politesse du cœur exige que nous leur
fassions sentir que nous souffrons avec eux. Mais
il faut déployer beaucoup de tact. Il est aisé de
féliciter chaudement les gens, quand on n'a
pas de jalousie dans l'âme ; heureux, ils sont tout
disposés à croire que le monde entier se réjouit
comme eux, autant qu'eux. Il est plus délicat,
plus malaisé de faire comprendre que l'on par-
tage une douleur, une déconvenue, une déception.

Un cœur meurtri par la souffrance demande à
être manié avec des précautions infinies ; l'âme
ulcérée acquiert soudainement des intuitions éton-
nantes ; l'oreille d'un malheureux devient d'une
telle justesse, d'une telle acuité, qu'elle perçoit

la moindre dissonance de la voix et de l'accent.
En conséquence, lorsqu'en dépit d'une certaine
chaleur de cœur, on manque d'éloquence naturelle, il vaut mieux se borner à serrer la main
de celui qui vient d'être frappé par le sort, lever
sur lui un regard humide sans parler, plutôt que
de lui adresser une de ces consolations banales
ou bêtes qui crisperait toutes ses fibres, atteintes
d'une susceptibilité maladive.

On court immédiatement chez les gens atteints
d'un désastre ou d'un désagrément. Si l'on n'est
pas très intime avec eux, on ne reste pas longtemps, on leur exprime en peu de mots sa sympathie, les vifs regrets du malheur qui leur arrive ; on s'efforce de leur redonner confiance ou
courage et, surtout quand on peut leur être de
quelque utilité, on leur offre, sans phrases, ses
services et ses bons offices.

Dans le cas où le malheur qui vous fait accourir
serait un de ceux dont on n'aime pas à parler,
pour lesquels il n'est pas de consolations, un de
ceux dont on rougit, alors même qu'il est im-
mérité, mieux vaudrait apporter sa carte cornée.
Une amitié ancienne, très éprouvée, peut seule
forcer la porte en semblable circonstance. Il est
des douleurs qui ont leur pudeur.

Qu'il soit établi seulement qu'on n'a jamais le
droit de se montrer indifférent à la joie ou à la
peine de ceux qui font partie de nos relations.

Nous ajouterons, même, que si une personne que nous avons aimée ou que nous avons admise dans notre intimité, vient à faillir, nous avons le devoir de lui tendre une main secourable. Il est cruel, il est contraire aux lois du vrai monde de tourner le dos à ceux qui ont commis une faute. Rien n'est plus noble, rien ne ressemble mieux au savoir-vivre que d'essayer de les remettre dans le droit chemin, de les relever dans leur chute, de les couvrir, comme d'un manteau, de la bonne réputation qu'on a acquise. La politesse est une des formes de la bonté et de la générosité : un homme vraiment poli n'a pas le triste courage de traiter durement ceux qui sont assez malheureux pour s'être détournés, un instant, des étroits sentiers de l'honneur humain.

Si la faute est tellement grave qu'elle ne puisse attendre d'excuse ni de pardon, on évitera celui qui l'a commise, on écartera toute rencontre où il faudrait se montrer impitoyable. Je me rappelle qu'une jeune fille de mes relations venant à croiser, dans la rue, une autre jeune personne, son ancienne et très intime amie, dont la réputation était entachée, détourna la tête, ne répondit pas au salut que la malheureuse lui avait adressé. Le procédé fut trouvé barbare, car celle envers qui on l'avait employé faillit en mourir de honte et de douleur.

L'amitié fait contracter de véritables obligations, et l'on ne peut s'en affranchir aussi complètement.

Etiquette du cigare et de la cigarette.

Il est bon, peut-être, d'établir les principes de l'étiquette du cigare, en divers pays, c'est-à-dire la manière dont on procède quand on invite quelqu'un à fumer avec soi.

A l'île de Cuba, le caballero prend le cigare ou la cigarette entre ses lèvres, l'allume ainsi, pousse quelques bouffées et la tend à son ami, pour qu'il y allume la sienne. Même façon de procéder, en Espagne. En Autriche, ou allume sa cigarette et on tend, à son compagnon l'allumette encore enflammée; on agit de la sorte, pour donner plus de temps à ce dernier. En effet, si on tend l'allumette enflammée avant de s'en servir, celui qui l'a reçue se hâte pour la rendre, avant qu'elle soit consumée. En Angleterre, le gentleman offre un cigare ou une cigarette à son *fellow* (camarade), la lui allume et roule une autre cigarette pour lui-même, qu'il allume aussi lui-même.

Le Français tend toujours l'allumette à son compagnon avant de s'en servir. — L'habitude d'arrêter les gens inconnus, dans la rue, pour leur demander du feu est d'origine américaine; une mauvaise éducation seule permet d'agir ainsi.

21

Cependant, ce service ne se refuse pas, mais les gens bien élevés ne le demandent jamais.

L'ameublement.

On croira peut-être que ce chapitre ne ressortit pas du savoir-vivre.

Cependant il serait bon d'indiquer quelques règles d'ameublement à ceux qui se piqueraient d'acquérir une certaine élégance — et l'élégance est la fleur du savoir-vivre.

Il y a des meubles affectés aux chambres à coucher et aux salles à manger, qui ne peuvent figurer dans un salon. Ainsi une armoire à glace, un buffet ne sont à leur place, la première que dans le cabinet de toilette ou, plus modestement, dans la chambre où l'on dort, le second dans la pièce où l'on mange.

Toutes les fois qu'on le peut, on arrange une des pièces de l'appartement en salon. Il est plus facile d'y maintenir le bon ordre que partout ailleurs dans la maison, et puis la salle à manger ne peut servir de salle de réception à toutes les heures, encore moins la chambre à coucher, et il est des visiteurs qui arrivent en dehors des heures et des jours où l'on reçoit et qu'on est bien forcé de faire entrer quand même.

L'ameublement peut toujours être très modeste

il doit toujours être harmonieux. En général, il faut au moins un canapé dans un salon, deux ou quatre fauteuils, deux ou quatre chaises assorties et autant de chaises volantes que l'on veut. La table principale ne se place plus au milieu du salon. Quand on le peut, on a aussi de petites tables de fantaisie, qui rendent toutes sortes de services. Le piano est disposé de façon que l'exécutant ne tourne plus le dos à l'assistance ; en conséquence, l'envers du piano, exposé aux regards, est drapé d'une étoffe plus ou moins riche.

Il ne faut pas s'encombrer de bibelots, fussent-ils des œuvres d'art, et on fait bien de proscrire tout ce qui n'est pas marqué au coin du goût et de l'art. Mais on peut avoir de jolis vases pleins de fleurs, des livres ici et là, des photographies aussi bien encadrées, que possible, pour donner de la vie à la pièce où l'on reçoit — à toutes les pièces de la maison, au reste. Au lieu d'une garniture de cheminée inférieure, disposez sur la tablette une coupe en cristal ou en faïence contenant des fleurs, des plantes. Gardez-vous du faux luxe ; un ameublement simple, gracieux, préviendra en votre faveur les gens de goût. Des tentures criardes, des objets en simili-bronze, la recherche de l'effet vous feront mal noter des artistes et des gens de bon sens.

Une salle à manger en pitch-pin sera cent fois plus jolie, dans sa simplicité, que si elle est com-

posée de meubles en soi-disant vieux chêne, grossièrement fouillés, surchargés de sculptures.

Une chambre en sapin et bambou, avec des tentures claires plaira cent fois plus, si elle est
complète, c'est-à-dire confortable, pourvue de
toutes les choses nécessaires, qu'une chambre où
l'on trouve un lit assez riche et pas de rideaux,
une armoire à glace et pas de tapis.

Beaucoup de femmes de goût relèguent, l'armoire
à glace dans le cabinet de toilette. Elles lui préfèrent une commode ancienne. Le plus souvent la
chambre à coucher est composée d'un lit plus ou
moins beau, plus ou moins richement drapé, d'une
chaise longue, de fauteuils, de sièges confortables
de jolis bahuts ou cabinets pour y enfermer les bijoux et les souvenirs précieux, d'une table à écrire
ou d'un mignon bureau, etc., etc.

On peut se créer un intérieur charmant avec des
riens, pourvu que l'on soit doué de goût et d'ingéniosité; l'orientalisme est à la mode, de sorte
qu'avec des objets venus de la vieille Asie, sans
grande valeur, mais authentiques, les artistes, les
fantaisistes arrivent à donner à leur logis une vie
éclatante et surabondante, où les sensations sont
pour ainsi dire doublées et triplées. Mais il faut
savoir faire un choix parmi ces tentures, ces
écrans, ces meubles que nous envoient des peuples,
dont le cerveau surchauffé ou bizarre commet des
erreurs de proportions, parmi des orgies de couleurs

et des caricatures du règne végétal et animal, qui vont jusqu'à faire éprouver une souffrance. Em pruntez donc aux peuples exotiques, mais en vous souvenant que leur imagination est souvent déréglée et qu'il ne fait pas bon vivre dans les cauchemars qu'ils inventent.

Il suffira, je pense, de ces quelques données.

Pour donner aux plus superbes ameublements, aux plus magnifiques appartements toute leur valeur, il faut faire régner partout la plus exquise propreté, l'ordre, le soin; une tache sur une tenture de brocatelle, une couche de poussière sur un meuble d'ébène leur enlève la moitié de leur beauté. Une pièce en désordre paraîtra toujours désagréable à habiter.

TABLE DES MATIÈRES

Paris. — Typ. G. Chamerot, rue des Saints-Pères, 19.

www.ingramcontent.com/pod-product-compliance
Lightning Source LLC
Chambersburg PA
CBHW071620270326
41928CB00010B/1711